KB267223

J†

삶을 바꾸는
십자가의 14가지 능력

초판 1쇄 인쇄 2017년 03월 25일
초판 1쇄 발행 2017년 04월 01일

지은이 노용찬

펴낸이 백도연
펴낸곳 도서출판 세움과비움

신고번호 제 2012-000230호
주　소 서울 마포구 양화로길 73 체리스빌딩 6층
연락처 T. 070-8862-5683 / F. 02-6442-0423 / seumbium@naver.com

※ 잘못 만들어진 책은 구입하신 서점에서 바꾸어 드립니다.
※ 저작권자의 허락없이 이 책의 일부 또는 전체를 무단 복제, 전재, 발췌하면 저작권법에 의해
　처벌받을 수 있습니다.

ISBN 978-89-98090-22-7 03230

값 13,000원

J✝

삶을 바꾸는 십자가의 14가지 능력

노용찬 지음

세움과 비움
Seum&Bium

머리말

어려서 태어나 자란 작은 섬에는 교회가 없었습니다. 그런데도 예수님에 대한 이야기를 배울 수는 있었습니다. 그 섬에는 일제 강점기에 생겨난 소년감화원이 있었는데, 6.25전쟁 후에는 전쟁고아들을 주로 수용하고 있었고, 종종 신학생들이나 수녀들로 구성된 전도팀들이 위문을 와서 재미있는 놀이나 노래를 가르쳐주면서 성경이야기를 전해주곤 했기 때문입니다. 그때 배우고 들었던 노래와 이야기들은 지금은 아련한 추억이 되었습니다.

이웃 큰 섬에서는 할아버지 한 분이 - 아마도 장로님이셨던 것 같습니다 - 가끔 오셔서 우리 집에서 어머니와 함께 예배를 드리셨는데, 그때 나도 옆에서 그 모습을 지켜보곤 했었습니다. 그 할아버지는 언제나 하얀 두루마기를 입고 오셨는데, 크고 검은 뿔테 안경에 하얀 수염이 인상적인 분이셨습니다. 예배를 인도하시면서 찬송을 부를 때면 흐르는 침을 후르룩 후르룩 삼키며 찬송하시는 모습이 우습기도 했습니다.

여름철이 되면 영화를 보여주는 선교팀들이 와서 마을 공터에 동네 사람들을 모두 모아놓고, 전기가 없는 탓에 발동기를 돌려서 영화를 보여주곤 했습니다. 한창 상상력이 풍부했던 어린 마음에는 하얀 천에 비추어지는 영상과 빛깔이 너무나 신비하기만 했습니다. 주로 예수님 이야기를 담은 영화들이었던 것 같은데, 지금도 기억에 남는 장면은 가시관을 쓰신 예수님이 십자가에 달려 죽는 모습이었습니다. 아마도 '왕 중 왕The King of kings'이라는 제목의 영화였던 것 같은데, 그때 예수님 일대기를 담은 영화들은 예수님의 얼굴을 절대로 보여주지 않았습니다. 그림자나 뒷모습이나 옆모습만을 보여주어서 신비감과 성스러움을 극대화하는 촬영기법을 사용했습니다. 그때 골고다 언덕 위에 높이 선 십자가에 달리신 예수님의 고통스러워하시던 모습은 지금까지도 잊혀지지 않는 내 마음의 영상이 되었습니다.

만왕의 왕 내 주께서 왜 고초 당했나
이 벌레 같은 날 위해 그 보혈 흘렸네
십자가 십자가 내가 처음 볼 때에
나의 맘에 큰 고통 사라져
오늘 믿고서 내 눈 밝았네
내 기쁨 영원하도다

　새벽녘에 어렴풋이 잠에서 깰 때면 어머니는 부엌에서 아침밥을 지으시면서 항상 이 찬송을 부르셨습니다. 마을에 약장수들이 와서 노래자랑을 할 때면 언제나 빼놓지 않고 일등을 하셨던 아름다운 어머니의 목소리로 듣는 아침 찬송은 영화의 한 장면을 그대로 내 마음 속에 생생하게 되살려주곤 했습니다. 십자가 위에 달리신 예수 그리스도의 모습은 그때부터 나를 사로잡는 것이었습니다.

지금 생각하니 어머니의 새벽 찬송은 내 마음 밭에 뿌려지는 복음의 씨앗이었습니다. 어머니도 전쟁 후의 험난했던 그 시절을 예수 그리스도를 믿는 믿음으로 견디고 계셨던 것입니다. 가난과 질병이 많았던 시절, 오직 예수님을 믿는 믿음으로 이겨나가시면서 가정을 일구어나가셨던 것이지요. 그때 주로 듣던 찬송가가 지금도 그립습니다. 눈을 감으면 그 아름답던 어머니의 찬송하시던 음성이 내 귀에 들리는 듯합니다.

'주 안에 있는 나에게 딴 근심 있으랴
십자가 밑에 나아가 죄 짐을 풀었네
주님을 찬송하면서 할렐루야 할렐루야
내 길길 멀고 험해도 나 주님만 따라가리...'

'내 주를 가까이 하게 함은
십자가 짐 같은 고생이나
내 일생 소원은 늘 찬송하면서
주께 더 나가기 원합니다...'

이 책에 담겨 있는 설교들은 그동안 예수 그리스도의 십자가를 내용으로 전했던 설교들의 모음입니다. 대부분이 예배 중에 녹음된 것을 풀어서 다시 정리한 것이기 때문에 문장들이 조금 어색한 곳도 있을 것입니다.

성경본문은 누구나 읽으면서 쉽게 접할 수 있도록 하기 위해서 표준새번역 성경으로 다시 수정했기 때문에 개정개역판 성경에 익숙한 분들은 오히려 어색할 수도 있을 것이라고 생각합니다. 그럼에도 불구하고 쉬운말 번역 성경을 사용한 것은 아직 예수 그리스도를 믿지 않는 분들이 혹시나 이 설교집을 읽을 경우를 생각해서 쉽게 받아들일 수 있기를 바라는 마음에서 그렇게 했습니다.

부족하지만 처음으로 내 놓는 설교집의 주제를 '삶을 바꾸는 십자가의 14가지 능력' 으로 한 것은 사도 바울의 고백처럼, 예수 그리스도의 십자가와 부활이 우리 신앙의 핵심이라고 믿기 때문입니다. 그리고 앞으로도 더욱 깊이 깨달아 전파해야 할 복음의 내용도 바로 이 말씀이라고 생각하기 때문입니다. 그리고 개인적으로는 앞에서 말한 바와 같이 예수 그리스도의 십자가를 바라보는 것이 내가 예수 그리스도를 발견하고, 그분을 주님으로 믿고 따르게 된 신앙의 출발점이었기 때문입니다.

골고다 언덕에 예수 그리스도께서 달리신 십자가 밑에서 그 모습을 바라보면서 로마의 백부장이 했던 말이 2천년의 시공간을 넘어 내 귀에 울려옵니다.

"참으로 이분은 하나님의 아들이셨다." (막15:39b)

J†

The Cross

예 수 그 리 스 도 를 따 르 는 길

예수 그리스도는 우리의 주님이시며, 영원한 생명을 주시는 생명의 양식입니다. 그분에게만 영생의 말씀이 있습니다. 예수 그리스도의 십자가는 바로 그 영원함으로 나아가는 참다운 길을 보여 주는 하나님의 메시지입니다.

"누구든지 나를 따라오려거든 자기를 부인하고

자기 십자가를 지고 나를 따를 것이니라"

1
예수 그리스도를 따르는 길

막 8:27-35

신약성경을 연구하는 분들은 마가복음이 로마에 의하여 극심한 억압과 핍박이 있을 때 그리스도인들이 십자가에 달리신 예수 그리스도의 고난에 대해 깊이 묵상함으로써 그 역경을 이겨나가도록 격려하기 위해서 쓴 편지라고 말합니다. 예수 그리스도의 십자가를 바라보면서 목숨을 잃는 박해와 위협 가운데서도 믿음을 잃지 않고 끝까지 인내하며 부활의 소망을 가지고 승리하도록 신앙을 격려하고 있는 것입니다. 이런 메시지가 응축된 구절이 바로 마가복음 10장 45절입니다.

"인자는 섬김을 받으러 온 것이 아니라 섬기러 왔으며, 많은 사람을 구원하기 위하여 치를 몸값으로 자기 목숨을 내주러 왔다." (막10:45)

마가복음의 구조를 볼 때 편지의 목적은 8장을 정점으로 하여 더욱 분명하게 드러나고 있습니다. 그것은 바로 예수님께서 가이사랴 빌립보에서 길을 가시다가 제자들에게 가장 중대한 질문을 하시는 장면입니다.

마가복음 8장 27절-35절 단락은 크게 두 부분으로 나누어 생각해 볼 수 있습니다. 첫째는 가이사랴 빌립보에서 있었던 베드로의 신앙고백과 그에 대한 예수 그리스도의 가르침입니다. 둘째는 제자의 길에 대한 예수 그리스도의 가르침입니다.

먼저 27절부터 30절까지를 보면 베드로와 예수님 간에 있었던 질문과 그에 대한 대답이 전개되고 있습니다. 예수님은 제자들에게 다음과 같이 질문을 하셨습니다.

"사람들이 나를 누구라고 하느냐?" (27절)

종종 사람들의 평가는 우리 스스로를 아는 데 중요한 역할을 합니다. 정저지와井底之蛙라는 말처럼 우물 안의 개구리같이 자기 자신 안에 갇혀 있는 사람은 스스로의 상태를 정확하게 알 수 없습니다. 다른 사람들에게 비쳐지는 자신의 모습과 또한 그들의 반응을 통하여 자신의 본 모습을 알 수 있게 되는 것입니다. 제자들은 예수님에 대한 사람들의 평판을 들은 그대로 전했습니다.

"세례자 요한이라고 합니다. 엘리야라고 하는 사람들도 있고, 또 예언자 가운데 한 분이라고 하는 사람들도 있습니다. (28절)"

여기에 열거된 사람들은 하나같이 유대인들에게 존경받는 사람들이었습니다. 그래서 사람들이 예수님을 그들에 비견한 것은 평판이 결코 나쁘지 않았다는 것을 증명해 줍니다. 거기에는 이유가 있었습니다. 대중들은 예수님께서 하신 일들을 아무런 편견 없이 보았기 때문입니다. 일반 대중들은 보는 그대로, 있는 그대로 예수님을 평가했기 때문입니다.

이런 예수님에 대한 일반 대중들의 평판은 바리새인들이나 사두개인들, 서기관들과는 전혀 다른 것이었습니다. 바리새인들이나 사두개인들, 서기관들과 같은 그 당시의 종교 지도자들은 편견이 가득한 자신들의 지식과 경험과 판단을 가지고 예수님을 보려 했기 때문에 실족할 수밖에 없었습니다. 요한복음의 표현대로 한다면 스스로 본다고 했기 때문에 오히려 제대로 보지 못하는 소경이 되었던 것입니다(요9:35-41).

그런데, 제자들로부터 세상 사람들이 자신을 어떻게 보고 있는가에 대해서 전해 들으신 예수님은 그들의 말에 대하여 아무런 논평도 없이 다시 질문을 하셨습니다. 사실 예수님께서는 세상 사람들의 평판이 궁금한 것은 아니었을 것입니다. 중요한 것은 예수님 곁에 있는 제자들이 과연 어떤 생각을 가지고 자신을 따르는가가 더 궁금하셨을 것입니다. 그래서 다음과 같이 다시 물으셨습니다.

"그러면, 너희는 나를 누구라고 하느냐?" (29절)

이 질문 이후에 일어난 일들에 대해서는 성경을 읽은 분들이라면 너무나 잘 알고 있을 것입니다. 그 때에 베드로가 나서서 대답합니다.

베드로가 예수님을 향하여 한 이 신앙고백의 내용을 복음서마다 조금씩 다르게 전하고 있습니다. 마태복음은 '선생님은 살아 계신 하나님의 아들 그리스도십니다' (마16:16)라고 전하고 있고, 누가복음은 '하나님의 그리스도이십니다' (눅9:20b)라고 전하고 있으며, 요한복음은 '우리는, 선생님이 하나님의 거룩한 분이심을 믿고, 또 알았습니다' (요6:69)라고 전하고 있습니다.

약간씩 다르게 전해지는 베드로의 이 신앙고백은 절대적으로 옳은 것이었으며, 분명히 예수님께서 원하시는 대답이었을 것입니다. 하지만, 베드로의 대답을 들으신 예수님은 제자들을 칭찬하시기보다는 오히려 경고의 말씀을 하셨습니다.

"예수께서 그들에게 엄중히 경고하시기를, 자기에 관하여 아무에게도 말하지 말라고 하셨다." (30절)

이런 예수님의 경계의 말씀은 마태복음과(마16:20) 누가복음에도(눅9:21) 동일하게 나타나며, 요한복음에는 조금 다르게 '그러나 너희 가운데서 하나는 악마이다' 라는 가룟 유다에 대한 말씀으로 이어지고 있습니다 (요6:70, 71).

다만 마태복음은 복음서 중에서 유일하게 베드로의 신앙고백 다음에 먼저 그 신앙고백이 사람에 의한 것이 아니라 하나님에 의한 것이라는 말씀과 더불어서 그 신앙고백 위에 교회를 세우실 것이라는 말씀으로 이어지고 있습니다.

"예수께서 그에게 말씀하셨다. 시몬 바요나야, 너는 복이 있다. 너에게 이것을 알려 주신 분은, 사람이 아니라, 하늘에 계신 나의 아버지시다. 나도 너에게 말한다. 너는 베드로다. 나는 이 반석 위에다가 내 교회를 세우겠다. 죽음의 문들이 그것을 이기지 못할 것이다. 내가 너에게 하늘나라의 열쇠를 주겠다. 네가 무엇이든지 땅에서 매면 하늘에서도 매일 것이요, 땅에서 풀면 하늘에서도 풀릴 것이다." (마16:17-19)

마태복음을 읽어보면 예수님은 이 말씀을 하시고 나서 마가복음과 동일하게 다음과 같은 경계의 말씀을 하셨음을 알 수 있습니다.

"그 때에 예수께서 제자들에게 엄명하시기를, 자기가 그리스도라는 것을 아무에게도 말하지 말라고 하셨다." (마16:20)

예수님께서 베드로의 신앙고백이 있은 후에 곧바로 경계의 말씀을 하신 이유에 대해서는 여러 가지로 설명할 수 있을 것입니다. 우리는 성경을 읽다가 예수님께서 이렇게 자신과 자신이 한 일을 다른 사람에게 알리지 말라고 분부하시는 장면을 종종 발견합니다. 독일의 신약성서학자 베르데

Werde는 이런 예수님의 말씀을 메시아적 은닉 사상the Messianic secret이라고 이름을 붙였습니다. 예수님께서는 사람들이 단순히 육체적인 질병을 치료받는 것과 같은 기사와 표적에만 관심을 두지 않도록 하기 위함과 함께 당시에 만연하였던 정치적 메시아로 오해를 받지 않기 위해서 자신이 그리스도이심을 말하지 말라고 했다는 것입니다.

제자들의 메시아관이 아직 성숙하지 못해서 예수님이 메시아이심을 선포하기 위해서는 더 많은 것을 배워야 했기에 그때까지 아무에게도 그 사실을 말하지 말라고 경계하셨다고 보는 것입니다.

그렇다면 제자들이 아직 이해하지 못하고 있는 것은 무엇이었을까? 그 해답은 뒤이어 나타나는 예수님의 수난에 대한 예고의 말씀에서 찾을 수 있습니다.

"그리고 예수께서는, 인자가 반드시 많은 고난을 받고, 장로들과 대제사장들과 율법학자들에게 배척을 받아, 죽임을 당하고 나서, 사흘 후에 살아나야 한다는 것을 그들에게 가르치기 시작하셨다."(31절)

마지막 구절을 보면 분명히 '그들에게 가르치기 시작하셨다' 라고 되어 있습니다. 이 구절은 어떤 때가 무르익어서 이쯤이면 되었다고 생각해서 그동안 마음에 두었던 중요한 사실을 가르치셨다는 의미를 담고 있습니다.

그리고 주목해야 하는 것은 드디어 메시아 칭호인 "인자" 라는 관용어가 등장하고 있다는 것입니다. 물론 2장 10절에서도 이 칭호를 사용하신 적이 있습니다. 그 때에도 예수님은 자신이 메시아임을 밝히실 때에 스스로 '인자' 라고 부르셨습니다. '인자' 라는 이 칭호는 신약성경에서 '하나님의 아들' , '다윗의 아들' , '주' 등의 칭호와 더불어 중요한 메시아 칭호입니다.

'인자' 칭호와 관련된 구약성경구절 중에 가장 중요한 구절이 다니엘 7장 13, 14절입니다.

"내가 밤에 이런 환상을 보고 있을 때에 인자 같은 이가 오는데, 하늘 구름을 타고 와서, 옛적부터 계신 분에게로 나아가, 그 앞에 섰다. 옛부터 계신 분이 그에게 권세와 영광과 나라를 주셔서, 민족과 언어가 다른 뭇 백성이 그를 경배하게 하셨다. 그 권세는 영원한 권세여서, 옮겨 가지 않을 것이며, 그 나라가 멸망하지 않을 것이다." (단 7:13,14)

이 구절을 보면 '인자' 는 마지막 때에 이 땅에서 핍박을 받고 있는 사람들에게 하나님의 나라를 가져다 주실 거룩한 분으로 묘사하고 있습니다. 이와 같은 '인자' 의 모습은 '그 때에 사람들이, 인자가 큰 권능과 영광에 싸여 구름을 타고 오는 것을 볼 것이다' (막13:26)라고 하신 예수님의 말씀 속에 잘 나타나 있습니다.

그런데 이 '인자' 의 오심은 영광스러운 모습만이 있는 것이 아닙니다. 이 '인자' 사상에는 고난과 죽음에 관한 예언의 내용, 즉 메시아의 고난 받으심에 관한 내용도 담겨 있습니다. 이런 예언의 말씀에 따라서 예수님은 제자들에게 메시아, 즉 그리스도는 많은 고난을 받아야 한다고 가르치셨습니다. 이것이 제자들이 더 배워야 하고 이해해야 할 메시아에 관한 내용이었습니다.

그래야 하는 또 하나의 이유는 그 당시 제자들이나 예수님을 따르던 많은 사람들이 상상하고 있었던 메시아의 모습이 예수님께서 이루실 메시아 모습과는 전혀 달랐기 때문입니다. 제자들을 포함한 대다수의 사람들은 그 당시 이스라엘이 로마의 식민지로 억압을 받고 있었기 때문에 그러한 상태에서 이스라엘을 회복하실 정치적인 메시아로 기대하고 있었습니다.

예수님은 이런 세상 사람들이 상상하고 있는 메시아의 모습과는 전혀 다른 메시아의 모습에 대해서 가르치시기 시작하셨는데, 그것은 바로 영광을 받는 대신 그 당시의 장로들과 대제사장들과 서기관들에게 배척받아 십자가에 달려 죽임을 당하고 사흘 만에 살아날 것이라는 예고였던 것입니다(31절).

열정에 휩싸여서 예수님을 향하여 하나님의 아들이라고 고백했던 베드로는 예수님의 말씀을 듣고는 결코 그 말에 동의할 수가 없었습니다. 그래서 즉시 반박하고 나섭니다. 여기서 베드로는 예수님의 말씀을 깊이 생각하기보다는 예수님에 대한 자신의 감정을 더 드러내고 있습니다.

문제는 이 열정이 전혀 사려 깊지 못한 맹목적인 것이었다는 것입니다. 그렇게 생각하는 이유는 이때의 베드로의 모습을 성경은 '베드로가 예수를 바싹 잡아당기고, 그에게 항의하였다’ 라고 전하고 있기 때문입니다.

영어 성경으로 이 구절을 읽어보면 더 분명한 의미가 드러납니다. 영어 개정판 성경RSV은 베드로가 예수님께 항의했다는 헬라어 표현을 ‘레뷰크’ rebuke라는 영어 단어로 번역하고 있습니다. 이 단어는 예수님께서 ‘베드로를 꾸짖어 이르시되’ 할 때 똑같이 사용되고 있습니다. 이 단어는 ‘비난하다, 꾸짖다, 견책[징계]하다, 억제하다, 저지하다’ 라는 뜻을 가진 동사이기도 하며, 명사형으로는 ‘비난, 힐책’ 등의 의미를 갖고 있습니다. 즉 베드로는 순간적으로 예수님의 진정한 말씀의 의미와 그 뜻을 알아듣지 못하고, 주님의 길을 방해하는 사탄의 역할을 했던 것입니다.

예수님은 바로 베드로를 꾸짖으셨습니다. 베드로만 꾸짖었던 것이 아니라 다른 제자들도 돌아보며 꾸짖으셨습니다. 이런 예수님의 행동은 다른 제자들을 향하여 너희도 베드로와 같은 생각을 하고 있느냐는 의미를 담고 있습니다.

“그러나 예수께서는 돌아서서, 제자들을 보시고, 베드로를 꾸짖어 말씀 하셨다. 사탄아, 내 뒤로 물러가라. 너는 하나님의 일을 생각하지 않고, 사람의 일만 생각하는구나!” (막8:33)

그러면 여기서 베드로와 제자들에게 부족했던 것이 무엇이었는지를 좀 더 구체적으로 생각해 보겠습니다. 가장 먼저 제자들은 하나님의 목적과 계획을 올바로 이해하지 못하고 있었다는 것입니다. 베드로와 제자들은 예수님께서 질병도 치료하시고, 거친 풍랑도 잔잔하게 하시고, 보리떡 다섯 개와 물고기 두 마리로 5천 명이나 되는 사람들을 먹이시는 기적을 보면서 어떤 고난과 죽음도 피해갈 수 있을 것이라고 생각했을 것입니다. 하지만 온 인류를 구원하시기 위해 화목제물로 오신 예수님께서는 반드시 고난과 죽음의 길을 걸어가셔야만 한다는 것은 알지 못했습니다.

　사도 바울의 말씀처럼 예수 그리스도의 십자가를 바로 이해하지 못하면, 유대인처럼 수치요 거리끼는 것이라고 생각하고, 또 헬라인처럼 어리석은 것이라고 생각하게 됩니다. 하지만 예수 그리스도의 십자가는 우리를 구원하는 하나님의 능력인 것입니다.

　둘째로 베드로와 다른 제자들과 당시 예수님을 따르는 많은 사람들 모두가 메시아를 통해서 이루어질 하나님의 나라가 어떤 것인지를 전혀 알지 못하고 있었다는 것입니다. 그것은 예수님께서 베드로를 향하여 '너는 하나님의 일을 생각하지 않고, 사람의 일만 생각하는구나' 라고 꾸짖으신 것에서 알 수 있습니다. 메시아이신 예수님을 통해 이루어질 하나님의 나라는 보통 사람들이 생각하는 통속적이며 정치적인 나라가 아니라 영적이며 영원한 하나님의 나라입니다. 그래서 예수님은 로마의 총독 빌라도 앞에서 '내 나라는 이 세상에 속한 것이 아니오' 라고 말씀하셨던 것입니다(요 18:36).

　예수님께서 앞으로 있을 수난에 대해서 말씀하신 이후에 곧바로 이어지는 이야기는 예수님을 따르는 길에 대한 가르침의 내용입니다(34절-38절).

주님은 자신을 따르는 많은 무리를 향하여 다음과 같이 말씀하셨습니다.

"그리고 예수께서 제자들과 함께 무리를 불러 놓고 그들에게 말씀하셨다. 나를 따라오려고 하는 사람은, 자기를 부인하고, 자기 십자가를 지고, 나를 따라오너라. 누구든지 제 목숨을 구하고자 하는 사람은 잃을 것이요, 누구든지 나와 복음을 위하여 제 목숨을 잃는 사람은 구할 것이다. 사람이 온 세상을 얻고도 제 목숨을 잃으면, 무슨 이득이 있겠느냐? 사람이 제 목숨을 되찾는 대가로 무엇을 내놓겠느냐? 음란하고 죄가 많은 이 세대에서, 누구든지 나와 내 말을 부끄럽게 여기면, 인자도 자기 아버지의 영광에 싸여 거룩한 천사들을 거느리고 올 때에, 그를 부끄럽게 여길 것이다." (34절-38절)

복음서에 나타난 제자의 길에 대한 예수님의 가르침을 종합해 보면 다음과 같이 정리할 수 있습니다.

첫 번째로 생각할 것은 '나를 따라오려고 하는 사람은' 이라는 말씀에서 발견하는 교훈입니다. 제자의 길에 관한 병행구절인 누가복음 9장 57절-62절과 다른 복음서에서 발견할 수 있는 제자 선택의 이야기들을 종합해 보면, 예수님을 따르게 되는 경우는 크게 세 가지로 볼 수 있습니다. 스스로 따르는 경우, 다른 사람의 소개와 초대에 의해서 따르는 경우, 예수님께서 직접 부르셔서 따르게 되는 경우입니다. 어떤 경우든지 예수님을 따르려는 사람에게는 그에 합당한 요구가 있다는 것입니다.

두 번째로 생각할 것은 예수님을 따르는 사람들에게는 반드시 치러야 할 대가가 있다는 것입니다. 그 대가는 먼저 자기를 부인해야 하는 것입니다. 본회퍼 목사님은 『제자됨의 대가 The Cost of Discipleship』라는 책에서 "자신을 부인한다는 것은 오직 그리스도만을 알 뿐이요, 더 이상 자기 자신을 알지 않는 것이며, 또한 앞에 가신 주님만을 바라보는 것이지 우리 앞에 놓여 있는 어려운 길을 바라보지 않는 것입니다."라고 했습니다.

누가복음 9장 23절의 "자기를 부인하고"에 사용된 단어의 동사형은 '고백하다'라는 동사와 전혀 반대의 개념을 함축하고 있습니다. '고백하다'는 어떤 일이나 사람을 인정한다는 의미를 가지고 있습니다. 그러므로 우리가 예수님을 따른다고 할 때에는 한편으로는 그리스도를 주로 '고백'해야 하는 행위, 즉 예수님을 인정하고 예수님과 하나가 되어야 한다는 의미가 있습니다.

이와 반대로 '부인하다'는 우리 자신을 부인하는 행위, 즉 그리스도인으로서 그리스도가 우리의 삶에서 차지해야 할 위치에 자신의 욕망과 의지를 대신하지 말아야 한다는 의미를 가지고 있습니다. 더 설명한다면 예수 그리스도 자체가 목적이 되어야지 다른 어떤 것이 목적이 되어서는 안 된다는 것입니다. 이것은 우리 인격을 약하고 무기력하게 하는 것이거나, 혹은 단순히 우리 자신들의 어떤 즐거움을 포기하는 것을 의미하지는 않습니다. 오히려 우리는 지금 우리가 사는 것이 그리스도를 위함이지 우리 자신을 위한 것이 아님을 인정해야 하는 것입니다. 따라서 예수님을 주님으로 고백하고 따르는 것은 철저하게 자기 자신을 부인하고 예수님만을 목적으로 살아가는 것을 의미하는 것입니다.

예수님을 따르는 자가 치러야 할 대가의 두 번째는 날마다 자기의 십자가를 지는 것입니다. 당시 제자들이 살고 있던 지방에서 십자가는 최고의 사형도구로 사용되고 있었기 때문에 예수님께서 십자가에 대해서 말씀하실 때 거기에 담겨 있는 의미를 즉각적으로 알 수 있었습니다. 사형 당하기 위해서 십자가를 짊어지고 가는 죄수는 절대로 자기가 가고 싶은 곳으로 갈 수가 없습니다. 그를 끌고 가는 군병들이 요구하는 대로 가야 한다는 것을 제자들은 너무나 잘 알고 있었습니다. 거기에는 오직 순종만이 요구되었습니다. 또한 십자가에 달려야 하는 죄수는 어떤 소유도 요구할 수 없고, 장래에 대한 아무런 계획도 가질 수 없었습니다. 날마다 자기 십자가를 진다는 것은 그런 절대적인 순종을 의미합니다. 자신을 위한 삶이 아니라 바로 예수 그리스도를 위한 삶을 날마다 살아가는 것이라는 의미가 담겨 있는 것입니다.

예수님을 따르는 자가 치러야 할 대가의 세 번째는 '따르라' 는 요구에 대한 즉각적인 행동입니다. 이것은 누가복음 9장 57절-62절에서 그 의미를 분명하게 발견할 수 있습니다. 여기에는 세 사람이 등장합니다. 지나가던 한 사람은 예수님을 보자마자 주님을 따르겠다고 말합니다. 그 사람은 주님의 초대를 직접적으로 받지도 않았습니다. 그런데 예수님은 그 사람에게 여우도 굴이 있고, 새들도 깃들 둥지가 있지만 인자는 머리 둘 곳이 없다고 말씀합니다. 이것은 어려운 일들을 생각하지 않는 지나친 열심을 경계하신 가르침입니다.

또 다른 한 사람은 주님의 초대를 받지만 집에 가서 부모를 위한 장사를 지낸 후에 따르겠다고 합니다. 그 사람에 대한 예수님의 말씀은 죽은 자들로 죽은 자를 장사하게 하라는 것이었습니다. 그렇게 말씀하신 이유는 그 사람의 속마음은 실제로는 예수님을 따르고자 하는 마음이 없었기 때문입니다. 그래서 핑계를 댔던 것입니다. 이것은 철저한 결단과 현재 삶과의 단절이 없이는 예수님을 따를 수 없다는 가르침입니다. 예수님께서는 우리가 예수님의 제자로 따르는 데 방해가 되는 것들을 물리치고 즉각적으로 결단하며 행동힐 깃을 요구하고 계십니다.

마지막 한 사람은 일가친척들과 작별인사를 하고 오겠다고 말합니다. 그는 세상에 대하여 아직 많은 미련을 가지고 있었던 것입니다. 이런 사람도 예수님의 제자로서 합당하지가 않는 사람입니다. 그래서 예수님은 그 사람에게 '누구든지 손에 쟁기를 잡고 뒤를 돌아다보는 사람은 하나님의 나라에 합당하지 않다' 고 말씀하셨습니다. 뒤를 보며 걷는 사람은 결코 앞으로 똑바로 갈 수가 없는 것입니다.

베드로의 신앙고백의 이야기는 요한복음에서는 조금 다른 배경으로 전해지고 있다고 앞에서 말씀을 드렸습니다. 요한복음 6장을 읽어보면 보리떡 다섯 덩이와 물고기 두 마리로 5천 명이나 되는 사람들을 먹이신 사건과

연결되어 전해지고 있습니다. 오병이어五瓶二漁의 표적, 즉 보리떡 다섯 개
와 물고기 두 마리로 5천 명이나 먹이신 표적을 행하신 후에 예수님께서 자
신은 하늘로부터 내려온 생명의 떡이라고 말씀하시자 많은 제자들이 예수
님을 버리고 더 이상 따라다니지 않았습니다. 예수님의 제자들조차도 서로
수군거렸습니다.

"예수의 제자들 가운데서 여럿이 이 말씀을 듣고 말하기를 이 말씀이 이
렇게 어려우니 누가 알아들을 수 있겠는가? 하였다." (요6:60)

그리고 주님 곁을 떠나갔습니다.

"이 때문에 제자 가운데서 많은 사람이 떠나갔고, 더 이상 그와 함께 다
니지 않았다." (요6:66)

그러자 예수께서는 이제 남은 열두 제자를 보시고 물으셨습니다.

"너희까지도 떠나가려 하느냐?" (요6:67)

아마도 예수님의 마음은 갈기갈기 찢어지는 듯한 아픔을 가지고 매우 무
거운 마음으로 물으셨을 것입니다. 그 때에 놀랍게도 시몬 베드로가 대답
합니다.

"주님, 우리가 누구에게로 가겠습니까? 선생님께는 영생의 말씀이 있습니다. 우리는, 선생님이 하나님의 거룩한 분이심을 믿고, 또 알았습니다." (요6:68-69)

예수님은 지금 우리에게도 묻고 계십니다. 점점 순수한 신앙이 사라지고, 세상은 점점 물질주의로 가득차고, 인간의 마음은 교만해질 대로 교만해지고, 하나님의 일을 한다고 하면서 자신의 욕망과 명예와 자기 성취만을 추구하는 이때에 주님께서 우리에게 묻고 계십니다.

참다운 희생과 헌신과 봉사와 사랑의 정신은 사라지고 오직 자기만 옳다는 것을 증명해 보이고자 하며 하나님의 말씀인 성경조차도 따르지 않고, 기독교 신앙의 가치와 삶의 가치를 구태스럽고 비현실적인 것이라고 생각하면서 그렇게 어려운 것을 어떻게 다 지킬 수 있느냐며 자기편의적인 신앙만이 가득해가는 이때에 우리 주님께서 조용히 우리 마음에 묻고 계신 것입니다.

"너희까지도 떠나가려 하느냐?"

예수께서 이렇게 물으실 때에 우리는 무엇이라고 대답해야 합니까? 우리 모두는 그 대답을 분명히 알고 있습니다. 우리는 분명히 베드로와 같이 대답하여야 할 것입니다.

"주님, 우리가 누구에게로 가겠습니까? 선생님께는 영생의 말씀이 있

우리는 빗나간 삶의 목적을 바로 잡아야 합니다. 나만을 생각하고, 일차원적인 것에 목적을 두고 살아가는 잘못된 삶의 목적에서 벗어나 이제는 진정으로 하나님을 향한 삶이 되어야 합니다. 진정한 삶의 목적을 발견할 때에 우리의 과거의 모든 상처는 사라질 것입니다. 사도 바울을 보십시오. 그는 예수 그리스도를 알지 못했을 때에 하나님을 안다고 열심이었지만, 율법주의에 얽매여 오히려 사람을 잡아가두고 죽이고 하나님을 훼방하는 잘못된 삶의 목적을 가진 사람이었지만, 부활하신 예수 그리스도를 만났을 때에, 변화되었습니다. 사람을 살리고 생명의 말씀을 전하고, 복음을 전하여 죄로 얽매였던 사람들에게 진정한 자유를 전했습니다. 빗나갔던 인생의 목적이 수정된 것입니다.

우리는 예수 그리스도를 자발적으로 믿겠다고 따르는 그리스도인들이며, 또한 제자들입니다. 하나님 나라의 시민들이며, 하나님의 자녀들입니다. 그러므로 우리가 살아가야 할 방향과 목적은 분명합니다. 어떤 어려움과 고난이 와도, 핍박이나 위협이 와도 오직 예수 그리스도와 그분께서 우리에게 보여 주신 하나님의 나라와 그 비전을 위해 살아가야 합니다. 결코 예수 그리스도에 대해서나, 예수 그리스도의 말씀에 대해서나, 예수 그리스도의 몸인 교회에 대해서나, 우리가 믿는 믿음의 내용에 대해서 부끄러워하지 말아야 합니다. 주님께서 말씀하십니다.

예수 그리스도는 우리의 주님이시며, 영원한 생명을 주시는 생명의 양식입니다. 그분에게만 영생의 말씀이 있습니다. 예수 그리스도의 십자가는 바로 그 영원함으로 나아가는 참다운 길을 보여 주는 하나님의 메시지입니다.

The Cross

하나님의 사랑과 용서의 증표

교회 안에는 오직 하나님의 사랑과 은혜가 충만해야 합니다. 하나님께서 예수 그리스도의 십자가를 통해서 우리에게 베풀어 주신 그 은혜, 우리에게 베풀어 주신 그 사랑, 그리고 우리에게 값없이 주신 그 선물, 그것을 우리가 받아들이는 것입니다.

“예수께서 이르시되 나도 너를 정죄하지 아니하노니

가서 다시는 죄를 범하지 말라 하시니라”

2

하나님의 사랑과 용서의 증표

시편 130:1-8

요한복음 8장은 간음한 여인의 이야기로 시작하고 있습니다. 예수 그리스도께서 아침에 성전에서 가르치실 때 일어난 이야기인데, 서기관들과 바리새인들이 간음하다가 현장에서 잡힌 한 여인을 끌고 와서 가운데 세우고 예수께 말했습니다.

"선생님, 이 여자가 간음을 하다가, 현장에서 잡혔습니다. 모세는 율법에, 이런 여자들을 돌로 쳐 죽이라고 우리에게 명령하였습니다. 그런데 선생님은 뭐라고 하시겠습니까?"(요8:4, 5)

기세등등한 모습으로 서기관들과 바리새인들이 이렇게 몰려온 것에는 다른 속셈이 감추어져 있었습니다. 예수 그리스도를 고발할 구실을 찾으려고 이 여인을 데리고 와서 묻고 있는 것이었습니다(요8:6).

예수 그리스도께서 그 여인을 살려주라고 하면 모세의 율법을 어기는 것이 되어 죄가 됩니다. 우리가 가지고 있는 개역개정판 성경의 각주에 나와 있는 것처럼 레위기 20장 10절에 보면 '남자가 다른 남자의 아내 곧 자기의 이웃집 아내와 간통하면, 간음한 두 남녀는 함께 반드시 사형에 처해야 한다' 고 되어 있습니다. 그 당시의 사형 방법 중 하나는 돌로 치는 것이었습니다.

그런데, 반대로 예수 그리스도께서 그 율법의 조항대로 그 여인을 죽이라고 하면 그 당시에는 로마의 식민지배를 받고 있었던 로마의 실정법을 어기는 것이 되어 고소할 구실이 되었습니다. 로마의 지배를 받고 있는 유대인들에게는 사형 선고를 내릴 권한이 없었고, 오직 로마의 총독에게만 그러한 권한이 있었기 때문입니다. 이렇게 해도 문제고, 저렇게 해도 문제가 되는, 다시 말하면 예수 그리스도를 함정에 빠뜨리려는 고도로 계산된 질문이었습니다.

그 때 예수 그리스도께서는 아무 말 없이 몸을 굽혀 손가락으로 땅에 무엇인가를 쓰셨는데, 정확하게 무엇이라고 쓰셨는지에 대해서는 기록에 없어서 아무도 모릅니다. 다만 조금 생각해 보면, 흥분한 사람들의 마음과 감정을 좀 누그러뜨리고, 자신들이 지금 하고 있는 행동에 대해서 생각할 기회를 갖게 하려는 것이 아니었나 하고 조심스러운 추측을 해 봅니다. 그렇게 잠시 몸을 굽혀 땅에 무엇인가를 쓰시고 나서 예수 그리스도께서는 그들에게 말씀하셨습니다.

“너희 가운데서 죄가 없는 사람이 먼저 이 여자에게 돌을 던져라.”
(요8:7)

그리고 다시 몸을 굽혀 손가락으로 땅에 무엇인가를 쓰셨습니다. 그 후에 벌어진 일을 성경은 다음과 같이 전합니다.

“이 말씀을 들은 사람들은, 나이가 많은 이로부터 시작하여, 하나하나 떠나가고, 마침내 예수만 남았다. 그 여자는 그대로 서 있었다.” (요8:9)

왜 간음하다가 현장에서 붙잡힌 여인을 데리고 왔던 바리새인들과 서기관들을 비롯한 사람들이 하나 둘 그 자리를 떠났는지 그 이유에 대해서는 분명한 기록은 없습니다. 양심의 가책을 느껴서 그랬는지, 아니면 예수 그리스도께서 땅바닥에 쓰신 글의 어떤 내용이 그들이 그렇게 행동하도록 한 것인지에 대해서는 여러 가지 추측과 해석이 있을 뿐 정확하게 알 수는 없습니다. 확실한 것은 예수 그리스도의 그런 조용한 행동이 오히려 살기등등했던 사람들의 마음을 누그러뜨리고, 여인만 남겨두고 그 자리를 떠나게 했다는 사실입니다.

예수 그리스도께서는 모두 가고 아무도 없는 것을 보시고 그 여인에게 말씀하십니다.

“여자여, 사람들은 어디에 있느냐? 너를 정죄한 사람이 한 사람도 없느

오늘 우리는 요한복음에만 유일하게 나오는 이 간음한 여인의 이야기를 다시 읽어보면서 여자를 고발하기 위해서, 그리고 예수 그리스도를 고발할 빌미를 찾기 위해서 살기등등하게 왔던 사람들이 모두 떠났다는 구절에 주목을 합니다.

앞에서 이미 살펴보았지만, 모세의 율법에 의하면 간음한 여인은 돌로 쳐서 사형에 처하도록 되어 있습니다. 거기에 많은 사람들이 참여를 하게 됩니다. 그런데, 예수 그리스도께서 너희 중에 죄 없는 자가 먼저 돌로 치라고 하셨을 때에 아마도 자신들을 살펴보니까 자신들의 죄가 생각나고 양심의 가책을 받지 않았나 생각을 해 봅니다. '아, 우리도 죄가 있구나!' 그래서 놀랍게도 돌로 그 여인을 치려고 했던 사람들이 돌을 내려놓고 다 물러갔다고 생각할 수도 있을 것입니다.

여기서 우리가 발견하는 사실이 있습니다. 바리새인들과 서기관들과 다른 유대인들이 분노가 충천했던 이유도 죄 때문이요, 만일 그들이 양심에 가책을 받아 그 여인을 두고 자리를 떠났다면, 그 이유도 죄 때문입니다. 죄라는 것이 드러나면 누구나 흥분하고 분노하게 되어 있습니다. 그것은 죄를 지은 사람도 그 죄를 비난하고 정죄하는 사람도 마찬가지입니다. 경험적으로 보면 숨겨진 죄를 지은 사람은 자신의 죄책감이 자극되어서 다른 사람이 죄를 짓는 모습을 보면 더 분노하며 정죄하는 경우를 보기 때문입니다.

성경에는 자세히 기록되어 있지는 않지만 이 사이에 또 하나의 문제가 숨어 있습니다. 그것은 서기관과 바리새인들이 '왜 예수 그리스도를 시험에 빠뜨리려고 했는가?' 하는 것이었습니다. 그들은 예수 그리스도께 분노하고 있었습니다. 이 당시의 바리새인들과 서기관들은 우리가 보통 선입관을 가지고 보듯이 막 되먹은 사람들은 아니었습니다. 어떻게 보면 가장 성실한 사람들, 나름대로 하나님의 말씀을 따라 살려 하고, 그들의 전통적인 신앙을 지키려고 힘을 다해 왔던 사람들이었습니다. 그런데 이들이 예수 그리스도께 분노했던 이유는 주님께서 자신들이 알고 있는 것과 다른 것을 보여 주고 계셨기 때문입니다. 예를 들어 요한복음을 보면 예수 그리스도께서는 스스로 자신을 하나님의 아들이라고 말씀하셨습니다.

유대인들의 개념에서 보면 이것은 신성모독에 해당되는 말이었습니다. 왜냐하면 하나님을 향하여 개인적으로 아버지라고 할 수가 없는 것이었기 때문입니다. 그렇게 하면 하나님과 자신을 동등하게 취급하는 것이기 때문입니다. 유대 사회에서는 민족적으로나 집단적으로만 하나님을 향하여 아버지라고 부를 수 있었습니다. 그런데 예수 그리스도께서는 스스로 자신을 하나님의 아들이라고 하고, 또한 하나님을 향하여 내 아버지라고 말씀하셨습니다.

그리고 예수 그리스도께서는 스스로를 세상의 빛이라고 하셨습니다. 이 것도 마찬가지입니다. 오직 빛은 하나님께만 비유할 수 있는 것이었습니 다. 이런 예수 그리스도의 말씀은 결국 스스로 '나는 하나님이다, 나는 메 시아다' 라고 말하고 있는 것이었습니다. 유대인들은 이런 예수 그리스도 의 말씀을 이해할 수 없었고, 신성모독으로 여겼던 것입니다. 그래서 예수 그리스도께 분노하고, 호시탐탐 책잡으려고 하고, 심지어는 죽이려고 했던 것입니다.

여기에도 죄의 문제가 들어 있습니다. 이렇게 본다면 우리가 어떤 것에 대해서 분노를 하든, 어떤 것에 대해서 죄책감을 갖든, 또는 어떤 것 때문에 괴로워하든지 간에 거기에는 우리의 죄와 죄책감이 숨어 있다는 것을 깨닫 게 됩니다.

요한 웨슬레John Wesley, 1703-1791는 자신의 설교에서 이렇게 말했습니다.

"사실상 사람들은 전적으로 불결하며 죄로 가득 차 있습니다. 그러므로 사 람은 누구나 그리스도의 대속을 필요로 합니다. … 그리고 사람의 마음은 전적으로 부패하였다고 생각합니다."

이것이 책의 사람, '세계가 나의 교구다' 라고 말하면서 평생을 성경말씀 을 따라 복음을 전했던 요한 웨슬레가 우리에게 전해주고 있는 인간관의 요약입니다.

시편 130편도 이와 같은 내용들이 담겨 있습니다. 시편 130편은 6편, 32편, 38편, 51편, 102편, 130편, 143편과 함께 보통 '회개의 시편들' 이라고 불립니다.

시인은 "깊은 곳"에서 하나님께 부르짖는다고 말하고 있습니다. 즉, 도저히 자신이 이겨낼 수 없는 자신이 처한 상황, 인간의 모든 죄악과 그 때문에 겪는 고난과 고통 속에서 울부짖고 있는 것입니다. 사도 바울도 이런 우리 인간의 모습을 다음과 같이 증언합니다.

"그러므로 한 사람으로 말미암아 죄가 세상에 들어왔고, 또 그 죄로 말미암아 죽음이 들어온 것과 같이, 모든 사람이 죄를 지었기 때문에 죽음이 모든 사람에게 이르게 되었습니다." (롬5:12)

이 말씀처럼 우리의 괴로움과 고통, 절망과 좌절의 가장 깊은 곳에는 죄와 그 때문에 생기는 죄책감이 도사리고 있습니다. 이 죄는 죽음의 세력과 악의 근원이며, 죄로 인한 죄책감은 모든 인간의 내면만이 아니라 밖으로부터 오는 고통의 근원이요, 하나님과의 관계 단절의 원인이며, 우리를 파괴하는 분노의 뿌리인 것입니다.

분노에 대해서 좀 더 생각해 봅시다. 종종 사람들이 화를 낼 때를 보면 옳고 그름 때문이라고 단순하게 생각하는 경우가 많이 있습니다. 집안에서도 보면 가장인 아버지들이 화를 잘 냅니다. 그렇게 화를 낼 때에 집안의 일이나 혹은 식구들의 옳고 그른 것 때문에 화를 내는 것처럼 보입니다. 그런데 속을 들여다보면 정말로 화를 낼 때는 아버지로서, 또한 남편으로서 자기 가정과 가족을 이끌어가는 가장으로서의 능력이 부족하다는 것이 자극될 때라고 합니다. 우리는 이런 감정을 수치심이라고 이름을 붙입니다. '나는 무엇인가 잘못되었고 부족하다, 나쁘다, 지금 현재의 모습이 아니라 다른 모습이어야 한다' 이런 속생각이나 속감정이 자극 받을 때 화를 내는 경우가 많다는 것입니다. 수치심을 감추려는 방어기제로서의 분노입니다.

그런데 여성들에게는 좀 다른 모습이 있습니다. 아내들은 남편이 화를 내면 처음에는 움츠러듭니다. 대드는 아내들도 있다고는 하지만 아마 그렇게 많은 숫자는 아닐 것입니다. 아내들은 공격적이지 않습니다.

여성들이 처음에 그렇게 반응하는 이유는 먼저 죄책감을 느끼기 때문입니다. 죄책감은 '자기 행동에 대한 불편한 감정' 이나 혹은 '약속이나 법이나 관습과 같은 것들을 어겼을 때 느껴지는 불편한 감정' 을 의미합니다. 여성들은 남성들에 비해서 이런 죄책감, 즉 '내가 무엇인가 잘못했다, 내가 부족하다' 는 느낌을 더 많이 가지고 있다고 합니다. 그러다가 시간이 좀 지나면 그때서야 죄책감이 분노로 표현되기 시작합니다. 남성들과는 다른 모습입니다. 그러나 이것도 죄책감을 감추려는 방어기제로서의 분노입니다.

하지만 주의할 점은 여성과 남성의 이런 감정에 대한 다름이 절대로 차별적으로 이해되어서는 안 될 것이며, 또한 남성과 여성 모두에게 수치심과 죄책감은 공통적이라는 사실입니다. 어쨌든, 분노라는 감정은 어떤 기대나 목표가 좌절이 되었을 때 절망이나 낙심을 하게 되고, 그것이 폭발되는 감정이라고 할 수 있는데, 그 깊은 속감정은 수치심이나 죄책감이 자극되어서 표출되는 경우가 많다는 것입니다. 자기 존재나 혹은 행동에 대한 불편한 감정, 자기 실존에 대한 불안한 감정이 방어적으로 표현되고 있는 것입니다. 그래서 누구나 여기에서 벗어나고 싶고, 자유롭기를 원하고 있습니다. 이것이 해결되지 않으면 마음에 평안을 얻을 수 없기 때문입니다.

이런 인간의 실존적인 현실 가운데에서 하나님 앞에 간절히 호소하고 있는 시인의 모습을 발견합니다. 하나님의 구원을 간절히 바라고 있는 모습입니다.

자신이 처한 죄와 사망의 권세와 고난에서 벗어날 길을 하나님께 간절히 구하고 있는 것입니다. 이렇게 간절히 구하는 이유는 오직 사랑의 하나님만이 그의 희망이며, 우리의 죄를 사해주시고, 모든 고난과 사망에서 구원해 주실 분임을 알고 있기 때문입니다. 하나님은 우리가 고난 속에 있을 때, 절망과 위험 속에 있을 때, 우리를 보호해 주시고, 우리를 지켜 주시고, 거기서 건져주시는 분인 것을 알기 때문에 간절히 기도하고 있는 것입니다.

목회자는 하는 일의 성격상 많은 사람들을 만나고 다닙니다. 그런데 그들의 삶의 현장에 들어가 보면 수많은 고난이 있는 것을 봅니다. 어떤 분들은 생사의 기로에서 싸우고, 어떤 분들은 질병과 싸우고, 어떤 분들은 실패라는 절망적인 상황 속에서 몸부림을 치고 있습니다. 또 어떤 분들은 수렁과 같은 깊은 곳에서 빠져나오기 위해 처절한 몸부림을 하며 투쟁하기도 합니다. 누구나 하나님 앞에서 그 삶을 들여다보면 울부짖고 있는 모습입니다. 구원을 간절히 바라고 있는 모습입니다. 거기서 건짐을 받기를 온몸으로 구하며 바라고 있는 모습입니다. 그래서 이 시인처럼 그 깊은 곳에서 주께 부르짖습니다. '주여 내 소식을 들으시며 나의 부르짖는 소리에 귀를 기울이소서.'

여러분, 그런데 이 시인은 하나님은 앞에 자신을 다음과 같이 고백하고 있습니다.

"주님, 주님께서 죄를 지켜보고 계시면, 주님 앞에 누가 감히 맞설 수 있겠습니까?" (시130:3)

하나님 앞에서 자신을 들여다보면 자신의 죄가 있는 그대로 다 드러나고 있다는 것입니다. 하나님의 기준, 하나님의 관점, 하나님의 거룩성 앞에서 자신을 들여다보면 죄가 있음을 고백하지 않을 수 없다고 토로하고 있는 것입니다. 마치 로마서 3장 23절의 말씀처럼 "모든 사람이 죄를 범하였습니다. 그래서 사람은 하나님의 영광에 못 미치는 처지에 놓여 있습니다." 라고 한 말씀과 같습니다.

그러나 여러분, 이 시인은 결코 거기에 멈추어 있지 않습니다. 더 깊은 곳으로 나아갑니다.

우리가 하나님을 찬양하고 하나님께 경외감을 갖고 나오는 이유가 무엇일까요? 하나님은 단순히 죄를 묻는 분이시거나 또는 두려운 분이시거나 혹은 그 죄의 결과를 통해서 우리를 벌하시고 멸하시는 하나님이 아니라, 오히려 우리를 용서하시고 우리의 죄를 사하시며 그 품으로 이끌어주시는 하나님이신 것을 깨닫기 때문에 그렇습니다. 그래서 이 시인은 하나님을 향하여 부르짖어 기도할 수 있는 것입니다. 하나님께 나아올 수 있는 것이고, 구원을 간구하며 호소할 수 있는 것입니다. 이 사실을 로마서 5장은 그렇게 말합니다.

이제 우리가 예수 그리스도께서 십자가 위에서 흘리신 거룩한 피를 인하여 의롭다 여김을 받았으니 더욱 그로 말미암아 진노하심에서 구원을 받을 것이라고 말합니다. 그 희망은 바로 하나님의 사랑과 용서하심에 있다고 말씀하고 있습니다.

　예수 그리스도 안에 있을 때 우리는 구원을 받습니다. 하나님은 예수 그리스도를 이 땅에 보내서서 우리를 구원하기를 원하십니다. 질병에서 해방시키시기를 원하십니다. 우리를 보호하시기를 원하고 계시는 것입니다. 그리고 우리가 이 세상에서 생명을 풍성하게 누리며 살아가기를 원하고 계시는 것입니다. 그리하여 이 시인은 이것이 얼마나 간절한 소망인지 다음과 같이 외칩니다.

"내 영혼이 주님을 기다림이 파수꾼이 아침을 기다림보다 더 간절하다. 진실로 파수꾼이 아침을 기다림보다 더 간절하다." (시130:6)

　나라의 안전과 평화를 위해 군대에 가서 군복무를 할 때에 최전선에서 보초를 서 본 분들은 이 구절이 어떤 의미인지 실감하실 것입니다. 추운 겨울에, 그것도 새벽에 보초를 서는 것은 굉장히 괴롭고 고독한 경험입니다. 그 괴로움과 고독 속에서 병사가 기다리는 것이 무엇일까요? 빨리 해가 뜨는 것입니다. 그래서 아침밥을 먹고 푹 쉬는 것을 기다릴 것입니다. 저도 그런 경험이 있었습니다. 지혜가 없어서 그랬는지는 모르겠지만, 어린 시절에 추우면 조금 더 껴입고 몸을 따뜻하게 보호하면 될 것인데, 그런 형편이 아니라 그랬는지 아니면 다른 이유가 있어서 그랬는지 정확하게 기억은 나지 않지만 항상 추위와 배고픔에 떨었던 기억이 납니다. 졸음에 쫓겨 빨리 이 시간이 지났으면 좋겠다고 생각했던 그런 기억도 납니다. 그래서 지금도 꿈을 꾸면 가끔 그때의 상황이 꿈속에 나타납니다. 무언가에 막 쫓기다가 깜짝 놀라서 벌떡 깨어나면 현실입니다. 그럴 때 바라던 것이 있습니다. '이 상황이 빨리 지나갔으면 좋겠다.' '이 고통의 순간이 빨리 지나갔으면 좋겠다.' 심지어는 몸이 아파서 너무 괴로우면 '차라리 죽으면 편해지지 않을까?'라는 그런 생각이 들 때도 있었습니다. 얼마나 고통스러우면 그런 마음이 들었겠습니까?

지금 이 시인은 그렇게 말합니다. '내 영혼이 주님을 기다림이 파수꾼이 아침을 기다림보다 더 간절하다. 진실로 파수꾼이 아침을 기다림보다 더 간절하다.' 우리 영혼의 깊은 곳에는 이런 간절함이 있습니다. 죄를 씻음 받고 구원에 이르기를 바라는 갈급함과 간절함이 있습니다. 지금 현재의 시간과 삶의 현장의 한가운데서 겪고 있는 죄와 고난과 시련에서 빨리 벗어나고, 회복되고, 치유되어 평안으로 나가기를 원하는 간절한 소망이 있습니다.

오늘 성경말씀은 우리가 그렇게 원하는 죄사함과 구원의 길이 바로 하나님, 우리 주 예수 그리스도 안에 있다고 분명하게 말합니다.

"이스라엘아, 주님만을 의지하여라. 주님께만 인자하심이 있고, 속량하시는 큰 능력은 그에게만 있다. 이스라엘아, 주님만을 의지하여라. 주님께만 인자하심이 있고, 속량하시는 큰 능력은 그에게만 있다."
(시130:7, 8)

하나님은 자비하신 분이시고 우리를 속량해주시는 분이시고 용서의 하나님이시기 때문에 그렇습니다. 히브리서 2장 9절은 이렇게 말합니다.

"예수께서 다만 잠시 동안 천사들보다 낮아지셔서, 죽음의 고난을 당하심으로써, 영광과 존귀의 면류관을 받아쓰신 것을, 우리가 봅니다. 그는 하나님의 은혜로 모든 사람을 위하여 죽음을 맛보셔야 했습니다."

이 구절에서 여러 가지 앞뒤의 수사구들을 빼고 단순화시키면 다음과 같이 됩니다.

"...우리가 예수를 봅니다..."

우리가 예수 그리스도를 바라보는 이유가 무엇일까요? 어떤 예수 그리스도를 바라보는 것일까요? 히브리서 2장 9절은 천사들보다 잠깐 동안 못하게 하심을 입은 예수를 바라본다고 말합니다. 이것은 성육신 사건을 말합니다. 예수 그리스도는 처음부터 하나님과 함께 이 세상의 모든 것을 지으신 분이십니다. 하나님의 본체이십니다. 영광스러운 분이십니다. 그런데 그분이 사람의 모습으로 오셨습니다. 인간을 구원하시기 위해 오셨습니다. 이 땅에 모든 사람의 모습을 경험하시고 체휼하셨다는 것입니다. 우리의 고난까지도, 우리의 죄까지도 짊어지시고 십자가에 죽으신 예수 그리스도, 우리는 십자가에 달리신 그 예수 그리스도를 바라보고 있다는 것입니다. 예수 그리스도께서는 그렇게 우리의 삶 속에, 우리의 고난 속에, 우리가 지금 겪고 있는 간절한 구원을 바라는 그 상황 속에 들어오서서 우리의 모든 죄와 질병과 연약함을 짊어지시고 죽으셨다가 사망, 권세를 이기시고 부활하셔서 영원한 생명의 능력이 되어 주시고 소망이 되어 주시기 위해서 이 땅에 오셨다는 것입니다.

히브리서 2장을 다시 읽어보면, 예수 그리스도께서 고난을 받으신 이유는 모든 사람을 위하여 죽음을 맛보려는 것이었다고 말씀하고 있습니다.

"그는 하나님의 은혜로 모든 사람을 위하여 죽음을 맛보셔야 했습니다." (히2:9b)

예수 그리스도께서 이 땅에 사람의 몸으로 오신 이유는 아주 철저하게 내가 죽을 그 죽음을 체휼하시기 위해서 오셨다는 것입니다. 우리를 그 죽음에서 건져 주시고 구원하시기 위해 오신 것입니다. 여기에 하나님의 사랑이 있습니다. 하나님의 인자하심이 있습니다. 여기에 하나님께서 우리를 얼마나 사랑하시고 긍휼한 마음을 갖고 계시며, 우리를 무겁게 하는 모든 죄 짐을 벗어버리기를 원하시는지가 담겨 있습니다.

이렇게 예수 그리스도께서 십자가를 지신 사건은 하나님과 인간 사이에 진정한 화해를 이루신 화해의 사건이고, 우리의 죄를 용서해 주시며 사해 주신 은혜의 사건이고, 하나님께서 우리를 얼마나 사랑하시는지 그 사랑을 분명하게 보여 주신 사건입니다.

이 세상에 많은 종교의 형태들이 있지만, 연구해 보면 하나님을 믿는 유대교와 기독교만이 하나님을 사랑과 용서의 하나님으로 고백하고 있는 것을 알게 됩니다. 세상의 다른 종교들 대부분은 사람의 노력으로 구원을 이루고, 하늘로 올라가려고 하지만, 이와는 다르게 기독교는 하나님께서 인간의 모습으로 하늘에서 땅으로 내려오셔서 인간의 삶 가운데로 침투해 들어오셨다고 말씀하고 있습니다.

힌두교를 믿는 신도들의 경우를 보면 선행과 고행이라는 방법을 통해서 윤회라는 반복되는 고난의 순환고리에서 벗어나려고 노력을 합니다. 그들이 작은 생명까지도 죽이지 않으려고 하는 이유는 세상의 모든 생명은 윤회라는 순환고리의 한 모습이라고 믿기 때문입니다. 그래서 예전에는 깊은 도승들은 마스크를 쓰고 다녔다고 하지 않습니까? 공중의 하루살이들이 입으로 들어가면 죽게 되니까 그런 미물들을 보호하기 위해서 그랬다는 이야기입니다.

이 세상의 다른 여러 종교들을 공부할 때에 힌두교인들이 하는 고행의 모습을 본 적이 있습니다. 그 중에는 평생 동안 히말라야 산을 절을 하면서 오르는 사람들이 있습니다. 그렇게 해서 자신의 죄를 씻고 구원을 얻으려고 하는 노력들입니다. 어떤 사람들은 기도를 하는데 한 손을 들고 기도를 합니다. 왜 그런 방법을 택하지는 모르겠지만, 손을 들고 기도를 하는데 이게 몇 시간 혹은 며칠이 아니라 몇 년을 그렇게 하니까 손이 굳어버립니다. 피가 통하지 않아 말라비틀어져서 다시 내릴 수 없게 굳어버린 모습들도 보았습니다. 어떤 사람은 평생을 앉아서 참선을 하는데, 다리가 굳어서 일어나지를 못합니다. 이런 장면들을 보면서 참 끔찍하다는 생각을 했습니다. 내가 만일 그런 고행을 통해서 구원을 받는다고 한다면 나는 절대 구원받지 못할 것이라는 생각을 했습니다. 왜냐하면 나는 의지가 약한 사람이라 그들처럼 온 힘을 다 바쳐 고행을 하지 못할 것이기 때문입니다. 그런데, 그들의 노력은 가상하나 과연 그곳에 참다운 구원이 있을까요?

성경말씀이 우리에게 전하고 있는 구원과 용서는 하나님께서 우리에게 은혜의 선물로 주시는 것입니다. 값도 없이 주시는데, 그 이유는 그 값을 예수 그리스도께서 대신 치러 주셨기 때문입니다. 그래서 예수 그리스도께서 지신 십자가 사건 속에는 하나님의 사랑과 용서가 담겨 있으며, 하나님의 무한하신 긍휼하심과 은혜가 담겨 있는 것입니다.

하나님께서 먼저 우리를 사랑하시고 계시기 때문에 우리를 용서하기를 원하십니다. 이런 하나님의 사랑은 성경말씀에 충만하게 담겨 있습니다. 예를 들어 이스라엘 백성이 애굽에서 해방되어 나오는 과정을 다시 생각해 보십시오. 하나님께서 이스라엘 백성을 애굽 땅에서 구원해 내셨을 뿐만이 아니라, 광야에서의 40년의 생활 동안 먹이시고 입히시고, 낮에는 구름기둥으로 밤에는 불기둥으로 인도하시고 그리고 외적과의 전쟁에서 승리하게 하셨지만, 그들의 모습은 어떠했습니까? 어려운 일을 만날 때마다 하나님을 원망하고 불평불만 가득한 모습이었습니다. 하지만, 하나님께서는 스스로 택하신 백성들을 사랑하시기에 끝까지 그들을 약속의 땅 가나안으로 이끌어가고 계시는 것을 볼 수 있습니다. 이런 하나님의 사랑과 은혜, 그리고 긍휼과 용서가 함축적으로 담겨 있는 것이 바로 예수 그리스도께서 지신 십자가 사건인 것입니다.

하나님께서 은혜로 우리에게 베풀어 주신 구원과 용서가 우리에게 능력이 되기 위해서는 그것을 순전한 믿음으로 받아들여야 합니다. 아무리 귀한 선물이라고 해도 내가 그것을 마음으로 받지 않으면 선물이 될 수 없는 것과 같은 이치입니다. 이 선물은 어떤 대가로 주는 것이 아닙니다. 선물은 말 그대로 거저 주는 것입니다. 하나님께서는 우리의 믿음조차도 성령의 역사라고 말씀하고 있습니다. 우리가 믿는 것도 하나님께서 주시는 그 선물을 받아들일 때 효력이 발생합니다. 우리를 향한 하나님의 사랑과 용서와 사죄의 은총도 마찬가지입니다. 우리의 구원도, 의롭다 여김을 받는 것도 다 마찬가지입니다. 그래서 우리의 구원과 용서를 위해서 우리가 할 수 있는 것은 아무것도 없고, 오직 한 가지만 필요할 뿐입니다. 하나님의 사랑과 용서, 하나님의 긍휼과 은혜를 순전한 마음으로 받아들이고 믿는 것입니다. 예수 그리스도를 통해서 하나님께서 우리를 사랑하시고, 우리를 용서하셨다는 것을 믿음으로 받아들이는 것만이 필요한 것입니다.

예수 그리스도의 십자가가 사랑과 용서의 능력이라면 그것은 우리가 용서를 받았음만이 아니라 이제는 우리가 서로를 용서할 수 있는 능력을 얻었다는 것을 뜻합니다.

마태복음 18장을 읽어보면 예수님께서 사랑과 용서에 대해서 말씀을 하니까 베드로가 질문을 하는 내용이 나옵니다. 그 질문은 다음과 같습니다.

이 질문에 대해서 예수 그리스도께는 '일곱 번만이 아니라, 일흔 번을 일곱 번이라도 하여야 한다' 고 말씀하셨습니다. 그러면 재미있는 사람들은 금세 곱하기를 해서 490번 해야 하나보다 이렇게 생각을 하는 분들도 있을 것입니다. 그러나 이것은 그런 의미가 아니라 생각날 때마다, 그리고 나에게 죄를 지을 때마다 거듭 용서를 해 주어야 한다는 것입니다.

이왕 용서이야기가 나왔으니까 좀 더 생각해 보고자 합니다. 용서에는 보통 세 차원이 있다고 합니다. 먼저는 받는 용서의 차원이 있습니다. 그리고 주는 용서의 차원이 있고, 마지막으로 자기용서의 차원이 있습니다. 각각의 용서가 어떤 의미인지에 대해서는 예수님께서 제자들에게 말씀하신 일만 달란트 빚진 사람의 비유를 생각해보면 잘 알 수 있습니다. 그 비유를 옮겨보면 다음과 같습니다.

그 아내와 자녀들과 그 밖에 그가 가진 것을 모두 팔아서 갚으라고 명령하였다. 그랬더니 종이 그 앞에 무릎을 꿇고, ‘참아 주십시오. 다 갚겠습니다’ 하고 애원하였다. 주인은 그 종을 가엾게 여겨서, 그를 놓아주고, 빚을 없애 주었다. 그러나 그 종은 나가서, 자기에게 백 데나리온 빚진 동료 하나를 만나자, 붙들어서 멱살을 잡고 말하기를 ‘내게 빚진 것을 갚아라’ 하였다. 그 동료는 엎드려 간청하였다. ‘참아 주게. 내가 갚겠네.’ 그러나 그는 들어주려 하지 않고, 가서 그 동료를 감옥에 집어넣고, 빚진 돈을 갚을 때까지 갇혀 있게 하였다. 다른 종들이 이 광경을 보고, 매우 딱하게 여겨서, 가서 주인에게 그 일을 다 일렀다. 그러자 주인이 그 종을 불러다 놓고 말하였다. ‘이 악한 종아, 네가 애원하기에, 나는 너에게 그 빚을 다 없애 주었다. 내가 너를 불쌍히 여긴 것처럼, 너도 네 동료를 불쌍히 여겼어야 할 것이 아니냐? 주인이 노하여, 그를 형무소 관리에게 넘겨주고, 빚진 것을 다 갚을 때까지 가두어 두게 하였다.” (마18:23-34)

이 비유를 통해서 예수 그리스도께서 깨우쳐 주시려고 한 것은 우리 모두가 이미 하나님으로부터 큰 용서를 받았다는 사실입니다. 우리는 본래 무거운 죄로 인하여 하나님의 거룩성 앞에 나아갈 수 없을 뿐만 아니라 그 죄 값으로 멸망을 받을 존재들이었으나 예수 그리스도께서 그 죄 값을 대신 치러 주셨기 때문에 우리는 그 죄를 사함을 받고 영원한 생명을 얻은 사람들입니다. 하나님의 은혜를 입은 사람들이라는 것입니다. 이것이 바로 받는 용서입니다.

그런데 여기서 우리가 한 단계 더 생각할 것이 있습니다. 받는 용서와 그 은혜를 알았으니 우리가 즉각적으로 다른 사람을 용서할 수 있는가, 즉 받는 용서의 차원에서 주는 용서의 차원으로 나아갈 수 있는가 하는 문제입니다.

종종 용서를 위한 워크숍을 인도하다 보면 용서에 관하여 수많은 질문을 받곤 합니다. 그러면 반대로 용서가 무엇입니까? 하고 질문을 해 봅니다. 그런데 용서에 대하여 정확하게 이해하고 있는 분들이 많지가 않았습니다. 용서를 실천하려면 먼저 용서가 무엇인지에 대한 개념 정리가 필요합니다.

'용서란 어떤 사람이 나에게 마땅히 갚아야 할 책임과 의무로부터 자유롭게 해 주는 것' 이라고 정의할 수 있습니다. 즉, 책임과 의무로부터 해방시켜 주는 것입니다. 주님의 비유를 예로 든다면 당연히 갚아야 할 빚을 완전히 탕감해 주는 것입니다. 그런데 우리는 종종 용서를 한다고 하면서 여전히 상대에 대해서 원하는 것을 말하거나 혹은 조건을 말합니다. 그것은 완전한 용서가 아닙니다. 여기에 숨어 있는 것은 용서가 상대를 위해서 하는 것이라는 생각입니다. 그래서 용서를 하는 것을 마치 손해를 보는 것처럼 느끼기도 합니다. 그런데, 분명하게 알아야 할 것은 '용서는 자기 자신을 위한 것' 이라는 사실입니다. 여기서 '자기용서' 의 의미를 생각하게 됩니다.

받는 용서와 주는 용서와 자기용서는 마치 서로 엉킨 실타래처럼 서로에게 영향을 미칩니다. 받는 용서는 자기용서로 나아가게 하고, 자기용서가 된 사람이 주는 용서로 나아갈 수 있습니다.

하나님의 사죄의 은총을 받아들인 사람들이 그 다음으로 나아가는 작업이 바로 자기용서입니다. 하나님이 자신을 용서해 주셨다는 것, 자신을 있는 그대로 받아들여주셨다는 것, 자신이 성공한 사람이든 실패한 사람이든 잘 생기든 못생기든 사회적 지위가 있든 없든 상관없이 예수님께서 그 죄 값을 대신 치러 주시고 하나님이 그 과정 속에서 자신을 있는 그대로 받아 들여 주셨다는 것을 믿을 때, 스스로 자기 자신을 용서하게 되고 소중한 존재로 받아들이게 됩니다.

자기용서를 경험한 사람이 다른 사람도 용서할 수 있게 되는 것입니다. 다른 사람을 용서하지 않으면, 다시 말하여 내 안에서 그 사람과 그 사람에 의해서 일어났던 고통스러운 순간을 내보내지 않으면, 용서의 작업을 통해서 그 사람과 그 고통스러운 기억과 아픈 감정을 해방시켜 주지 않으면, 그 것이 자기 안에 여전히 자리를 잡고 앉아 자신을 괴롭히기 때문입니다. 그 러기에 용서는 타인을 위한 작업이 아니라 자기 자신을 위한 작업입니다. 자신을 괴롭히는 모든 억압으로부터 자유롭게 하는 작업인 것입니다.

많은 사람들이 용서를 하기 어려운 이유는 자기 자신을 용서하지 못하기 때문입니다, 그것은 피해의식으로 인한 자기비하적 생각 때문에 그렇습니다. 피해를 당한 자기 실수에 대해서 용서를 하지 못하기 때문입니다. 이런 사람은 아직 하나님의 용서와 사죄의 은총을 깊이 깨닫지 못한 것입니다. 은혜를 받아들이지 못하고 있는 것입니다. 그것은 결국 다른 사람에게 투사될 수밖에 없는 것입니다. 어떤 사람이 자신을 좀 업신여기는 듯한 말을 하거나 그런 태도를 취하거나 또는 직접적으로 정신적이거나 물질적 손해를 입게 되면 견딜 수가 없게 되는 것입니다. 그래서 공격적이 됩니다. 이 사회의 모든 인간관계가 복잡해지는 이유가 여기에 있습니다.

십자가는 하나님과 우리를 화목하게 하시려는 큰 사랑과 은혜의 메시지입니다. 그런데 여기에는 그 사랑을 입어 우리가 서로 용서하고 화목해야 한다는 메시지가 담겨 있습니다. 그러하기에 신앙인, 예수 그리스도를 믿어 구원을 얻는 사람은 용서가 무엇인지를 알고 실천할 수 있어야 합니다.

용서는 마치 먹고 살아갈 양식이 매일매일 필요하듯이 거듭 거듭하는 작업입니다. 생각나면 용서하고 견딜 수 없을 때 또 용서하고 마음에 불같은 것이 확 올라올 때 또 용서하고 끊임 없이 반복적으로 예수 그리스도의 십자가를 바라보면서 용서해야 한다는 것입니다.

TV 드라마 중에 '내 딸 서영이' 라는 드라마가 있었습니다. 여러분도 보셨나요? 주인공 서영이는 어린 시절 자신을 떠난 아버지가 너무 미웠습니다. 어머니를 힘들게 하였을 뿐만 아니라, 어머니가 일찍 세상을 떠나게 한 그 아버지가 너무 미웠습니다. 술과 도박에 빠져 가산을 다 탕진하고 온 가족을 어렵게 했던 그 아버지가 미웠습니다. 그래서 결국은 공부를 열심히 해서 변호사가 되고 아주 똑똑하고 능력 있는 사람이 되기로 작정합니다.

자기 집안의 수치를 성공한 사람이 되어서 만회해야겠다고 생각한 것입니다. 하지만 서영이의 내면에는 아버지에 대한 미움이 마치 괴물처럼 도사리고 있었습니다. 그것이 세상의 모든 것을 가로막는 장벽이 되었습니다. 자신의 감정도, 다른 사람과의 인간관계도 가로막았습니다. 그러다가 결혼을 했지만, 그와도 헤어지게 됩니다. 그에게도 진실한 자신의 모습을 보여주지 못했던 것입니다. 그러다가 어느 날 다시 헤어졌던 전 남편을 만났을 때 다음과 같이 절규하며 말합니다.

“아니야, 그게 아니야. 사실 난 사랑한다는 말을 해 본 적이 없어. 내 감정을 표현한 적이 없어. 나는 어려움이 있으면 오직 참아야만 했고, 견딜 수밖에 없었어. 그래서 나는 그것이 두려워서 나를 차단시킬 수밖에 없었던 거야.”

비로소 자기 속에 웅크리고 있었던 속마음을 드러냅니다. 자신의 모든 것을 가로막았던 장벽을 허무는 순간입니다. 아버지에 대한 미움, 아버지에 대한 분노, 심지어는 그 아버지에 대한 독한 마음, 적개심, ‘당신은 내 아버지가 아니야!’ 라고 소리치던 격노, 그런 감정들이 풀려나는 순간입니다. 그런데, 그 순간은 아버지를 용서하는 순간이요, 지나 온 세월 동안 자신을 억눌렀던 자기 자신을 용서하는 순간입니다.

‘내 딸 서영이’ 라는 드라마를 통해서 알게 되는 것처럼, 진정한 자기용서가 타인에 대한 용서로 나아가게 되고, 그 용서가 화해로 나아가게 되는 것입니다. 거기에 치유와 회복이 일어나서 평안을 누리게 되는 것입니다. 하나님의 놀라우신 그 은혜를 경험하는 순간들이 되는 것입니다.

용서를 진정으로 경험하지 못한 사람들은 유연성이 없다는 특징을 나타 냅니다. 왜 그럴까요? 실패를 두려워하기 때문에, 그리고 실질적으로는 내 가 실패했다고 생각하기 때문에 방어적이 되는 것입니다. 사람은 완전하지 않습니다. 누구나 실패할 수 있습니다. 때로는 엄청난 죄를 저지를 수 있는 것이 연약한 사람의 모습입니다. 그런데 하나님은 그러한 우리를 이미 알 고 계시기에 예수 그리스도를 이 땅에 보내셔서 그 십자가를 통해서 우리 를 구원해 주시고, 용서해 주시고, 그 십자가를 바라보면서 그러한 실패와 좌절을 딛고 일어서서 미래로 나아가라고 하는 것입니다. 소망 중에 나아 가라는 것입니다. 서로 돕고 섬기며 격려하며 나아가라는 것입니다. 우리 가 연약하기 때문에 그렇습니다. 이것이 사랑인 것입니다. 이것이 하나님 의 은혜를 진정으로 경험한 사람들입니다.

어린아이들이 자라다 보면 실수를 많이 합니다. 자기가 원하는 것이 앞 서다 보니 부모나 어른의 말을 듣지 않을 때가 있습니다. 그럴 때 성숙한 부 모는 절대로 그런 아이들을 매몰차게 야단치거나 때리지 않습니다. 용서하 는 마음으로 받아 주면서 결국은 바른 길로 갈 수 있도록 안내하고 인도해 줍니다. 거기에 자녀를 향한 진정한 사랑과 헌신과 희생이 있습니다.

교회 안에는 오직 하나님의 사랑과 은혜가 충만해야 합니다. 하나님께서 예수 그리스도의 십자가를 통해서 우리에게 베풀어 주신 그 은혜, 우리에게 베풀어 주신 그 사랑, 그리고 우리에게 값없이 주신 그 선물, 그것을 우리가 받아들이는 것입니다.

베드로는 하나님의 사랑과 그 은혜와 긍휼하심을 생각하면서 수많은 유대인들에게 예수 그리스도를 전하며 다음과 말합니다.

"하나님께서는 여러분이 십자가에 못 박은 이 예수를 주님과 그리스도가 되게 하셨습니다." (행2:36)

사도 바울도 말합니다.

"십자가의 말씀이 멸망할 자들에게는 어리석은 것이지만, 구원을 받는 사람인 우리에게는 하나님의 능력입니다." (고전1:18)

우리가 십자가를 바라보는 이유가 여기에 있습니다. 예수만을 바라보는 이유가 여기에 있습니다. 그래서 그 십자가 아래에서 백부장처럼 '참으로 이분은 하나님의 아들이셨다' (막15:39)라고 고백하며, 오직 예수 그리스도만을 의지하며 살아가는 것입니다.

"나도 너를 정죄하지 않는다. 가서, 이제부터 다시는 죄를 짓지 말아라." (요8:11)

The
Cross

우리를 구원하는 하나님의 능력

우리는 예수 그리스도의 십자가를 통하여 죄를 이길 수 있게 되었고, 세상과 싸워 이길 수 있게 되었고, 내 육신과 싸워 이길 수 있게 되었고, 사탄과 세상의 모든 악과 싸워 이길 수 있게 되었습니다. 그러기에 우리는 오직 예수 그리스도의 승리의 십자가만을 바라보며 살아가는 것입니다.

"십자가의 도가 멸망하는 자들에게는 미련한 것이요
구원을 받는 우리에게는 하나님의 능력이라"

3

우리를 구원하는 하나님의 능력

로마서 6:1-14

성경을 읽어본 사람들은 누구나 요한복음 3장 16절을 기억합니다. 이 구절은 성경말씀의 모든 내용을 요약한 것과도 같아서 독일의 종교개혁자 마르틴 루터Martin Luther, 1483-1546는 '작은 복음' 이라고 불렀다고 하며, 성경을 연구하는 많은 사람들도 '복음서 중의 복음' 이라고 부르고 있습니다.

"하나님께서 세상을 이처럼 사랑하셔서서 외아들을 주셨으니, 이는 그를 믿는 사람마다 멸망하지 않고 영생을 얻게 하려는 것이다."

이 말씀처럼 성경말씀은 하나님께서 우리를 사랑하셔서서 영생을 얻게 하시려는 것이 독생자 예수 그리스도를 우리에게 보내신 이유라고 전하고 있습니다. 하나님의 독생자인 예수 그리스도께서 우리를 위해서 사람의 모습으로 세상에 오셨고, 우리의 죄와 연약함과 질병과 허물을 담당하시기 위해서 고난을 당하셨을 뿐만이 아니라 우리의 죄 값을 치러 주시기 위한 희생제물이 되셔서 십자가에 못 박혀 죽으셨다는 것, 그리고 이 모든 사실을 믿고 예수 그리스도를 구주로 영접하면 구원을 얻고 의롭다 여김을 받을 뿐만이 아니라 영원한 생명을 얻는다는 것이 우리가 믿고 있는 복음의 핵심입니다.

여기서 우리는 예수 그리스도의 십자가에 대해서 생각을 하게 되는데, 특히 교회의 절기 중 사순절과 고난주간에는 집중적으로 예수 그리스도의 십자가와 고난에 대해서 묵상을 합니다. 우리가 잘 알고 있는 것처럼 십자가는 고대 페르시아파사나 또는 이집트애굽나 앗시리아앗수르에서 죄수를 고문하고, 또 사형에 처하기 위해서 나무로 만든 형틀입니다. 따라서 십자가는 죽음의 상징이고, 아주 가혹하고 치욕적이어서 로마 시대에는 자기 나라 시민들에게는 절대로 십자가형을 선고하지 않았다는 것입니다. 그만큼 십자가형은 잔인하고 치욕적인 것이었습니다. 구약성경에도 이 나무에 달리는 것은 하나님께 저주를 받은 것이며, 수치라고 말하고 있습니다. 신명기 21장 22-23절은 다음과 같이 말합니다.

"죽을 죄를 지어서 처형된 사람의 주검은 나무에 매달아 두어야 합니다. 그러나 당신들은 그 주검을 나무에 매달아 둔 채로 밤을 지내지 말고, 그 날로 묻으십시오. 나무에 달린 사람은 하나님께 저주를 받은 사람이기 때문입니다. 당신들은 주 당신들의 하나님이 당신들에게 유산으로 준 땅을 더럽혀서는 안 됩니다."

이런 성경말씀을 알고 있던 유대인들은 예수 그리스도께서 못 박혀 죽으신 십자가를 당연히 수치로 여겼습니다. 하지만 사도 바울은 이 십자가에 대해서 고린도교인들을 향하여 다음과 같이 말합니다.

사도 바울이 이렇게 담대하게 말하는 이유는 무엇일까요? 그것은 예수 그리스도의 십자가가 우리 죄를 씻어주시는 속죄贖罪의 능력이기 때문입니다. 속죄贖罪의 의미는 레위기 1장 4절에서 그 의미를 분명하게 발견할 수 있습니다. 이 구절에서 사용되고 있는 히브리어 '카파르'는 '가린다, 덮는다'는 것으로 죄가 가려져서 하나님의 심판에서 제외된다는 뜻입니다. 즉 죄에 대한 값을 치르고 용서받아 하나님과 화목하게 되는 것을 말합니다. 이 것을 희생제사라고 하는데, 이 제사는 우리 동양 사람들이 보통 생각하는 조상제사와는 전혀 다른 것입니다. 구약성경의 희생제사는 죄를 회개하는 표시로 제물이나 감사의 예물을 하나님께 드리는 의식으로서의 제사입니다. 죄를 지은 사람은 제사장에게 죄를 고백합니다. 그러면 제사장이 그 제물에 안수를 합니다. 그것은 죄를 지은 사람의 죄를 그 제물에 전가轉嫁시킨다는 의미입니다. 그런 다음 죄를 지은 사람을 대신해서 제물로 드려진 짐승을 죽여서 피의 제사, 즉 희생제사를 드림으로서 죄를 용서받았던 것입니다. 레위기 1장 3-4절은 다음과 같이 전합니다.

"바치는 제물이 소를 번제물로 바치는 것이면, 흠 없는 수컷을 골라서 회막 어귀에서 바치되, 나 주가 그것을 기꺼이 받게 하여라. 제물을 가져 온 사람은 번제물의 머리 위에 자기의 손을 얹어야 한다. 그래야만 그것을 속죄(贖罪, 카파르)하는 제물로 받으실 것이다."

하지만, 이런 짐승의 피로 사람이 지은 죄의 값을 대신 치르는 제사는 완전한 것이 아니었습니다. 아주 제한적이어서 매 번 되풀이할 수밖에 없었습니다. 그래서 히브리서 9장 23절부터 26절까지를 보면 이런 것에 대해서 다음과 같이 말씀하고 있습니다.

"그러므로 하늘에 있는 것들의 모형물은 이런 여러 의식으로 깨끗해져야 할 필요가 있지만, 하늘에 있는 것들은 이보다 나은 희생제물로 깨끗해져야 합니다. 그리스도께서는 참 성소의 모형에 지나지 않는, 손으로 만든 성소에 들어가신 것이 아니라, 바로 하늘 성소 그 자체에 들어가셨습니다. 이제 그는 우리를 위하여 하나님 앞에 나타나셨습니다. 대제사장은 해마다 짐승의 피를 가지고 성소에 들어가지만, 그리스도께서는 그 몸을 여러 번 바치실 필요가 없습니다. 그리스도께서 그 몸을 여러 번 바치셔야 하였다면, 그는 창세 이래로 여러 번 고난을 받아야 하셨을 것입니다.

이 말씀의 내용을 요약하면 이 땅에 있는 것들은 하늘에 있는 것들의 모형으로 이것은 영원할 수가 없다는 것입니다. 그래서 유한하고 죄가 있는 사람인 제사장과 짐승의 피를 통해서는 우리의 죄를 완전하게 씻을 수 없다는 것을 강조하고 있는 것입니다.

또한 예수 그리스도께서는 참된 것의 그림자인 사람의 손으로 만든 성소에 들어가는 것이 아니라 바로 하늘에 들어가셨다고 말씀하고 있습니다. 이것은 하나님의 신성성을 의미하고 있습니다. 그래서 예수 그리스도께서 우리를 위해서 하나님 앞에 나타나셨다고 말씀하고 있는데, 이것은 우리를 구원하시기 위해서 중보자로서 영원한 속죄의 제사를 이루시려고 하나님 아버지 앞에 서셨다는 사실을 전해 주고 있습니다.

그리고 이어서 예수 그리스도께서 우리 죄를 씻어 주시려고 세상 끝에 나타나셨다고 했는데, 이것은 예수 그리스도의 처음 오신 성육신 사건을 말씀하고 있는 것입니다. 그래서 "대제사장은 해마다 짐승의 피를 가지고 성소에 들어가지만, 그리스도께서는 그 몸을 여러 번 바치실 필요가 없습니다. 그리스도께서 그 몸을 여러 번 바치셔야 하였다면, 그는 창세 이래로 여러 번 고난을 받아야 하셨을 것입니다. 그러나 이제 그는 자기를 희생 제물로 드려서 죄를 없이하시기 위하여 시대의 종말에 단 한 번 나타나셨습니다.”라고 말씀합니다. 예수 그리스도께서 화목제물이 되셔서 십자가에서 대속의 죽음을 죽으심으로 우리의 죄를 사하시는 일을 단번에 이루셨다고 말하고 있는 것입니다. 그 결과와 미래에 대해서 27절부터 28절에 보면 다음과 같이 말씀합니다.

예수 그리스도께서 다시 오실 것이라는 재림의 신앙은 모든 그리스도인들의 희망이며, 또한 현재의 삶 가운데서 겪는 모든 고난을 이기는 능력이기도 합니다. 그래서 이런 예수 그리스도의 구원의 십자가를 향한 굳건한 믿음을 가진 그리스도인들은 어떤 시련과 고난이 닥쳐도 흔들리지 않는 신앙의 모습을 보여 주었습니다.

그런데, 현대 그리스도인들은 막다른 골목에서 헤매는 모습과 같다고 말한 분이 있습니다. 성경의 표현대로 말한다면 마치 목자 잃은 양과 같다는 것입니다. 이것은 하나님을 믿지 않는 일반 사람들의 모습만 그런 것이 아니라 신앙을 가졌다고 하는 사람들의 모습도 별반 다를 바 없다는 것입니다. 그 이유는 삶의 중심에 십자가를 잃었기 때문이라고 지적을 하였습니다. 즉, 십자가에 대한 깊은 이해도 부족하고, 그 의미와 신앙을 잃었기 때문이라는 것입니다.

영국의 목사이자 신학자 중에 피터 포사이드란 분은 '십자가를 바르게 이해할 때에만 이 시대가 요구하는 영적 권위와 생명력이 충족될 뿐만 아니라 복음의 올바른 방향제시와 그 최종목표가 달성된다' 고 말했습니다. 좀 과장이 될지는 모르겠지만, 우리 기독교 신앙은 예수 그리스도의 십자가의 신앙과 그 의미를 잃으면 모든 것을 잃게 된다는 뜻입니다.

이 말은 현대를 살아가고 있는 우리가 예수 그리스도를 믿는다고 말할 때, 예수 그리스도의 십자가의 의미를 얼마나 깊이 이해하고 있는지를 성찰해 보아야 한다는 것입니다. 그리고 예수 그리스도께서 마가복음 8장 34절에서 말씀하신 것처럼, 우리가 날마다 자기를 부인하고 자기 십자가를 지고 주님을 따라 살아가고 있는지를 자문해 보아야 한다는 것입니다.

우리가 이렇게 예수 그리스도의 십자가에 다시금 집중해야 하는 이유가 무엇 때문입니까? 그것은 바로 예수 그리스도의 십자가에 우리를 구원하는 복음의 핵심이 담겨 있기 때문입니다. 로마서 4장 25절에 보면 "예수는 우리의 범죄 때문에 죽임을 당하셨고, 우리를 의롭게 하시려고 살아나셨습니다." 라고 전하고 있습니다. 우리가 죄를 지었기 때문에 예수 그리스도께서 우리를 대신해서 십자가에서 그 죄 값을 대신 치러 주시기 위한 죽음을 당하셨다고 말씀하고 있는 것입니다.

성경은 분명하게 우리 모든 사람이 죄인이라고 말하고 있습니다. 하나님을 떠난 죄인이라는 것입니다. 우리가 죄인이라면 그 죄의 대가를 치러야 합니다. 사람이 죄를 지었으면 반드시 죄 값을 치러야 합니다. 지금 이 지구상의 어느 나라의 법이든지 그 법 아래에서 어떤 사람이 죄를 지으면 반드시 죄 값을 치러야 하지 않습니까? 심지어는 자기 목숨을 대가로 내어놓아야 할 때도 있습니다. 그런데 우리 자신은 그 엄청난 죄의 대가를 스스로 치를 수 없을 뿐만이 아니라, 만일 그 죄 값을 치러야 한다면 죽어야 할 것입니다. 그만큼 우리의 죄가 크기 때문입니다. 우리는 스스로 이 문제를 해결할 수 없고, 스스로를 구원할 수 없습니다. 그러하기 때문에 하나님께서 예수 그리스도를 이 땅에 보내서서 우리를 대신해서 그 죄 값을 치르게 하셨다는 것입니다. 성경말씀은 우리가 이 사실을 믿음으로 받아들일 때 하나님으로부터 용서를 받는다고 선언하고 있는 것입니다.

그런데 앞에서 인용한 로마서 4장 25절 말씀을 보면, 예수 그리스도의 십자가는 단순히 죄 값을 치러 주기 위한 것만이 아니라고 선언합니다. 예수 그리스도는 우리의 죄 때문에 그 죄 값을 대신 치러 주시기 위해서 십자가에서 죽으셨을 뿐만이 아니라, '우리를 의롭게 하시려고 살아나셨'다고 말씀하고 있습니다. 로마서 5장 6-9절에 보면 이런 말씀이 있습니다.

"우리가 아직 약할 때에, 그리스도께서는 제 때에, 경건하지 않은 사람을 위하여 죽으셨습니다. 의인을 위해서라도 죽을 사람은 거의 없습니다. 더욱이 선한 사람을 위해서라도 감히 죽을 사람은 드뭅니다. 그러나 우리가 아직 죄인이었을 때에, 그리스도께서 우리를 위하여 죽으셨습니다.
이리하여 하나님께서는 우리들에 대한 자기의 사랑을 실증하셨습니다.”

이 말씀에서 ‘제 때에’ (개역개정판은 ‘기약대로’) 경건하지 않은 우리를 대신하여 죽으셨다는 것은 ‘가장 적절한 때’ 에 그렇게 하셨다는 의미를 가지고 있습니다. 우리 사람들이 연약하여 죄를 지었고, 그 죄의 결과 때문에 절망에 빠져 있을 때, 바로 그 완벽한 타이밍에 맞춰 예수 그리스도께서 오셔서 우리의 죄 값을 대신해서 십자가 위에서 대속의 죽음을 감당하셨다는 것입니다. 이렇게 다른 사람을 위해 자기 목숨까지도 내놓는다는 것이 얼마나 숭고한 것인지를 ‘의인을 위해서라도 죽을 사람은 거의 없고, 더욱이 선한 사람을 위해서라도 감히 죽을 사람은 드물다’ 고 말하면서 강조하고 있습니다. 그 숭고함은 바로 우리를 향한 하나님의 사랑이라고 강조합니다. 그리하여 예수 그리스도께서는 죄인인 우리를 위해서 죽으셨기에 하나님께서 우리를 얼마나 사랑하고 계시는지 그 사랑을 십자가를 통하여 확증해 주셨다는 것입니다.

그 결과, 우리가 예수 그리스도께서 십자가에서 흘리신 그 거룩한 피로 말미암아 죄를 씻음 받았을 뿐만이 아니라 또한 그 사실을 믿음으로써 하나님께로부터 의롭다 여김을 받았다는 것입니다.

그러면 예수 그리스도께서 우리를 위하여 십자가에 달려 대속의 죽음을 죽으심으로써 우리에게 이루어진 것은 무엇일까요? 또한 예수 그리스도께서 십자가에 달려 죽으셨다는 사실에 담겨 있는 의미는 무엇일까요? 다음과 같이 몇 가지로 정리할 수 있을 것입니다.

가장 먼저 우리가 알아야 할 사실은 이것입니다. 예수 그리스도께서 우리의 죄를 대속하시기 위해서 십자가에 죽으셨다는 사실을 믿을 때, 우리는 죄를 이길 수 있게 되었다는 것입니다. 그런 의미에서 예수 그리스도의 십자가는 우리로 하여금 죄를 이기게 하는 십자가입니다. 로마서 6장 1절 2절을 보니까 이렇게 되어 있습니다.

"그러면 우리가 무엇이라고 말을 해야 하겠습니까? 은혜를 더하게 하려고, 여전히 죄 가운데 머물러 있어야 하겠습니까? 그럴 수 없습니다. 우리는 죄에는 죽은 사람인데, 어떻게 죄 가운데서 그대로 살 수 있겠습니까?"

하나님께서 우리에게 은혜를 베풀어 주신 것은 우리로 하여금 더 이상 죄 가운데 살지 않도록 하기 위해서라는 말씀입니다.

그러면 여기서 자동적으로 '죄가 무엇인가? 라는 질문을 하게 됩니다. 과연 죄가 무엇이기에 성경은 그렇게 죄를 강조하고 있는 것일까요? 우리는 모두 죄의 가장 핵심적인 것이 하나님께 대한 불순종이라는 것을 많이 들어왔고, 또한 스스로도 알고 있습니다. 그러나 가장 먼저 우리는 죄라는 말의 의미가 무엇인지를 살펴볼 필요가 있습니다.

죄를 의미하는 히브리어 단어를 보면 그 의미를 좀 더 명확하게 알 수 있습니다. 죄를 의미하는 히브리어 단어에는 '하타', '아원', '페샤' 등이 있는데, '하타'는 '하나님의 기준에 미달하다, 과녁을 빗나가다'는 의미를 가지고 있고, '아원'은 '하나님의 기준을 왜곡하거나 탈선하는 것'을 의미하고, '페샤'는 '하나님의 기준이나 표명된 하나님의 뜻에 대항하는 인간의 거역의 의미'로 사용하고 있습니다. 이런 히브리어 단어들은 헬라어에서는 '아디키아'와 '하마르티아'로 번역됩니다. '아디키아'는 '하나님의 기준을 위반함으로써 다른 사람들에게 해를 끼치는 의도적인 인간의 잘못된 선택'을 의미하고, '하마르티아'는 '하나님의 기준에 미달하다, 과녁을 빗나가다'는 의미입니다. 이렇게 죄라는 것은 단순히 어떤 잘못된 행동만을 의미하는 것이 아니라 상태를 의미하고 있기도 합니다.

죄의 개념을 종합해 보면, 죄라는 것은 하나님의 말씀을 거역한 것과 함께 그 결과로 나타난 우리 인간의 실존적 상태를 다 포함하는 개념입니다. 우선적으로 하나님께서 우리에게 주신 명령과 여러 가지 율법과 규율이 있는데, 그것을 거역하고 지키지 않았다는 것입니다. 그런데, 이것은 또 다른 면에서 보면, 하나님께서 우리에게 원하시는 것이 있는데, 우리가 그것을 선택하지 않고 다른 것을 선택했다는 의미도 됩니다. 사탄의 유혹에 빠져서 하나님의 말씀에 순종하는 것을 택하지 않고, 사탄의 말을 따르는 것을 택했다는 것입니다. 하나님을 향하지 않고 다른 것, 다른 세상을 향했다는 것입니다.

그렇다면 여기에는 무엇이 숨어 있을까요? 바로 거역감과 자기중심성과 교만이라는 것이 숨어 있습니다. 창세기 3장 전체를 읽어보면 아담과 하와가 선악을 알게 하는 나무의 열매를 쳐다보았을 때, 그 순간 보암직도 하고 먹음직도 하고 지혜롭게 할 만큼 탐스러워 보였다는 말이 나옵니다. 그 열매가 그렇게 보인 이유는 뱀이 유혹할 때에 그것을 먹으면 하나님처럼 될 것이라고 말했기 때문입니다. 그 말에 현혹되는 바로 그 순간 인간은 자기 생각에 갇혀 버리고, 거역감과 교만과 자기중심성에 빠져버린 것입니다.

생각해 보십시오. 하나님에 의해 만들어진 인간이 어떻게 자신을 지은 하나님처럼 될 수 있겠습니까? 그것은 넘볼 수 없는 것을 넘보는 것입니다. 아무리 가능성을 말한다고 하여도, 그것은 절대 가능할 수 없는 것이었습니다. 결국 인간은 점점 더 교만에 빠지게 되었고, 점점 더 하나님으로부터 멀어지게 되었던 것입니다. 이렇게 하나님 없이 살아가는 상태가 바로 영적으로 죽은 상태요, 전적으로 부패한 상태요, 완전히 타락한 상태라는 것입니다.

그런데 여러분, 죄에 대해서 생각할 때에 중요한 것이 또 있습니다. 바로 머리보다 가슴으로 먼저 경험되어야 한다는 것입니다. '내가 정말 하나님을 떠나서 사는 죄인이구나', '내가 정말 하나님의 말씀과 원하시는 바대로 살아가지 않는 죄인이구나' 하는 것이 뼈저리게 가슴으로 경험되어야 한다는 것입니다. 그렇지 않으면 예수님께서 십자가에 못 박히실 때에 '나도 함께 죄에 대해서 죽은 사람이다' 라고 고백하기 어렵습니다. 이것은 죄에 대해서 지적인 것, 즉 머리로만 생각하는 것이 아니라 경험적인 것이 되어야 한다는 뜻입니다.

우리는 스스로 하나님 앞에 이런 경험을 갖고 있다고 말할 수 있습니까? 하나님 앞에 '나는 정말 죄인입니다', '나는 정말 죄가 많은 타락한 존재이지만, 이제 예수 그리스도를 믿어 구원을 받고, 하나님의 은혜로 새로운 존재가 되어 살아가니 감사합니다' 라고 매일 매순간 고백하면서 구원을 받은 것에 대한 감격에 빠져 살아가고 있습니까?

로마서 6장 2절과 3절을 계속 읽어 가면 이렇게 말씀합니다.

"세례를 받아 그리스도 예수와 하나가 된 우리는 모두 세례를 받을 때에 그와 함께 죽었다는 것을 여러분은 알지 못합니까?"

이어서 이렇게 말씀합니다.

"그러므로 우리는 세례를 통하여 그의 죽으심과 연합함으로써 그와 함께 묻혔던 것입니다. 그것은, 그리스도께서 아버지의 영광으로 말미암아 죽은 사람들 가운데서 살아나신 것과 같이, 우리도 또한 새 생명 안에서 살아가기 위함입니다." (4절)

이런 말씀 가운데 계속 강조되고 있는 것은 예수 그리스도께서 십자가에 죽으실 때에 우리도 죽었다는 사실입니다. 십자가 위에서의 예수 그리스도의 죽으심은 곧 우리가 죄에 대해서 죽는 것이라는 의미입니다. 이것이 거듭 강조되고 있습니다.

우리가 예수 그리스도를 믿어 주님으로 영접하면 그 증표로 세례를 받습니다. 세례는 우리가 잘 알고 있는 것처럼 물에 완전히 잠기는 순간 옛날의 내 모습은 죽는다는 의미가 있습니다. 물에 들어가는 것은 또한 옛 죄가 씻어졌다는 의미를 지닙니다. 그리고 그렇게 물에 푹 잠겼다가 나오는 순간 새로운 존재로 다시 태어나는 것입니다. 예수님께서 십자가에 죽으셔서 무덤에 묻히셨다가 사흘 만에 다시 살아나신 것처럼 우리도 그렇게 죄에 대해서는 죽고, 의에 대해서는 다시 새로운 존재로 살아났다는 것입니다. 예수님은 이렇게 거듭나는 모든 것은 바로 성령의 역사로 이루어지는 것이라고 말씀하셨습니다.

옛 자기가 철저하게 죽지 않는 사람은 새로 태어날 수가 없습니다. 새로워질 수가 없습니다. 새로운 존재가 되어 살아갈 수 없습니다. 하나님의 성품을 닮아갈 수가 없습니다. 그러기에 우리가 무엇보다도 먼저 깊이 깨달아야 할 것은 예수 그리스도의 십자가를 통하여 내가 죄에 대하여, 죄에 얽매였던 옛 사람이 죽었다는 사실입니다. 그런 의미에서 예수 그리스도의 십자가는 바로 죄를 이기게 하는 십자가이며, 죄에 대한 승리를 의미합니다. 이것을 분명히 기억하고, 내가 이제는 죄악 가운데서 살아가는 것이 아니라, 또 죄의 종노릇 하면서 살아가는 것이 아니라, 이제는 의롭다 여김을 받은 새로운 존재, 거듭난 존재로 살아가야 할 것입니다.

예수 그리스도께서 우리의 죄를 대속하시기 위해서 십자가에 죽으셨다는 사실을 믿는다는 것은 또한 우리가 세상으로부터 오는 모든 것을 이길 수 있다는 것입니다. 요한일서를 읽어보면 세상으로부터 오는 것을 다음과 같이 말하고 있습니다.

"세상에 있는 모든 것, 곧 육체의 욕망과 눈의 욕망과 세상 살림에 대한 자랑은 모두 하늘 아버지에게서 온 것이 아니라, 세상에서 온 것이기 때문입니다." (요일2:16)

만약에 우리가 내 마음 속에 아직까지도 이런 것들이 있다면 나의 옛 모습이 십자가에서 죽지 않았다는 것이요, 세상에 대해서도 죽지 않았다는 것이 됩니다.

사도 바울은 갈라디아서 6장 14절에서 이렇게 고백합니다.

"그런데 내게는 우리 주 예수 그리스도의 십자가 밖에는, 자랑할 것이 아무것도 없습니다. 그리스도로 말미암아, 내 쪽에서 보면 세상이 죽었고, 세상 쪽에서 보면 내가 죽었습니다."

사도 바울의 이 고백은 '이제 내 안에는 세상이 없다' 는 것입니다. 세상으로부터 오는 것을 위하여 살아가지 않고 오직 주님만을 바라보며 살아간다는 고백입니다.

그러면, 여기서 또 질문이 생깁니다. 바로 '세상은 어떤 의미일까?' 하는 것입니다. 요한일서나 요한복음에서 세상으로 표현되는 헬라어 단어는 '코스모스'라는 단어인데, 여러 가지 의미로 사용됩니다. 대체적으로 하나님께서 지으신 세상 전체를 의미할 때도 사용됩니다. 세상의 좋고 나쁨을 말하는 것이 아니라, 그냥 하나님께서 지으신 세상을 의미할 때도 사용한다는 것입니다.

그런데, 요한일서에서 '세상으로부터 오는 것'을 말할 때의 '세상'은 같은 단어이지만, 다른 의미로 사용하고 있습니다. 이 세상은 죄가 지배하고 있는 세상, 죄가 만연해 있는 세상, 공중권세 잡은 자 사탄이 지배하는 세상, 그러한 원리로 굴러가는 세상의 의미로 사용하고 있습니다. 예수 그리스도께서 십자가에서 죽으실 때에 나 역시 죽었다고 고백할 때의 의미는 먼저 죄에 대해서 죽고, 또한 바로 이런 죄악 된 세상에 대해서도 내가 죽었다는 의미입니다. 즉, 더 이상 이제는 세상적인 것을 따라가지 않고, 또한 그것을 목적으로 살아가지 않는다는 의미입니다.

하지만, 세상은 여전히 우리를 유혹합니다. 세상적인 가치들이 예수 그리스도를 믿는 사람들을 얼마나 유혹하는지 모릅니다. 여러 번 강조해도 과하지 않은 것 중에 현대인들이 빠져 있는 세 가지 우상에 대한 것이 있습니다. 이것을 처음 말한 사람이 볼프Miroslav Volf라는 신학자입니다. 그가 말한 현대인들이 빠져 있는 우상 세 가지는 인기와 명성을 얻으려는 욕망, 공로와 업적을 쌓으려는 욕망, 배금주의와 물질주의입니다.

요즘 세태를 보면 누가 알아주지 않으면 신앙생활을 하는 우리조차도 견디기 어려워하는 경우가 있습니다. 어린아이들까지도 장래의 꿈이 무엇이냐고 물으면 인기가 있는 직종을 목표로 세우는 경우가 너무나 많습니다. 그만큼 우리 신앙인들이 세상적인 가치에 물들어 있다는 것을 반증해 주는 것입니다.

그리고 현대인들은 세상에서 무엇인가 많은 것을 이루어야 할 것이라는 생각에 쫓기고 있다는 것입니다. 뿐만 아니라 오직 먹고 사는 문제에 얽매여서 돈이 제일이라는 생각에 사로잡혀 살아가고 있다는 것입니다. 여러분 한 번 가만히 생각해 보십시오. 이 물질주의가 얼마나 무서운지 요즘 경제적 것들이 큰 이슈가 되어 있어서 다른 이야기들을 말하기가 어려운 분위기입니다. 사람들이 과거처럼 사회정의나 혹은 경제정의와 같은 이야기들을 잘 하지 못합니다. 권력과 총칼 앞에서도 서슴치 않고 하던 그런 이야기들을 못하는 분위기입니다.

이 나라가 민주화가 되었다고 생각하지만, 어쩌면 더 무서운 것이 우리를 억압하고 있습니다. 왜 그럴까요? 잘못하면 이념적인 색깔을 씌워 매도해 버리기 때문입니다. 그 뒤에는 사회정의나 생명보다 맘몬이라는 우상을 추구하기 때문입니다. 권력이라는 우상을 추구하기 때문입니다. 그만큼 돈과 권력이라는 것이 무섭습니다. 먹고 사는 문제, 입에 풀칠하는 문제가 그렇게 무섭습니다. 오죽 하면 예수님께서 재물을 하나님과 견주어 말씀하셨겠습니까? '재물이 있는 곳에 너희의 마음이 있다' 고 하시면서, 그러나 '하나님과 재물을 동시에 섬길 수 없다' (눅16:13b)고 하셨지 않습니까? 우리의 신앙에서 이런 우상들을 과감하게 제거해야 합니다. 진정한 용기를 가지고 우리의 신앙을 갉아먹는 우상들을 버려야 합니다.

우리의 삶을 깊이 살펴보면, 성경말씀이 경고하고 있는 세상적인 가치들이 강력한 힘을 가진 우상이 되어 우리를 얼마나 유혹하고 있는지 모릅니다. 신앙생활을 하면서도 우리는 이런 것들로부터 자유롭지 못한 경우가 너무나 많습니다. 사도 바울은 이런 모습을 보면서 양다리 걸치고 살아가는 신앙인이라고 말했습니다. 육신에 속한 그리스도인이라는 뜻입니다(고전3:1-3). 한쪽 발은 세상에 담고, 다른 한 쪽 발은 교회에 담고, 편리한 대로 왔다 갔다 하면서 신앙생활을 하고 있는 모습입니다.

이런 것들로부터 자유로울 수 있는 길은 어떤 길일까요? 어떻게 자유로울 수 있겠습니까? 이것이 문제입니다. 그것은 바로 예수 그리스도의 십자가의 공로를 의지해서 세상에 대하여 진정으로 죽은 사람이 되어야 한다는 것입니다. 세상이 나를 알아주든지 못 알아주든지, 내게 유익이 있는지 없든지, 또는 내가 어떤 업적을 쌓든지 못 쌓든지, 오직 예수 그리스도의 십자가를 위해서 살아갈 수 있는 그런 신앙인들이 되어야 하고, 그런 결단이 있어야 한다는 것입니다. 그래야 우리는 능력이 있는 신앙생활, 세상을 이기는 신상생활을 할 수 있다는 것입니다. 사도 바울은 분명하게 고백했습니다. '세상이 나에 대해서 죽었지만, 나도 세상에 대해서 죽었다.' 어떻게 그렇게 되었습니까? 바로 예수 그리스도의 십자가를 통해서 그렇게 되었다는 고백입니다. 이런 고백이 우리 모든 그리스도인들에게 있기를 간절히 바랍니다.

예수 그리스도께서 우리의 죄를 대속하시기 위해서 십자가에 죽으셨다는 사실을 믿을 때, 또한 우리에게 이루진 것은 우리가 육신의 일을 이길 수 있게 되었다는 것입니다. 갈라디아서 5장 24절은 이렇게 말합니다.

"그리스도 예수께 속한 사람은 정욕과 욕망과 함께 자기의 육체를 십자가에 못박았습니다."

우리가 기도할 때나 예배드릴 때, 또는 교회의 여러 가지 일에 봉사하고 헌신할 때, 그리고 예수 그리스도의 말씀대로 실천하며 살아갈 때 정말로 힘들게 하는 것에는 이 세상의 유혹도 있지만 우리의 육신과 그 일들이 힘들게 한다는 것을 모두 인정할 것입니다. 사도 바울은 그것이 얼마나 괴로운지 이렇게 고백하지 않았습니까?

"아, 나는 비참한 사람입니다. 누가 이 죽음의 몸에서 나를 건져 주겠습니까?" (롬7:24).

이렇게 절규한 이유가 무엇입니까?
앞의 구절들을 읽어 보면 이렇습니다.

이런 자신의 문제 때문에 사도 바울이 절규한 것 아니었습니까? 육신의 문제는 이렇게 우리를 힘들게 할뿐만 아니라 신앙생활을 얼마나 방해를 하는지 모릅니다. 그 육신의 문제가 피곤함일 수도 있습니다. 또 우리 육신의 욕구가 있는데, 기본적인 욕구부터 시작해서 때로는 먹고 싶은 욕구, 쉬고 싶은 욕구, 편안하고 싶은 욕구 등등 이런 여러 가지 욕구들, 즉 이런 육신적인 문제들이 예수 그리스도를 따르는데 얼마나 방해가 되는지 모릅니다. 그런데 사도 바울은 분명히 고백하고 있습니다. 이 정과 욕심을 십자가에 못 박았다는 것입니다.

사도 바울과 사도 요한이 이렇게 육신의 문제와 그 위험성에 대해서 강조하고, 또 강조하는 이유가 무엇일까요? 여러분은 갈라디아서를 다 읽어보셨을 것입니다. 그리고 그 배경이 어떤 것인지 이미 몇 번이고 들어서 알고 계실 것입니다. 갈라디아서는 사도 바울이 갈라디아 지역에 있는 교회의 교인들에게 보낸 편지입니다. 갈라디아 교인들은 처음에 복음을 받아들이고서 많은 은혜를 받고 성령이 충만했습니다. 그런데 시간이 지나면서 신앙이 점점 변해갔습니다.

여기에 영지주의라는 이단사상이 슬그머니 침투해 들어왔습니다. 영이 구원을 받았으니 이제 육신은 썩어 없어져 버릴 것이기 때문에 육신이 하는 일은 아무런 상관이 없다는 생각이었습니다. 자연히 육신의 정욕대로 행하는 일들이 일어나게 되었습니다. 그러니까 다툼이 생기고, 분쟁이 일어나고, 성적으로 타락하여 음행이 생겨나고, 여러 가지 부도덕한 일들이 생겨나게 되었습니다.

이렇게 신앙공동체 안에 문제가 일어나자 이번에는 유대주의자들, 율법주의자들이 들어와서 그러한 것들을 해결하려면 다시 율법을 지켜야 하고 할례를 받아야 한다고 주장하게 되었습니다. 처음에 사도 바울이 예수 그리스도에 관한 순수한 복음을 전했는데, 그 순수한 복음과 신앙이 변질되어서 배척되고, 예수 그리스도의 가르침을 따르지 않게 되었던 것입니다. 그러면서 자신들은 마치 성령이 충만한 신앙생활을 하고 있다고 주장하게 되었습니다. 그때 사도 바울은 진정한 성령의 충만함이 무엇인지에 대해서 가르쳐주면서 잘못된 주장을 하는 영지주의자들과 율법주의와 유대주의자들을 꾸짖었던 것입니다.

다시 한 번 자세하게 갈라디아서를 읽어야 할 필요가 있습니다. 특히 5장 16절부터 읽어보십시오. 거기에 보면 육체의 일과 성령의 일이 무엇인가에 대해서 설명하고 있습니다. 분명히 육체의 일은 성령을 거스른다고 했습니다. 또한 성령은 육체를 거스른다고 했습니다. 이렇게 육체와 성령은 둘이 서로 적대적 관계에 있기 때문에 여러분이 원하는 것을 할 수 없게 된다는 것입니다. 그러면 육체의 일은 무엇일까요? 성경은 이렇게 말합니다.

"육체의 행실은 환히 드러난 것들입니다. 곧 음행과 더러움과 방탕과 우상숭배와 마술과 원수맺음과 다툼과 시기와 분냄과 분쟁과 분열과 파당과 질투와 술취함과 흥청망청 먹고 마시는 놀음과, 그와 같은 것들입니다." (갈5:19-21a)

사도 바울은 육체의 일들을 이렇게 상세하게 열거한 후에 경고합니다.

"내가 전에도 여러분에게 경고하였지만, 이제 또다시 경고합니다. 이런 짓을 하는 사람들은 하나님의 나라를 상속받지 못할 것입니다." (갈5:21b)

그러면 성령의 열매는 무엇이라고 말씀하고 있습니까? 여러분이 잘 알고 계시는 것처럼 사도 바울은 다음과 같이 말합니다.

"그러나 성령의 열매는 사랑과 기쁨과 화평과 인내와 친절과 선함과 신실과 온유와 절제입니다. 이런 것들을 막을 법이 없습니다." (갈5:22-23)

여기서 우리가 깨달아야 하는 것은 우리가 자신을 십자가에 못 박지 않으면 이 두 가지 육신과 성령이 서로 적대적이기 때문에 우리 속에서 서로 갈등하여 열매를 맺지 못하게 된다는 것입니다. 그래서 사도 바울은 강조합니다.

"그리스도 예수께 속한 사람은 정욕과 욕망과 함께 자기의 육체를 십자가에 못박았습니다. 우리가 성령으로 삶을 얻었으니, 우리는 성령이 인도해 주심을 따라 살아갑시다. 우리는 잘난 체하거나 서로 노엽게 하거나 질투하거나 하지 않도록 합시다." (갈5:24-26).

결국 세상에 대하여, 육신과 함께 정과 욕심을 십자가에 못 박고 성령의 충만함을 따라 새사람이 되어 살아가는 사람은 여기에 열거된 아홉 가지의 열매를 맺게 되어 있다는 것입니다.

고린도후서 10장 3절은 말합니다.

"우리가 육신을 입고 살고 있습니다마는, 육정을 따라서 싸우는 것은 아닙니다."

이 말씀처럼 우리가 이 세상을 살아갈 때 분명히 육신을 입고 살아가고 있습니다. 그러나 지금 살아가는 것은 과거와는 다르게 성령의 이끄심을 따라 살아가는 새로운 존재로서의 신앙생활이라는 것입니다. 그러기에 고린도전서는 무엇이라고 전하고 있습니까?

"모든 것이 다 허용된다' 고 사람들은 말하지만, 모든 것이 다 유익한 것은 아닙니다. '모든 것이 다 허용된다' 고 사람들은 말하지만, 모든 것이 다 덕을 세우는 것은 아닙니다." (고전10:23).

우리가 모든 것을 할 수 있지만, 내가 원하는 모든 것을 행할 수 있는 자유를 가지고 있지만, 그러나 그것에 얽매이지 않고 성령의 인도하심을 따라 살아가는 사람이 되겠다고 사도 바울은 고백하고 있지 않습니까? 우리 모든 그리스도인들도 그렇게 살아가시면서 성령의 열매를 풍성하게 맺는 신앙인들이 되기를 간절히 바랍니다.

마지막으로, 예수 그리스도께서 우리의 죄를 대속하시기 위해서 십자가에 죽으셨다는 사실을 믿을 때 우리에게 이루어진 것은 우리가 사탄을 이길 수 있게 되었다는 것입니다.

골로새서 2장 14절-15절은 이렇게 말합니다.

"하나님께서는 우리에게 불리한 조문들이 들어 있는 빚문서를 지워 버리시고, 그것을 십자가에 못박으셔서, 우리 가운데서 제거해버리셨습니다. 그리고 모든 통치자들과 권력자들의 무장을 해제시키시고, 그들을 그리스도의 개선 행진에 포로로 내세우셔서, 뭇 사람의 구경거리로 삼으셨습니다."

여기서 통치자들과 권세자들은 직접적으로는 당시의 실제적인 통치자들과 권위를 가지고 있는 사람들을 지칭하면서 동시에 세상 권세 잡은 자 사탄을 의미합니다. 요한복음 12장 31절 이하에 보면 '지금은 이 세상이 심판을 받을 때이다. 이제는 이 세상의 통치자가 쫓겨날 것이다' 고 했습니다. 이 세상 임금이 누구일까요? 바로 사탄입니다. 요한복음 16장 8-11절은 보면

'그가 오시면, 죄와 의와 심판에 대하여 세상의 잘못을 깨우치실 것이다. 죄에 대하여 깨우친다고 함은 세상 사람들이 나를 믿지 않기 때문이요, 의에 대하여 깨우친다고 함은 내가 아버지께로 가고 너희가 나를 더 이상 못 볼 것이기 때문이요, 심판에 대하여 깨우친다고 함은 이 세상의 통치자가 심판을 받았기 때문이다' 고 했습니다.

다시 한 번 강조하면 심판에 대해서라 함은 '이 세상 통치자가 심판을 받았음이니라' 고 했습니다. 이 말씀대로 사탄은 이미 패배한 것입니다. 그래서 요한일서와 요한복음에 보면 예수님께서 '내가 세상을 이기었노라' 고 선언하고 있는 것을 봅니다. 십자가는 이 사탄의 궤계를 멸하기 위해서 예수 그리스도께서 오셔서 지신 것입니다.

우리가 십자가에 달린 예수 그리스도를 믿고 그 십자가를 받아들이면서 살아간다는 것은 사탄의 세력과 그로 인하여 세상에 만연한 악에 대해서 승리한 것을 확신하면서 살아가는 것입니다. 그러기에 우리가 이 세상에서 살아가면서 아무리 힘들고 어려운 일이 있어도 흔들림이 없어야 합니다. 이 세상을 살아가면서 고난이 있고, 때로는 질병이 있고, 때로는 여러 가지 시험이 없을 수는 없으나, 성경은 분명히 말합니다. 이 고난은 장차 나타날 영광과 전혀 비교할 수 없도다. 로마서 8장은 그렇게 선언합니다. 왜냐하면 맏아들 되시는 예수 그리스도를 믿음으로써 우리도 역시 하나님의 자녀가 되어 상속자가 되었기 때문입니다.

예수 그리스도를 믿는 우리는 십자가의 은혜로 의롭다 여김을 받았습니다. 따라서 우리는 예수 그리스도의 십자가를 통하여 죄를 이길 수 있게 되었고, 세상과 싸워 이길 수 있게 되었고, 내 육신과 싸워 이길 수 있게 되었고, 사탄과 세상의 모든 악과 싸워 이길 수 있게 되었습니다. 그러기에 우리는 오직 예수 그리스도의 승리의 십자가만을 바라보며 살아가는 것입니다.

히브리서 12장 1, 2절은 이렇게 말합니다.

"그러므로 이렇게 구름 떼와 같이 수많은 증인이 우리를 둘러싸고 있으니, 우리도 갖가지 무거운 짐과 얽매는 죄를 벗어버리고, 우리 앞에 놓인 달음질을 참으면서 달려갑시다. 믿음의 창시자요 완성자이신 예수를 바라봅시다. 그는 자기 앞에 놓여 있는 기쁨을 내다보고서, 부끄러움을 마음에 두지 않으시고, 십자가를 참으셨습니다. 그리하여 그는 하나님의 보좌 오른쪽에 앉으셨습니다."

The Cross

인생의 고난과 시련을 이기는 능력

우리가 어떤 괴로움 속에 있으며 어떤 고민을 하고 있는지를 벌써 아시는 분이십니다. 우리의 연약함을 동정하시는 분이십니다. 우리의 상황이 어떠하든지 간에 주님은 우리를 사랑하시고, 우리의 조건이 어떻든지 간에 상관없이 우리를 받아들여 주시고, 이 세상에서 가장 귀한 존재로 우리를 사랑하시는 분이십니다.

"우리가 환난 중에도 즐거워하나니
이는 환난은 인내를, 인내는 연단을, 연단은 소망을 이루는 줄 앎이로다"

4

인생의 고난과 시련을 이기는 능력

히브리서 5:6-10

우리가 살아가는 인생을 어떤 관점으로 보느냐에 따라서 그 평가는 전혀 달라질 수 있을 것입니다. 그 이유는 우리가 살아가는 인생이 단순하지 않고 똑같은 모습이 하나도 없기 때문입니다. 또 즐겁고 행복한 일들만 있는 것이 아니라, 때로 힘들고 어려운 일들을 경험하기 때문입니다.

인생을 낙관적이고 긍정적으로 보는 사람들이 있는 반면에 인생은 참 고달프다 이렇게 염세적으로 보는 사람들이 있습니다. 남다른 고난을 경험하거나 또는 아픈 이별을 경험하거나 혹은 실패와 좌절을 경험할수록 사람들은 이 인생에 대해서 부정적인 평가를 하게 될 것입니다. 그런 경험을 가진 사람들 중에는 세상의 모든 고난을 마치 혼자 짊어지고 살아가는 것처럼 느끼며 살아가는 경우도 있습니다.

그러면 이런 모습들이 우리 그리스도인들에게 없는 것인지 생각해 봅니다. 물론 있습니다. 그래서 종종 신앙인들 중에도 인생에 대해서 매우 염세적인 생각을 갖고 있는 분들을 만나곤 합니다. 그 이유는 하나님을 알지 못하는 사람들과 똑같이 우리 신앙인들이 이 세상을 살아갈 때에 경험하는 것들이 크게 다르지 않기 때문입니다. 고난과 고통을 경험할 수 있습니다. 질병의 고통과 실패와 좌절만이 아니라 궁극적으로는 죽음이라는 것을 반드시 경험할 수밖에 없습니다.

지금까지의 나의 짧은 인생을 되돌아보아도 그런 경험들이 있었습니다. 어머니는 내가 고 2때 위암에 걸려서 일 년 정도 투병생활을 하다가 돌아가셨는데, 그 과정이 매우 힘들었습니다. 몇 년 후 내가 서울의 한 공과대학에 다니다가 신학대학으로 옮겼는데, 옮기자마자 아버지가 돌아가셨습니다. 세상 떠나시는 과정이 자연스럽지는 못했습니다. 아버지가 평생을 노력해서 모은 전 재산을 몽땅 잃는 일이 생겼고, 그것이 원인이 되어 아버지는 돌아가셨고, 삶의 터전을 한번에 잃어버리는 충격적인 과정을 겪었습니다. 그러다가 결혼을 하고 이제 좀 과거의 어려움을 극복했나 할 때, 이번에는 내가 병이 들어서 거의 죽을 고생을 했습니다.

약 8년 정도 투병생활을 했는데, 아예 삶을 포기하고 싶을 정도로 질병의 고통을 겪었습니다. 아내의 극진한 간호와 노력으로 질병을 어느 정도 극복하고 새로운 일을 하려고 했더니 이번에는 또 경제적인 어려움이 생겼습니다. 많은 사람들을 고통 속으로 몰아넣었던 IMF 사태의 영향을 받았던 것입니다. 그래서 그나마 가지고 있던 작은 재산도 다 잃고 법정에도 서야 하는 모욕과 수치도 당해 보았습니다.

이런 인생살이를 생각해 보면 예수님을 믿어 구원을 받았는데, '왜 그렇지 않은 사람들과 같은 경험을 하면서 살아가야 하는가?' 이런 질문을 하게 됩니다. 바로 우리가 겪는 인생의 고난과 시련에 대한 질문입니다.

고난을 주제로 한 성경말씀인 욥기를 보면 그러한 관점이 드러납니다. 욥에게는 7명의 아들과 3명의 딸이 있었습니다. 재산도 많았습니다. 그런데 어느 날 갑자기 고난과 시련이 들이닥칩니다. 재산도 한꺼번에 사라져 버리고, 또 우양과 낙타와 다른 가축을 약탈당하고, 자녀들도 한 번에 잃어 버리는 엄청난 일을 경험합니다. 게다가 몸에 악성 피부병이 생겨 괴로움을 더합니다. 한 번 잘 상상해 보십시오. 이야기로 읽을 때는 그랬나 보다 하지만 그런 일이 실제로 나에게 닥쳤다고 생각해 보십시오. 그 황망함은 이루 말로 다 표현할 수 없을 것입니다. 욥이 그러한 일을 당했을 때에 멀리서 세 친구들이 찾아오는데, 그 중 한 사람인 엘리바스가 다음과 같이 말합니다.

"인간이 고난을 타고 태어나는 것은, 불티가 위로 나는 것과 같은 이치이다." (욥5:7)

그러나, 우리는 다시 질문합니다.

"그럼 예수를 믿어 구원을 받는 사람들에게도 고난이 있는가? 구원을 받았다면 고난의 문제를 어떻게 이해를 해야 하는가?"

우리가 이런 질문을 하는 것은 당연합니다. 또한 인류역사의 중요한 질문이었고, 교회 안에서도 이 질문은 언제나 중요한 질문이었습니다. 나름대로의 논리를 가지고 여러 가지로 답을 얻어 보려고 하지만 그렇게 시원스런 답을 찾기가 어렵습니다.

이런 무거운 마음을 가지고 답을 얻기 위하여 우리는 다시 성경말씀으로 눈을 돌립니다. 로마서를 읽어보면, 사도 바울이 7 장까지는 인생의 죄악과 그에 따른 인생의 고난과 어려움에 대해서 말합니다. 그것은 단순히 외적인 것만이 아니라 내적인 것이기도 했습니다.

"아, 나는 비참한 사람입니다. 누가 이 죽음의 몸에서 나를 건져 주겠습니까?" (롬7:24)

사도 바울의 이런 절규는 그의 실존적인 고통 가운데 터져 나오는 것이었습니다.

"나는 내가 원하는 선한 일은 하지 않고, 도리어 원하지 않는 악한 일을 합니다." (롬7:19)

그런데 8 장으로 넘어가게 되면 전혀 이야기가 달라집니다. 여러분이 잘 알고 있는 8장 1절, 2절을 보면 완전히 분위기가 바뀝니다.

예수 그리스도 안에서의 구원의 기쁨을 노래하고 있습니다. 그리고 이어 지는 말씀은 그 이상을 넘어섭니다.

그런데 사도 바울은 이렇게 이야기를 하다가 다시 고난의 주제를 가지고 옵니다. 지금 읽은 17절 중반을 보면 '우리가 그리스도와 함께 영광을 받으 려고 그와 함께 고난을 받으면' 이라고 말합니다. 승리를 말하고 영광을 말 하다가 다시 고난에 대한 이야기로 되돌아오고 있는 것을 봅니다. 그 이유 는 무엇일까요?

우리는 분명히 그리스도인으로서 구원을 받았지만, 다른 한편으로 여전 히 이 세상을 살아가는 동안에 고난이 있다는 것을 인정할 수밖에 없다는 것입니다. 그러나, 분명히 다른 점이 있습니다. 앞선 7 장에서와는 다르게 8 장에서 고난을 말할 때에는 그 어조가 달라지고 있습니다. 사도 바울은 이 렇게 선언합니다.

"현재 우리가 겪는 고난은, 장차 우리에게 나타날 영광에 견주면, 아무것도 아니라고 나는 생각합니다." (롬8:18)

예수 그리스도께서 고난을 이기시고 사망권세를 이기시고, 부활의 영광에 이른 것처럼, 우리도 그 영광에 이르기 위해서는 지금 살아가는 동안에 겪는 고난을 이겨야 한다고 말하고 있는 것입니다.

"그러나 우리가 보이지 않는 것을 바라면, 참으면서 기다려야 합니다." (롬8:25)

여기서 우리가 경험하는 이 고난을 단순하게 생각할 것이 아니라 아주 깊은 이해를 가지고 생각해 보아야 한다는 것을 생각하게 됩니다. 그것을 설명해 보면 다음과 같습니다.

일반적으로 고난에 대한 입장을 보면 극단적인 두 가지 태도가 있습니다. 그 중의 하나는 이 고난의 문제를 아주 최소화하는 입장입니다. 이런 입장은 강한 믿음이 있으면 고난을 다 이길 수 있다는 주장입니다.

다른 하나는 정반대의 경우로써 최대화하는 입장입니다. 다시 말하면 고난의 문제를 해결하는 것이 궁극적인 구원보다 더 중요하다는 입장입니다. 아무리 영생을 말한다고 하더라도 지금 여기서 겪는 고난과 질병의 문제, 가난의 문제, 고통의 문제를 해결하지 않는다면 아무 소용이 없다는 주장입니다. 그래서 여기에 집중하는 그런 태도입니다.

　고난의 원인은 분명히 인간의 죄와 타락에서 시작하지만, 단정적으로 말할 수 없다는 점입니다. 우리의 입장은 이 양극단 가운데 어느 부분에 위치를 하고 있습니다. 고난의 원인을 타인에게만 돌리면 어떻게 살아가게 될까요? 결과는 분명합니다. 남을 계속 비난하면서 살아갈 것입니다. 실제로 이 세상에는 그런 사람들이 많이 있습니다. 부모를 원망하는 사람, 형제자매를 원망하는 사람, 배우자를 원망하는 사람, 세상을 원망하는 사람... 등등. 이런 사람들은 고난의 원인을 자기 밖에서 찾으며, 타인에게 돌리는 사람들입니다.

　어떤 사람들은 고난의 원인을 자신에게 돌리는 사람들이 있습니다. 그런데 이렇게 살아갈 때 결과는 무엇일까요? 계속 죄책감과 자책감에 시달리며 살아갑니다. 세상의 모든 것을 다 혼자서 짊어지고, 모든 것이 자신 때문에 그렇다는 생각을 하며 위축되어 살아갑니다.

　어떤 사람들은 모든 불행의 원인을 사탄에게로 돌립니다. 모든 것을 영적인 의미로만 생각하려고 합니다. 그런데 여러분, 이런 철학관을 가지고 있는 사람들은 굉장한 두려움 가운데 살아갑니다. 마치 불행이 자기한테 금세 닥칠 것 같은 불안감 속에서 살아갑니다. 그래서 신앙이 있다고 하면서도 이들의 관심은 오직 사탄, 귀신의 일, 불행에 관한 것입니다.

어떤 사람들은 하나님께로 돌리는 사람들이 있습니다. 숙제가 풀리지 않습니다. 하나님께 불평하고 원망하며 살아갑니다. '하나님, 도대체 어떻게 된 것입니까?' 그러면서 은근히 하나님을 비난하는 그런 모습입니다.

여기서 우리의 눈을 돌려 예수님의 이야기를 생각해 보겠습니다. 요한복음 9장에 보면 예수님과 제자들이 함께 가다가 날 때부터 보지 못하게 된 사람을 만납니다. 그 때 제자들이 묻습니다.

"선생님, 이 사람이 눈먼 사람으로 태어난 것이, 누구의 죄 때문입니까? 이 사람의 죄입니까? 부모의 죄입니까?" (요9:2)

여기 보면 제자들이 불행의 원인에 큰 관심을 갖고 있는 것이 우리와 똑같다는 것을 발견합니다. 당연히 질문을 하게 되는 것이지요. 우리도 그럴 수 있습니다. 그런데 우리가 놓치지 말아야 할 것은 이렇게 질문 속에 빠져 있게 되면 결국은 누구를 정죄하거나 원망하게 되거나 비난을 하게 된다는 것입니다. 이 '누구' 라고 묻는 질문 속에 담겨 있는 의식이 바로 그런 것입니다.

예수님은 제자들의 질문을 들으시고 이렇게 대답을 하십니다.

"이 사람이 죄를 지은 것도 아니요, 그의 부모가 죄를 지은 것도 아니다. 하나님께서 하시는 일들을 그에게서 드러내시려는 것이다." (요9:9)

하나님께서 원하시는 것, 하나님의 그 깊은 뜻은 우리가 당하는 고난 속에서 구원하시기를 원하시는 것이며, 더 나아가 우리가 그러한 고난 속에서도 믿음으로 힘을 얻고 이겨가기를 원하고 계신다는 뜻입니다. 그런 의미에서 예수님은 하나님께서 자신을 통해서 이루실 일이 무엇인지를 다음과 같이 말씀하십니다.

이와 같은 맥락에서 사도 바울은 로마서 8장 18절에서 '생각하건대 현재의 고난은 장차 우리에게 나타날 영광과 족히 비교할 수 없다' 고 선언하고 있는 것입니다. 우리는 분명히 고난 속에 있지만, 그것은 앞으로 우리에게 주어질 그것과는 결코 비교할 수 없고, 또한 그것과 비교하면 아무것도 아니라는 것입니다.

더 나아가 우리에게 소망이 있는데, 그것은 눈에 보이는 것에 있지 않다고 했습니다. 보이는 것이라면 우리는 바라지 않는다고 말합니다. 보이지 않는 것, 영원한 것이기에 우리는 그것을 바라는 것이고, 그런 소망이 있다면 참으로 기다려야 한다고 말합니다(롬8:24, 25).

여기서 우리 그리스도인들이 이런 인생의 고난 속에서 오히려 소망을 가지고 살아갈 수 있는 근거가 무엇이고 어떤 힘과 능력으로 그렇게 살아갈 수 있는 것인지에 대해서 좀 더 생각해 보겠습니다.

히브리서 4장 15절 16절은 이렇게 말씀하고 있습니다.

"우리의 대제사장은 우리의 연약함을 동정하지 못하시는 분이 아닙니다. 그는 모든 점에서 우리와 마찬가지로 시험을 받으셨지만, 죄는 없으십니다. 그러므로 우리는 담대하게 은혜의 보좌로 나아갑시다. 그리하여 우리가 자비를 받고 은혜를 입어서, 제때에 주시는 도움을 받도록 합시다."

이 구절을 보면 예수 그리스도는 아무런 죄가 없는 분이심에도 불구하고 우리와 똑같이 시험을 받으셨다는 것입니다. 여러분, 우리는 예수 그리스도께서 어떤 일을 겪으셨는지 잘 압니다. 그분은 전혀 죄가 없고, 하나님과 동등하신 분임에도 불구하고 사람의 모습으로 이 세상에 오셔서 우리가 당하는 많은 일들을 그대로 겪으셨습니다. 많은 반대와 배척을 받으셨습니다. 미움을 받기도 했습니다. 심지어는 목숨을 위협하는 공격도 받았습니다. 직접적으로 예수님을 죽이려는 사람들이 있었습니다.

예수 그리스도께서 십자가를 지실 때에는 어떤 일을 겪으셨습니까? 채찍에 맞으시고, 침 뱉음을 당하고, 멸시와 천대를 받으셨습니다. 죄인이 아님에도 불구하고 죄인으로 재판을 받으셨습니다. 십자가에 못박히실 때의 고난은 우리가 상상할 수조차 없는 고난이었습니다.

의사인 트루먼 데이비스Truman Davis는 오래전에 예수님께서 십자가에 못

박히시는 장면을 다음과 같이 묘사하였습니다.

"군병들의 명령에 의해 시몬이 그 형틀을 땅에 내려놓자마자 그들은 예수를 쓰러뜨려 그의 등과 팔이 그 나무에 닿도록 했다. 군단의 한 병사는 예수의 손목 앞쪽에 움푹한 부분을 만들었다. 그는 단철로 된 4각형의 무거운 못을 그의 손목에 박기 시작하여 나무 깊숙이 박았다. 재빨리 그는 반대편으로 가서 또 다른 못을 박았는데, 그는 예수의 양 팔을 최대한 벌리지 않고 오히려 그의 몸이 헐겁게 매달려 움직일 수 있도록 양손의 간격을 좁혀서 못 박았다. 그러고 나서 그들은 줄기같이 생긴 지주, 즉 수직 들보 위의 적당한 곳에 그 형틀을 세웠다.

병사는 그의 왼발을 뒤로 밀어 붙이고는 발가락이 아래로 가도록 두 발을 편 후 무릎이 약간 처지도록 양 발의 장심에 못 박았다. 이제 예수는 완전히 십자가에 못박힌 것이다. 그가 천천히 아래로 축 처질 때 양 손목의 못에는 더 많은 무게가 걸리게 되었는데, 그 대 손목들의 못은 정중 신경에 압력을 가했기 때문에 도저히 참을 수 없는 극도의 고통이 손가락에서 시작되어 양 팔로 타고 올라와 그의 뇌 속에서 진통하였다. 이렇게 뻗어가는 고통을 피하기 위해 그가 몸을 위로 밀게 되면 그의 온 무게는 그의 발레 박힌 못에 걸리게 되었다. 또한 발의 못 때문에 양발의 척골 사이의 신경들은 마비의 고통을 겪어야 했다...

뒤틀리며 관절을 찢는 주기적인 경련들, 간헐적이고 부분적인 질식 상태, 그리고 그가 달려 있는 거친 십자가 나무에 등이 닿은 상태에서 아래 위로 몸을 움직일 때마다 그의 찢겨진 등에서 살점이 떨어져 나오면서 일으키는 얼얼할 정도의 고통 - 이런 끝없는 고통의 시간이 흐른 뒤 다시 또 다른 고통이 시작되었다. 심포가 혈청으로 천천히 차서 심장을 압박하기 시작할 때 가슴 깊숙한 곳에는 찢어질 듯한 고통이 밀어닥쳤다.

이제 고통을 거의 막바지에 이르렀다. 세포 조직의 분비액은 치명적이리만큼 흘러나왔으며, 압박을 받는 심장은 진하고 무거운 피를 세포 조직 속으로 펌프질해내느라고 애썼으나 활발히 이루어지지 못했다. 그리고 고통에 짓눌린 폐는 조금의 공기라도 호흡하기 위해서 필사적으로 노력했다.

이제 예수의 몸은 극한 상태에 도달했으며, 그는 죽음이 차갑게 그의 세포 조직에 스며드는 것을 느꼈다. 그의 속죄 사명은 완성되었다. 결국 그는 자신의 몸을 죽음에 넘겨 줄 수밖에 없었다.”

예수님이 왜 이런 시련과 고난을 받으셨을까요? 그것은 바로 우리를 동정하시기 때문이었습니다. 우리가 인생에서 겪는 것이 무엇인지를 알고 계셨기 때문에 그랬다는 것입니다. 우리의 연약함과 우리의 고난을 아시고 거기에 동참하시기 위해서 그렇게 하셨다는 것입니다. 이것을 오래전에 이사야 선지자는 다음과 같이 말씀하셨습니다.

“그는 사람들에게 멸시를 받고, 버림을 받고, 고통을 많이 겪었다. 그는 언제나 병을 앓고 있었다. 사람들이 그에게서 얼굴을 돌렸고, 그가 멸시를 받으니, 우리도 덩달아 그를 귀하게 여기지 않았다. 그는 실로 우리가 받아야 할 고통을 대신 받고, 우리가 겪어야 할 슬픔을 대신 겪었다. 그러나 우리는, 그가 징벌을 받아서 하나님에게 맞으며, 고난을 받는다고 생각하였다. 그러나 그가 찔린 것은 우리의 허물 때문이고, 그가 상처를 받은 것은 우리의 악함 때문이다. 그가 징계를 받음으로써 우리가 평화를 누리고, 그가 매를 맞음으로써 우리의 병이 나았다. 우리는 모두 양처럼 길을 잃고, 각기 제 갈 길로 흩어졌으나, 주님께서 우리 모두의 죄악을 그에게 지우셨다. 그는 굴욕을 당하고 고문을 당하였으나, 아무 말도 하지 않았다. 마치 도살장으로 끌려가는 어린 양처럼, 마치 털 깎는 사람 앞에서 잠잠한 암양처럼, 끌려가기만 할 뿐, 아무 말도 하지 않았다. 그가 체포되어 유죄판결을 받았지만 그 세대 사람들 가운데서 어느 누가, 그가 사람 사는 땅에서 격리된 것을 보고서, 그것이 바로 형벌을 받아야 할 내 백성의 허물 때문이라고 생각하였느냐? 그는 폭력을 휘두르지도 않았고, 거짓말도 하지 않았지만, 사람들은 그에게 악한 사람과 함께 묻힐 무덤을 주었고, 죽어서 부자와 함께 들어가게 하였다.” (사53:3-9)

우리는 이 긍휼하심을 받고 때를 따라 돕는 은혜를 얻기 위하여 은혜의 보좌 앞에 담대히 나갈 수 있게 되었습니다. 어려울 때마다, 고난이 있을 때마다, 질병이 있을 때마다, 가난이 있을 때마다, 괴로움이 있을 때마다, 하나님께 도움을 구하며 기도할 수 있는 은혜를 입었다는 것입니다. 우리에게 이런 은혜의 길을 열어 주시기 위해 예수 그리스도께서는 십자가에서 고난을 당하셨습니다.

예수 그리스도께서 겪으신 고난을 결코 쉬운 것이 아니었습니다. 우리는 쉽게 우리의 모든 죄와 연약함과 허물과 질병을 담당해 주셨다고 말하지만, 그것이 결코 쉽게 말할 과정들이 아니었습니다. 한 번 생각해 보십시오.

가는 바늘에 찔려도 얼마나 아픕니까? 길을 가다가 넘어져도 고통스럽습니다. 무슨 일을 하다가 상처 하나만 나도 얼마나 아픕니까? 그런데 예수님께서 그 멸시와 천대와 십자가의 고난을 앞에 두고 얼마나 힘드셨겠습니까? 그래서 예수님을 겟세마네 동산에서 피맺힌 기도를 하셨습니다.

"그리고서 조금 나아가서 땅에 엎드려 기도하시기를, 될 수만 있으면 이 시간이 자기에게서 비껴가게 해 달라고 하셨다. 예수께서는 이렇게 말씀하셨다. 아빠, 아버지, 아버지께서는 모든 일을 하실 수 있으시니, 내게서 이 잔을 거두어 주십시오. 그러나 내 뜻대로 하지 마시고, 아버지의 뜻대로 하여 주십시오." (막14:35, 36)

이때의 주님의 모습을 누가복음은 다음과 같이 전하고 있습니다.

"예수께서 고뇌에 차서, 더욱 간절히 기도하시니, 땀이 핏방울같이 되어서 땅에 떨어졌다." (눅22:44)

이런 성경말씀의 기록은 예수님께서 겪으신 십자가의 고난이 얼마나 처절하였는가를 전해주는 것이면서 동시에 얼마나 하나님 아버지께 순종하시기를 위해 고통을 겪으셨는가를 알려주고 있는 것입니다.

히브리서는 다음과 같이 전합니다.

"그는 아드님이시지만, 고난을 당하심으로써 순종을 배우셨습니다. 그리고 완전하게 되신 뒤에, 자기에게 순종하는 모든 사람에게 영원한 구원의 근원이 되시고, 하나님에게서 멜기세덱의 계통을 따라 대제사장으로 임명을 받으셨습니다."(히5:8-10)

이 말씀은 바로 저와 여러분을 위해서, 예수 그리스도를 믿는 모든 사람들에게 영원한 구원의 근원이 되어주시기 위해서 십자가의 고난을 마다하지 않으셨다는 것입니다. 이것을 믿을 때에 우리는 예수 그리스도로 말미암아 하나님과 화평을 누리고, 더 나아가 그 믿음으로 하나님의 영광을 바라고 증거할 수 있게 되었습니다. 사도 바울은 그런 의미로 다음과 같이 말합니다.

"그러므로 우리는 믿음으로 의롭다 하심을 받았으므로, 우리 주 예수 그리스도로 말미암아 하나님과 더불어 평화를 누리고 있습니다. 우리는 또한, 그리스도로 말미암아 지금 서 있는 이 은혜의 자리에 [믿음으로] 나아오게 되었으며, 하나님의 영광에 이르게 될 소망을 품고 자랑을 합니다. 그뿐만 아니라, 우리는 환난을 자랑합니다. 우리가 알기로, 환난은 인내력을 낳고, 인내력은 단련된 인격을 낳고, 단련된 인격은 희망을 낳는 줄을 알고 있기 때문입니다. 이 희망은 우리를 실망시키지 않습니다. 하나님께서 우리에게 주신 성령을 통하여 그의 사랑을 우리 마음 속에 부어 주셨기 때문입니다."(롬5:1-5)

하나님께서 우리의 고난 속에 들어오셔서 그것을 이기게 하시는 은혜와 사랑이 여기에 있다는 것입니다. 그래서 우리는 아무리 고난이 있어도, 괴로움이 있어도, 질병이 있어도, 실패가 있어도, 좌절을 맛보아도, 절망하지 않는다는 것입니다. 심지어는 우리 눈으로 보기에는 해로운 것처럼 보이는 것조차도 그것을 변화시켜서 우리에게 선으로 만들어주신다는 확신과 신뢰를 갖게 되는 것입니다. 그래서 사도 바울은 이렇게 고백합니다.

"하나님을 사랑하는 사람들, 곧 하나님의 뜻대로 부르심을 받은 사람들에게는, 모든 일이 서로 협력해서 선을 이룬다는 것을 우리는 압니다." (롬8:28)

하나님의 사랑을 우리가 안다면 그렇게 외로움도 이길 수 있고, 고난도 이길 수 있고, 질병도 이길 수 있고, 실패도 이길 수 있고, 좌절도 이길 수 있다는 말입니다.

"그러나 우리는 이 모든 일에서 우리를 사랑하여 주신 그분을 힘입어서, 이기고도 남습니다. 나는 확신합니다. 죽음도, 삶도, 천사들도, 권세자들도, 현재 일도, 장래 일도, 능력도, 높음도, 깊음도, 그 밖에 어떤 피조물도, 우리를 우리 주 예수 그리스도 안에 있는 하나님의 사랑에서 끊을 수 없습니다." (롬8:37-39)

예수 그리스도를 믿어 구원을 얻은 사람들은 하나님을 알지 못하는 사람들의 삶의 태도와 전혀 다르다는 것입니다. 무엇보다도 감사로 살아갑니다. 우리의 입술에 항상 감사의 말이 있다는 것입니다. 이것은 풍족해서도 아니고 부자여서도 아니고 지위가 높아서도 아니고 권세가 있어서도 아닙니다. 상황이 상관이 없습니다. 내가 가난 속에서도 감사할 수 있고, 부유할 때도 감사할 수 있고, 병이 들었을 때도 감사할 수 있고, 건강할 때도 감사할 수 있다는 것입니다. 왜냐하면 결국은 하나님의 그 영광에 이르게 되는 것을 우리가 알기 때문에 그렇습니다.

또한 모든 일에 기쁨으로 살아갑니다. 항상 찬송하며 기뻐하고 즐거워하며 살아갈 수 있다는 것입니다. 왜냐하면 예수님께서 나와 함께 하시고 이 고난 속에 함께 하신다는 것을 내가 분명히 확신하고 있기 때문입니다. 그래서 소망 중에 기도하며 살아갈 수 있다는 것입니다. 결국은 모든 것을 이기고 모든 것을 이루는 그 영광중에 이르게 될 것을 알기 때문에 그렇습니다. 결과적으로 우리에게 나타나는 것일까요? 이 한 신앙을 가진 사람들이 한 소망을 가진 사람들이 한 기쁨과 감사를 아는 사람들이 사랑하며 살아가게 된다는 것입니다. 그래서 우리는 모여 예배할 수 있고, 한 입술로 하나님을 찬양할 수 있고, 그리고 서로에게 감사를 표현하며 헌신할 수 있고, 하나님의 나라를 이루며 경험하며 살아가게 되는 것입니다.

저는 행복할 때 즐거울 때 일이 잘 될 때 하나님을 더 깊이 알고 신앙이 더 깊어지는 줄 알았었습니다. 그래서 어려움을 당할 때 하나님 앞에 항의를 해 보기도 했습니다. 어찌 이런 일이 있습니까? 그런데, 시간이 지나면서 인생의 고난과 시련을 통해서 참 귀중한 것을 깨달았습니다. 오히려 고난이 있을 때, 아픔이 있을 때, 모든 것을 잃은 것 같은 그런 순간에 무엇보다도 부요하시고 무엇보다도 능력이 있으시고 그 누구보다도 광대하시고 깊으신 하나님을 정말 발견할 수 있었다는 것입니다.

예수님은 우리에게 어떤 고통에 있는지, 어떤 아픔이 있는지, 어떤 연약성이 있는지 이미 알고 계시는 분이십니다. 우리가 어떤 괴로움 속에 있으며 어떤 고민을 하고 있는지를 벌써 아시는 분이십니다. 우리의 연약함을 동정하시는 분이십니다. 우리의 상황이 어떠하든지 간에 주님은 우리를 사랑하시고, 우리의 조건이 어떻든지 간에 상관없이 우리를 받아들여 주시고, 이 세상에서 가장 귀한 존재로 우리를 사랑하시는 분이십니다. 우리의 죄를 대속하여 주시기 위해서 독생자 예수 그리스도를 내어주신 분이시고, 지금도 우리와 함께 하시며 우리를 도우시는 분이십니다. 이 예수 그리스도를 온전히 믿는 우리 모두가 되기를 바랍니다. 우리 모두가 예수 그리스도의 십자가의 도에 굳게 서 있는 신앙인들이 되어야 합니다.

히브리서 4장 15절과 16절은 우리를 굳게 세우는 확신을 줍니다.

"우리의 대제사장은 우리의 연약함을 동정하지 못하시는 분이 아닙니다. 그는 모든 점에서 우리와 마찬가지로 시험을 받으셨지만, 죄는 없으십니다. 그러므로 우리는 담대하게 은혜의 보좌로 나아갑시다. 그리하여 우리가 자비를 받고 은혜를 입어서, 제때에 주시는 도움을 받도록 합시다."

The Cross

하나님의 치유하시는 은혜

우리는 오히려 예수 그리스도의 십자가의 능력, 그 치유의 능력을 믿는 믿음으로 이런 모든 고난을 다 이겨나갈 수 있기를 바랍니다. "그가 매를 맞아 상함으로 여러분이 나음을 얻었습니다." (벧전2:24)라는 말씀에 담겨 있는 하나님의 치유의 은혜와 그 능력을 힘입어 질병과 육신의 고통을 이기며 믿음으로 담대하게 살아가는 우리가 되기를 바랍니다.

“예수께서 온 갈릴리에 두루 다니사 그들의 회당에서 가르치시며
천국 복음을 전파하시며 백성 중의 모든 병과 모든 약한 것을 고치시니”

5

하나님의 치유하시는 은혜

베드로전서 2:18-25

예수 그리스도의 십자가를 깊이 묵상하는 이유는 우리 모두가 예수 그리스도를 믿어 구원을 받았다는 신앙고백을 하고 있고, 이 신앙고백의 중심에는 예수 그리스도께서 우리를 구원하시기 위해서 짊어지신 십자가가 있기 때문입니다.

이번 장에서는 베드로전서 2장 18-25절까지를 본문으로 해서 십자가와 우리가 겪는 질병의 문제에 대해서 말씀을 전하고자 합니다. 본문말씀을 쉬운말로 번역을 하면 이렇게 번역할 수 있습니다.

"하인으로 있는 여러분, 극히 주인에게 복종하십시오. 선량하고 너그러운 주인에게만 아니라 까다로운 주인에게도 그리하십시오. 억울하게 고난을 당하더라도 하나님을 생각하면서 괴로움을 참으면 그것은 아름다운 일입니다. 죄를 짓고 매를 맺으면서 참으면 그것이 무슨 자랑이 되겠습니까? 그러나 선을 행하다가 고난을 당하면서 참으면 그것은 하나님께서 보시기에 아름다운 일입니다. 바로 이것을 위하여 여러분은 부르심을 받았습니다. 그리스도께서는 여러분을 위하여 고난을 당하심으로써 여러분이 자기의 발자취를 따르게 하시려고 여러분에게 본을 남겨 놓으셨습니다. 그는 죄를 지으신 일이 없고 그의 입에서는 아무런 거짓도 찾아볼 수 없었습니다. 그는 모욕을 당하셨으나 모욕으로 갚지 않으시고 고난을 당하셨으나 위협하지 않으시고 정의롭게 심판하시는 이에게 다 맡기셨습니다. 그는 우리 죄를 자기의 몸에 몸소 지시고서 나무에 달리셨습니다. 그것은 우리가 죄에는 죽고 의에는 살게 하시려는 것이었습니다. 그가 매를 맞아 상함으로 여러분이 나음을 얻었습니다. 전에는 여러분은 길 잃은 양과 같았으나 이제는 여러분의 영혼의 목자이며 감독이신 그에게 돌아왔습니다."

이 말씀 안에는 사회적 배경이 나옵니다. 우리나라도 옛날에는 그랬던 것처럼, 사도 바울이 전도활동을 하던 로마 시대에는 귀족들의 집에는 종이 있었습니다. 그러한 귀족 들, 즉 상전들 중에는 좋은 사람도 있고 그렇기 못한 사람도 있었습니다. 그런데 복음이 전파되면서 상전과 종이 모두 예수님을 믿는 경우가 생겼습니다. 복음이 전파될 때를 보면 어려운 사람들이 먼저 복음을 받아들이는 경우가 많았습니다.

그런데 사도 바울과 같은 경우에는 선교전략상 자신이 로마 시민권을 가지고 있고, 또한 학자였기 때문에 가택 연금 상태에서 자신을 찾아오는 장교들이나 귀족들이나 정치인들에게 먼저 전도를 하였습니다. 그렇게 해서 상전도 예수님을 믿게 되고, 종도 예수님을 믿는 경우들이 생겨난 것입니다.

그러나 사회관습은 변하기가 쉬운 것이 아니어서 종종 예수 그리스도를 믿는 종들이 고난을 당하는 경우가 있었습니다. 사도 바울은 그러한 일들을 보면서 그런 일을 당하게 되면, 예수 그리스도의 십자가의 고난을 생각하면서 잘 이겨가라고 당부하고 있는 것입니다. 이 중에 24절은 특별히 '그는 우리 죄를 자기의 몸에 몸소 지시고서 나무에 달리셨습니다. 그것은 우리가 죄에는 죽고 의에는 살게 하시려는 것이었습니다. 그가 매를 맞아 상함으로 여러분이 나음을 얻었습니다' 라고 말하면서 예수 그리스도의 고난과 십자가 위에서의 대속의 죽으심과 질병의 치유와 관련하여 우리에게 말씀을 전해주고 있습니다.

아마도 여기 계시는 분들 중에 병에 한 두 번씩 걸려보지 않는 사람은 한 사람도 없을 것이고, 또 지금도 질병과 싸우는 분들이 있을 것입니다. 비록 당사자는 아닐지라도 가족이나 친척 중에 질병과 싸우고 있는 분들이 많이 있을 것입니다. 질병은 이렇게 우리가 살아가는 데 있어서 보편적으로 겪는 고통의 문제라고 할 수 있습니다.

성경에는 대략 40여종 이상의 병명이 구체적으로 나온다고 하는데, 현대의학에서 말하는 것처럼 그 질병의 특성들을 아주 자세하게 묘사하고 있는 것도 많이 있습니다. 성경은 병명만을 기록하고 있는 것이 아니라 그 질병의 원인과 치료된 사건에 대해서도 상당히 많이 기록하고 있습니다. 어떤 신학자는 복음서 내용의 3분의 2가 질병의 치유와 관련된 내용들이라고 분석하기도 합니다.

질병에 관하여 생각할 때 우리는 가장 먼저 죄와의 관련성을 생각하게 됩니다. 우리가 질병의 문제를 생각하기 힘들어 하고 또 괴롭기도 한 이유가 여기에 있습니다. 성경은 나이를 먹음에 따라 일어나는 자연스러운 현상으로서의 병을 말하기도 하지만, 이스라엘 백성이나 개인이 하나님 앞에서 범죄하거나 불순종할 때 하나님께서 징계의 수단으로 질병을 내리셨다는 기록들을 발견하기에 그렇습니다. 예를 들면 출애굽과정에서 이스라엘 백성들이 불순종할 때 하나님께서 징계의 수단으로서 질병을 내리십니다(출14:37). 또 미리암이 아론과 함께 모세에게 반기를 들었을 때 하나님께서는 미리암에게 문둥병을 내리셨습니다(민12:10). 다윗이 도망을 다닐 때 선대하지 않았던 나발은 질병으로 죽었습니다(삼상25:38). 다윗이 밧세바와 정을 통하여 죄를 저질렀을 때, 그 과정에 태어난 아기는 질병이 들어서 죽었습니다(삼하12:15b-23). 이런 사건들만을 보아도 우리는 두려운 마음을 가지고 질병의 문제를 생각하게 됩니다.

하지만 오늘 날에 있어서 질병의 원인이 꼭 어떤 사람의 죄의 직접적인 결과로 나타나는 것이라고 단정적으로 말하기는 어렵다는 것이 모든 신학자들의 결론입니다. 또한 우리가 겪고 있는 모든 질병이 하나님의 징계의 수단이라고만 볼 수도 없다는 것입니다. 그래서 질병의 원인, 인간의 고난,

인간의 불행의 원인이 어디에 있는가는 인류의 오랜 질문이기도 하고, 지금도 계속 답을 찾고 있는 진행형의 질문이기도 합니다.

성경에도 그러한 질문이 직접적으로 나옵니다. 여러분이 잘 알고 게시는 요한복음 9장에 보면 길을 가다가 날 때부터 소경 된 자를 보고 제자들이 예수님께 묻습니다. '그가 눈을 보지 못하게 된 것이 누구의 죄 때문에 그렇습니까? 부모의 죄 때문입니까? 아니면, 당사자의 죄 때문입니까?' 이렇게 질문을 할 때 예수님께서 대답하시기를 '이 사람이 죄를 지은 것도 아니요, 그의 부모가 죄를 지은 것도 아니다. 하나님께서 하시는 일들을 그에게서 드러내시려는 것이다' (요9:3)라고 대답을 하셨습니다. 질병이 때로는 하나님의 하시고자 하는 일, 또는 하나님의 영광을 드러내기 위해서 사용되고 있다고 말씀하시는 것입니다.

또 한편으로 성경말씀을 읽어보면 우리를 괴롭히는 질병이 악한 영적인 존재들의 시험이나 영향 때문이라고 말합니다. 즉, 사탄과 관련되었거나 혹은 귀신들림과 연관하여 말씀을 하고 있다는 것입니다. 이것은 결국 악의 문제입니다. 그래서 복음서에 특별히 많이 나타나 있는데, 귀신들려 눈 멀고 말을 못하게 되었다는 표현들이 있고(마12:22-23), 귀신이 아이를 괴롭히며 물과 불에 자꾸 던질 뿐만이 아니라 거꾸러져 거품을 흘리며 이를 갈며 파리해져 간다는 표현들이 있습니다(막9:14 이하). 그리고 18년 동안 앓으며 꼬부라져 조금도 펴지 못한 여인 이야기(눅12:10이하) 등을 보면 어떤 악한 영적 존재의 영향이나 시험에 의해서 질병이 오는 것으로도 말씀을 하고 있다는 것입니다.

우리는 여기서 예수 그리스도를 믿어 구원을 얻은 하나님의 자녀로서 질병에 대해서 단편적인 면만 볼 것이 아니라 성경전체를 잘 읽으면서 종합적으로 이해해야 할 필요가 있다는 것을 깨닫게 됩니다. 그것은 바로 우리의 구원자 되시며 주님 되시는 예수 그리스도께서 이 땅에 오신 목적이 무엇인가 하는 것과 관련이 있습니다.

사람들은 대부분이 어떤 일을 만나면 그 원인을 찾기에 바쁩니다. 그러나 성경은 원인보다 그런 것을 겪는 우리가 어떻게 살아가야 하는가에 대해서 더 많은 것을 말하고 있다는 것입니다. 물론 원인에 대한 이야기도 많이 있습니다.

그러나 성경말씀은 고통이 어디서 오느냐 보다는 그 고통에 대해서 우리는 어떤 이해와 태도를 가지고 있어야 하는가를 더 많이 말하고 있다는 것입니다. 인생이 고난에 대해서 생각할 때 가장 먼저 떠오르는 성경인 욥기를 살펴보면 얼핏 단편적으로 읽을 때에는 처음에 하나님과 사탄의 대화 내용을 이유로 욥에게 들이닥친 불행이 사탄 때문이라고 쉽게 생각할 수도 있습니다. 그것도 어느 정도의 사실이지만, 전체적인 맥락을 보면 우리가 당하는 고난에 대한 태도가 어떠해야 하는가에 초점을 두고 있습니다. 이것은 질병에 대해서도 똑같습니다. 그러니까 성경말씀은 '예수님께서 왜 오셨는가' 와 '지금 우리가 고난을 당하고 있는 이 삶 속에 하나님은 어떤

눈으로 그것을 보고 계시고 그리고 우리에게 무엇을 해 주시고 계시는가',
'어떻게 우리를 그러한 고난과 고통 가운데서 구원하기를 원하시고 그리고 그것을 어떻게 이겨가기를 원하시는가' 에 더 큰 관심을 가지고 있다는 것입니다. 그래서 마태복음 4장 23절에 의하면 예수님의 초기의 갈릴리 사역에 대해서 이렇게 말합니다.

"예수께서 온 갈릴리를 두루 다니시면서, 그들의 회당에서 가르치며, 하늘나라의 복음을 선포하며, 백성 가운데서 모든 질병과 아픔을 고쳐 주셨다."

요한일서 3장 8절은 이렇게 말합니다.

"죄를 짓는 사람은 악마에게 속해 있습니다. 악마는 처음부터 죄를 짓는 자이기 때문입니다. 하나님의 아들이 나타나신 목적은 악마의 일을 멸하시려는 것입니다."

이런 여러 가지 성경구절을 종합하여 성경학자들은 예수님의 지상에서 공생애를 요약하여 말하기를 '하나님 나라에 대한 말씀을 가르치시고, 하나님 나라의 복음을 전파하시고, 병든 자들을 치유하셨다' 고 요약합니다. 이런 이해에 따라서 기독교대한성결교회는 전도표제를 4중 복음四重福音이라고 하여 중생重生, 성결聖潔, 신유神癒, 재림再臨으로 정하였습니다. 이중에 신유에 관한 내용을 보면 다음과 같이 말씀합니다.

"이는 신자가 하나님의 보호로 항상 건강하게 지내는 것과 또는 병들었을 때에 하나님께 기도함으로 나음을 얻는 것을 가리킴이니 이 은사는 우리 육신을 안전케 하는 복음이다. 그러므로 주 예수께서 모든 신자들에게 이적이 따를 것을 언명하였으니(막16:17-18) 병 낫기 위하여 기도한다든가 안수하는 일은 당연한 특권이다. 그러나 신유를 믿는다 하여 의약을 부인하는 것은 아니다."

그러나 질병에 대한 이해와 태도는 사람마다 각각 다르다는 것을 생각해야 합니다. 예수 그리스도를 믿어 구원을 받은 신앙인임에도 불구하고 이 질병에 대한 태도가 잘못되어 있는 경우들이 있고, 어떤 경우에는 병을 고치는 것만이 신앙의 모두인 것처럼 말하는 사람들도 있고, 어떤 사람들은 신앙을 갖고 있으면서도 그것은 신앙과 아무 관련이 없는 것처럼 극단적으로 보고 있는 사람들도 있다는 것입니다. 여기서 우리는 복음주의 신학자인 조지 래드George Eldon Ladd, 1911. 7.31.~1982. 10. 5의 말을 귀담아 들어야 할 필요가 있는데, 그분은 하나님 나라의 도래에 대해서 말하면서 이렇게 설명합니다.

"우리 주님의 사역과 천국 복음 선포의 특색은 치유이다. 이는 귀신을 내쫓는 것으로 가장 두드러진 특색을 이루고 있다, 주께서는 천국복음을 선언하셨고 사람들을 사탄의 결박에서 구원시킴으로써 하나님 나라의 복음을 확증하셨다."

이 조지 래드의 말 속에는 어떤 의미가 숨어 있는가 하면 우리가 지금 당하고 있는 모든 것은 악이라는 것과 관련이 있다는 것입니다. 사탄으로로부터 온 것이고, 그의 영향을 받은 악한 존재들로부터 오는 것이기 때문에 예수님의 지상 사역은 이런 것을 쫓아내고 치유하고 추방하는 것과 관련이 있다고 단언하고 있는 것입니다. 예수님께서도 마태복음 12장 28절에서 이렇게 선포하십니다.

이렇게 말씀하시면서 지금 현재 뿐만 아니라 장차 하나님의 나라가 온전히 이루어질 때 그 나라가 어떤 나라의 모습인가를 우리에게 보여 주고 있고, 그리고 예수 그리스도를 믿을 때 지금 현재 우리에게 어떤 일이 일어날 것이며, 또한 앞으로 예수 그리스도께서 다시 오실 때 우리가 부활체를 입을 때 어떤 삶을 살아가게 될 것인가를 말씀하고 있는 것입니다.

이런 것은 성경에 귀신들이 예수님을 만날 때마다 무엇이라고 말했다고 전하고 있는 지를 보면 확실하게 알 수 있습니다.

그러니까 이 더러운 귀신들은 예수님을 알아볼 뿐만이 아니라 예수님이 무엇 때문에 이 세상에 오셨는가를 알고 있다는 것입니다.

여기서 우리는 다시 한 번 생각하게 됩니다. 그것은 우리가 성경말씀을 읽으면서 그러면 이것이 우리에게 어떻게 적용되어야 하는가 하는 문제입니다.

여러분이 성경을 자세하게 읽어보면 예수님께서 치유의 표적을 나타내실 때 대부분이 말씀으로 병을 치유하셨다고 기록되어 있습니다. 어떤 경우에는 손을 얹으셨다는 기록이 있지만, 그러한 경우도 주된 것은 말씀으로 귀신을 쫓아내시고 병을 치료하신 경우였습니다. 이런 모든 것은 결국 구약성경으로부터 시작된 모든 예언의 말씀의 성취였습니다. 마태복음 8장 17절 이하에 보면 다음과 같이 말씀합니다.

"이리하여 예언자 이사야를 시켜서 하신 말씀이 이루어졌다. 그는 몸소 우리의 병약함을 떠맡으시고, 우리의 질병을 짊어지셨다."

예수 그리스도께서 공생애를 시작하실 때에 회당에 들어가서서 읽으신 성경말씀도 이사야 61장의 말씀이었습니다. 그 말씀을 통해서 자신이 무엇을 위해서 이 세상에 오셨는가를 분명하게 선포하셨습니다.

"주님의 영이 내게 내리셨다. 주님께서 내게 기름을 부으셔서, 가난한 사람에게 기쁜 소식을 전하게 하셨다. 주님께서 나를 보내셔서, 포로 된 사람들에게 해방을 선포하고, 눈먼 사람들에게 눈 뜸을 선포하고, 억눌린 사람들을 풀어 주고, 주님의 은혜의 해를 선포하게 하셨다. 예수께서 두루마리를 말아서, 시중드는 사람에게 되돌려주시고, 앉으셨다. 회당에 있는 모든 사람의 눈은 예수께로 쏠렸다. 예수께서 그들에게 말씀하셨다. 이 성경 말씀이 너희가 듣는 가운데서 오늘 이루어졌다.(눅4:18-21)

이것은 하나님께서 이사야 선지자를 통하여 주신 약속의 말씀이기도 했습니다. 그 약속이 예수 그리스도를 통하여 성취된 것입니다. 그런 맥락에서 예수 그리스도께서는 택하신 제자들을 파송할 때에도 귀신을 추방하며 병든 자를 치유하는 권세를 주셨고, 그들이 병든 자들에게 손을 얹은즉 나을 것이라고 말씀하셨던 것입니다.

"그리고 열두 제자를 가까이 부르셔서, 그들을 둘씩 둘씩 보내시며, 그들에게 악한 귀신을 억누르는 권능을 주셨다. 그리고 그들에게 명하시기를, 길을 떠날 때에는, 지팡이 하나 밖에는 아무것도 가지고 가지 말고, 빵이나 자루도 지니지 말고, 전대에 동전도 넣어 가지 말고, 다만 신발은 신되, 옷은 두 벌 가지지 말라고 하셨다. 또 그들에게 말씀하셨다. 어디서 어느 집에 들어가든지, 그 곳을 떠날 때까지 거기에 머물러 있어라. 어느 곳에서든지, 너희를 영접하지 않거나, 너희의 말을 듣지 않거든, 그 곳을 떠날 때에 너희의 발에 묻은 먼지를 떨어서, 그들을 고발할 증거물로 삼아라. 그들은 나가서, 회개하라고 선포하였다. 그들은 많은 귀신을 쫓아내며, 수많은 병자에게 기름을 발라서 병을 고쳐 주었다." (막6:7-13)

그런데 이런 말씀을 읽으면서 우리 자신의 믿음을 생각해보게 됩니다. 성경말씀은 하나님은 분명히 치료하시는 하나님(출15:26)이라고 전하고 있고, 오늘 말씀에도 '그가 채찍에 맞음으로 너희가 나음을 얻었도다' 라고 말씀하고 있음에도 불구하고 우리 마음속에는 이런 말씀과 주님께 대한 온전한 의탁依託과 믿음이 부족한 경우가 많다는 것입니다.

며칠 전에도 목사님들께서 모여 예배를 드리는 과정 중에 설교하시는 목사님이 중국선교를 자주 가는 목사님이셨는데, 자신의 선교경험을 이야기한 적이 있었습니다. 그분은 먼저 왜 요즘은 기사와 표적이 잘 나타나지 않는가에 대한 이유를 말씀하시면서 우리나라가 의학이 많이 발달하고 잘 살게 되는 과정에서 의지할 것이 많이 생겼기 때문이라고 진단을 하셨습니다. 그러면서 자신이 중국 오지에서 선교할 때 그곳에서 본 일들을 전해주셨습니다. 중국 오지에서 살아가고 있는 사람들의 모습은 종종 TV를 통해서 보셨을 것입니다. 그들에게는 의지할 것이 아무것도 없습니다. 차도 전기도 없습니다. 병원도 없습니다. 전통적인 민간의술이 있을 뿐입니다. 미신이 더 많습니다. 그런데 거기에 복음이 들어가면 그 사람들은 오직 의지할 것이 하나님 밖에 없다는 것을 알게 되고, 그래서 열심히 기도를 한다고 합니다.

더군다나 목회자, 교역자도 없다 보니 순회전도자들처럼 지나가면서 전도를 하고, 또 그 분은 전도를 위해 다른 데로 떠납니다. 그러면 신도들은 자신들끼리 기도를 하고 자신들끼리 성경말씀 그대로 손을 얹고 기도하는데, 놀라운 것은 그러할 때 정말로 기사와 표적이 나타난다는 것입니다. 그러한 경험 때문에 지금 중국에는 기독교 복음이 급속도로 퍼져나가고 있다고 합니다.

이런 모습은 우리나라에 처음 복음이 전파될 때에도 있었습니다. 그런데 한 해가 가고 두 해가 가고, 5년이 지나고 10년이 지나고, 한 세기를 넘어서면서 우리의 신앙이 점점 변해가고 있습니다. 머리로만 믿고 감동과 행동이 부족해지고 있는 것입니다. 기도에 대해서 많이 배우지만, 기도의 능력을 체험하는 사람들이 점점 적어지고 있습니다. 말씀을 많이 배우지만, 말씀의 능력을 체험하는 사람들이 점점 보기 힘들어지고 있습니다.

목회를 하다보면 교회 안만이 아니라 교회 주변에도 질병으로 고통을 받는 분들이 많이 있는 것을 보게 됩니다. 당연히 임종의 순간도 많이 보게 됩니다. 어떤 때는 병을 앓고 있는 분에게 가족 대신 '당신은 이제 죽습니다'라는 것을 알려주어야 할 때도 있습니다. 나 역시 질병으로 죽을 뻔한 적이 있었고, 어머니가 위암으로 세상을 떠나셨고, 아내도 이미 큰 수술을 두 번이나 한 경험이 있습니다. 이런 경험들을 하면서 깊은 고민을 해 보았습니다. '도대체 이것이 무슨 문제인가?

요한복음 5장에 보면 38년 된 병자가 치유를 받는 이야기가 나옵니다. 본문을 요약해 보면 예루살렘 성전에는 양문羊門이라는 곳이 있었습니다. 구약성경 느헤미야 3장 1절 이하에 보면 이 문에 대해 기록하고 있습니다. 대제사장 엘리아십과 그 형제 제사장들이 양문을 건축하여 성별하였다고 했습니다. 포로생활에서 돌아온 후 예루살렘 성전을 재건하면서 세운 문입니다. 그 양문 곁에 베데스다("자비의 집" 이라는 뜻)라는 연못이 있었고 거기에는 행각이 다섯이 있었습니다. 그 행각 다섯은 바로 병자들이 머물도록 한 회랑을 말합니다.

그런데 그 연못에는 하나의 전설이 있었습니다. 천사가 가끔 내려와 연못물을 흔들어 놓는데, 바로 그 순간에 연못 속으로 들어가면 어떤 병에 걸린 사람이든지 낫는다는 것이었습니다. 그래서 그 소문을 듣고 행각 다섯에는 소경, 다리를 저는 사람, 중풍병자들 등등의 많은 병자들이 가득 차 있었습니다. 그들은 물이 흔들릴 때마다 그리로 들어가려고 아우성이었습니다. 먼저 들어가는 자가 병이 낫는다고 했기 때문이었습니다. 일정한 시간이 되면 물이 솟아올라 마치 천사가 내려와 물을 흔들어 놓는 것처럼 보였다고 합니다. 옛날이나 오늘이나 온갖 병자가 많아서, 이들은 병이 낫는다고 하면 어떤 소문이라도 붙잡고 그대로 해보려는 것이 사람들의 마음입니다. 바로 거기에 38년 동안이나 병을 앓고 있던 자가 누워있었습니다. 그는 본문을 통해 볼 때 오랜 기간 움직일 수도 없는 심한 병으로 앓고 있었던 것 같습니다.

우리는 베데스다 못가의 사람들을 보면서 우리 인생의 모습을 깨닫게 됩니다. 이 세상은 온갖 질병에 시달리는 병자와 같은 모습입니다. 그 중에서도 무거운 죄짐에 허덕이고 있습니다. 저마다 완벽을 향해 나가고 있지만 하나님과는 점점 멀어지고 있는 모습을 봅니다. 베데스다 못가에서 '아무도 나를 들어 저 연못에 넣어주지 않는구나! 하고 탄식하고 있는 38년 된 병자의 모습 속에서 우리는 바로 우리 자신의 모습을 발견하게 됩니다.

그런데 38년 된 병자는 중요한 분을 만났습니다. 일생일대의 가장 귀중한 만남, 그의 전 생애를 뒤바꾸어놓는 만남을 경험하였습니다. 그의 모든 상태를 이미 알고 계시는 분을 만났습니다. 그 분은 바로 예수 그리스도이십니다. 예수님은 이미 그 병자가 오랜 동안 고생하고 있었음을 아시고 먼저 찾아 오셔서 물으십니다.

"낫고 싶으냐?" (요5:6)

주님은 우리의 모든 상태를 아시기 때문에, 우리가 얼마나 이 인생의 무거운 짐을 짊어지고 괴로워하고 있는지를 아시기 때문에 먼저 오시는 분이십니다. 이 세상을 구원하시려 2천여 년 전에 인간의 몸으로 오셨듯이, 지금도 영으로 오셔서 우리에게 묻고 계십니다.

그러나, 보십시오. 그 병자는 '예, 주님. 낫고 싶습니다. 그러니 나를 좀 물이 움직일 때에 연못에 넣어주십시오' 라고 말하지 않고 있습니다. 그는 그 간절한 중에서도 그의 속마음을 남을 핑계를 대며 말하고 있습니다.

"주님, 물이 움직일 때에, 나를 들어서 못에다가 넣어주는 사람이 없습니다. 내가 가는 동안에, 남들이 나보다 먼저 못에 들어갑니다." (요5:7)

이것이 우리의 인생의 모습입니다. 주님의 도움을 구한다 하면서도, 그것을 솔직하게 내어놓기보다는 남을 핑계 대는 모습입니다. 또한 다른 사람들은 자기만 병이 낫고, 구원을 얻고자 도움이 필요한 사람을 나는 몰라라 하면서 제쳐 두고 자기만 뛰어 들어가는 모습입니다. 지금 이 세상이 그렇고, 신앙인들의 모습이 그렇습니다. 저마다 원망하며, 저마다 혼자만 잘되고자 열심히 달려가고 있는 것입니다. 교회에도 보면 혼자 복을 받고, 구원받는 것에 관심이 있을 뿐입니다.

잃은 양 한 마리를 더 귀하게 여기시는 주님의 뜻을 외면하고 있습니다. 또 어떤 사람은 자신은 이런 것을 하고 싶은데 남이 해주지 않는다고 원망합니다. 나는 잘 하려고 했지만 다른 사람들이 하려하지 않기 때문에 하지 못하고 있다고 핑계를 댑니다. 이런 사람들은 바로 소경이고, 혈기마른자요, 절름발이 입니다. 자신의 문제 해결에만 급급하여 남을 돌볼 줄 모르는 정신적 소경, 정신적 혈기마른 자, 정신적 절름발이들입니다. 지금 교회 안에 이런 신자들이 많이 있습니다. 이런 사람들은 그 문제를 이미 아시고 찾아오시는 주님을 진정으로 만나야 합니다.

예수님께서 38년 된 병자를 만나시면서 관심을 가지고 계신 것은 병 자체가 아닙니다. 그를 짓누르고 있는 고통과 고민 자체도 아니었습니다. 예수님의 관심은 그 병에 대한 병자의 태도에 있습니다. 그를 짓누르고 있는 고통과 고난에 대한 그의 태도에 있습니다. '네가 낫고자 하느냐?' 하는 질문은 '너는 너의 질병에 대하여 어떻게 생각하고 있느냐? 너의 질병이 인생에 대한 너의 태도에 어떠한 영향을 주느냐?' 하고 묻고 계신 것입니다. 즉 질병, 고통, 인생의 짐에 대한 우리의 사고방식에 관심을 두고 계십니다.

38년 된 병자는 대부분의 사람들처럼 창의적인 가능성보다는 그를 둘러싸고 있는 제한된 조건만을 보고 있었습니다. 그러했기 때문에 그는 '네가 낫고자 하느냐? 하는 주님의 질문에 대하여 '주여 물이 동할 때에 나를 못에 넣어 줄 사람이 없어 내가 가는 동안에 다른 사람이 먼저 내려가나이다' 하고 다른 사람을 핑계를 대며 대답하고 있는 것입니다.

사실 그 병자는 전혀 낫기 위하여 노력하지 않았던 것은 아닙니다. 그 곳에 와서 기다리고 있는 것 자체가 이미 하나의 노력입니다. 그러나 그것은 외면적인 것일 뿐, 내면적인 그의 욕구는 다른 데 있었습니다. 다른 사람을 원망하는 투의 그의 대답은 그의 무의식을 드러내고 있습니다. 그것은 바로 '아닙니다. 낫기를 원치 않습니다' 라고 말하고 있는 것입니다.

겉으로는 낫기를 원하는 것 같지만, 오히려 스스로 그 고통 속에 안주하려는 무의식을 가지고 있었습니다. 그의 심중 가장 깊은 곳에는 만일 자기가 낫게 되면 그는 다시 삶을 영위해야 하고 다시금 자기의 책임으로 모든 무거운 짐을 짊어져야 할 것이기 때문에 오히려 병약한 상태에 머물러 있는 것을 만족하게 생각하고 있었는지도 모릅니다. 질병을 극복하려 하기보다는 오히려 그 질병에 질질 끌려 다니고 있었던 것입니다. 질병의 치유는 병 자체에 있지 않습니다. 그 질병에 대한 태도가 변화될 때에 치료될 수 있는 것입니다.

우리가 고통과 고난에서 벗어나기 위해서는 그 고통과 고난 자체가 문제가 아닙니다. 그 고통과 고난을 대하는 우리의 태도가 변화되어야 하는 것입니다. 이런 원리는 여러분이 가지고 있는 근심, 걱정, 염려 모두에 해당됩니다. 『젊은 베르테르의 슬픔』, 『파우스트』 등을 쓴 독일의 문호 괴테는 다음과 같이 말했습니다.

"우리가 인내로써 견디어 내지 못할 고난이란 없다."

영국의 유명한 해양 소설가였던 조셉 콘라드Joseph Conrad, 1857~1924는 자신이 한 늙은 선원으로부터 어떻게 폭풍 속에서 항해하는 법을 배웠는가를 말해주고 있습니다. 그 늙은 선원은 콘라드에게 폭풍 속에서 할 일은 오직 한 가지라고 말해 주었다고 합니다.

"뱃머리를 폭풍우가 몰아치는 곳으로 향하게 하라!"

우리에게 어떤 도전이 닥쳐 올 때, 그것이 질병의 도전이든, 정신적 도전이든, 교회의 일이든, 사회의 일이든, 학업의 일이든, 직장의 일이든, 인간 관계의 일이든, 어떤 도전이든지 그것에서 도망치려할 것이 아니라 맞서라는 것입니다.

이미 오래 전에 사도 바울은 같은 의미로 다음과 같이 말했습니다.

"나에게 능력을 주시는 분 안에서, 나는 모든 것을 할 수 있습니다."
(빌4:13)

이 말은 하나님께서 나에게 능력을 주시지 않으면 나는 아무것도 할 수 없다는 소극적 의미가 아니라, 하나님께서 항상 나와 함께 계시며, 시시 때때로 필요한 능력을 주시기에 나는 모든 것을 견디어 낼 수 있다는 의미입니다. 가난하든지 부요하든지, 편하든지 고난이 있든지, 어떤 상황이나 어떤 처지에 있는지 간에 그것을 극복하고 이겨낼 수 있다는 의미입니다.

우리는 종종 날 때부터 소경된 자를 보자 그것이 누구의 죄 때문이냐고 묻는 제자들처럼, 풀지 못할 원인에만 얽매여 괴로워하는 사람들이 되기 쉽습니다. 그러나 주님은 그렇게 묻는 제자들에게 '하나님께서 하시는 일을 나타내고자 하심이라' 고 하셨습니다. 다시 말하여 고통과 고난 자체에만 얽매여 쩔쩔 매는 사람들이 되지 말고, 하나님께서 그러한 고통과 고난을 뛰어넘어 행하시는 위대한 역사를 보라는 것입니다.

38년 된 병자의 무의식을 알고 있었기에 예수님은 명령하십니다.

"일어나서 네 자리를 걷어 가지고 걸어가거라." (요5:8)

이 말씀은 '너의 그 질병에 얽매여 누워있지 말고 그것을 극복하고 걸어가라. 내가 너와 함께 있다' 는 말씀입니다. 주님의 명령에 그 병자는 자리를 들고 걸어갔습니다. 지금까지 그가 누워 있던 자리를 들고 걸어갔습니다. 그 자리는 바로 그가 지금까지 의지하던 것이었습니다. 그의 질병을 합리화시키던 것이었습니다. 그의 고통과 고난과 걱정과 근심과 염려와 분노와 핑계와 원망과 미움과 나태함과 이기심과 시기심을 합리화시키던 자리였습니다. 그의 무능력을 합리화시키던 자리였습니다. 그런데 지금 그는 주님의 명령을 따라 그가 누웠던 자리를 그의 손으로 들고 걸어갔습니다.

주님은 이미 말씀으로 우리를 치료하셨습니다. 주님의 십자가의 공로는 영원히 유효한 것입니다.

주님의 치료의 역사는 단순히 질병에 대한 것만이 아니라, 단순히 우리의 죄악만이 아니라, 우리의 모든 부정적인 생각과 어두운 생각과 걱정과 근심과 염려와 불의와 절망도 치료하신 것입니다. 완전히 새롭게 우리를 재창조하신 것입니다. 우리에게 새 영과 새 마음을 부어주신 것입니다. 질병을 질병으로 보지 않고, 고난을 고난으로 보지 않고, 고통을 고통으로 보지 않고, 걱정을 걱정으로 보지 않고, 근심을 근심으로 보지 않고, 염려를 염려로 보지 않고, 오히려 그 모든 것에서도 소망과 감사할 것을 볼 수 있도록 하셨습니다. 우리에게 예수 그리스도를 향한 믿음이 있기 때문입니다.

그러므로 더 이상 병자처럼 앉아 있어서는 안됩니다. 물이 흔들리기만을 기다리고 앉아 있는 병자들처럼 우연한 기회만을 바랄 것이 아니라, 직접 뛰어들어 물을 흔들어 놓는 담대한 신앙이 있어야 합니다. 나를 들어 그곳에 넣어줄 다른 사람을 기다리고만 있을 것이 아니라, 내가 하지 못함에 대해 남을 원망하고만 있을 것이 아니라 주님의 능력을 그대로 믿고 나 스스로를 변화시켜 나가고 주님을 닮아 가는 그러한 적극적인 신자들이 되어야 하는 것입니다. 주어진 환경과 역경을 극복하고 인생을 창조해 나가는 적극성이 있어야 하는 것입니다.

서울대학교 의과대학의 교수이면서 자기 자신이 위암에 걸려 3기까지 갔던 분이 계십니다. 그 분은 자기 자신을 치료했던 경험과 다른 위암 환자들을 치료하면서 경험했던 것들을 통해서 깨달은 바를 전파하는 데 온 힘을 쏟고 계시는 분입니다. 그 의사 분이 마지막으로 강조하는 것이 있습니다. 그것이 바로 하나님과의 관계성입니다. 하나님을 절대적으로 신뢰하고 믿는 믿음이 질병의 치유에 가장 중요하다는 것입니다. 믿음이 있으면 웬만한 질병은 다 이겨갈 수 있다고 말합니다. 그래서 실질적으로 그 믿음과 식이요법과 운동요법을 통해서 질병을 이겨가는 사람들, 암이 3기 4기였던 사람들이 10년에서 20년 이상씩 생명을 유지해 가면서 건강하게 살아가는 사람들의 이야기들이 전해지고 있는 것입니다.

우리 삶 속에 질병의 고난이 있을 때, 우리 주님을 믿는 믿음으로 그것을 잘 이겨갈 수 있기를 바랍니다. 주변에는 암과 싸우고 있는 분들이 있습니다. 지금도 병상에 누워계시는 분들도 있구요. 그리고 인간적으로 포기할 수밖에 없는 상황 속에 있는 그런 분들도 있습니다. 8년 이상을 코마 상태로 누워있는 청년도 있습니다. 하지만, 이런 삶의 고통들이 우리의 신앙을 흔들 수는 없습니다. 그러한 상황이 하나님의 약속을 제한할 수는 없습니다. 그것이 예수 그리스도의 십자가의 치유의 능력을 제한할 수 없는 것입니다.

우리는 오히려 예수 그리스도의 십자가의 능력, 그 치유의 능력을 믿는 믿음으로 이런 모든 고난을 다 이겨나갈 수 있기를 바랍니다. "그가 매를 맞아 상함으로 여러분이 나음을 얻었습니다."(벧전2:24)라는 말씀에 담겨있는 하나님의 치유의 은혜와 그 능력을 힘입어 질병과 육신의 고통을 이기며 믿음으로 담대하게 살아가는 우리가 되어야 합니다.

The Cross

우리를 새롭게 하는 힘

예수 그리스도의 십자가는 구원의 능력일 뿐만 아니라 변화의 능력입니다. 오직 십자가의 도를 분명히 깨닫고 이 십자가만을 붙들고 살아갈 때 우리에게는 진정한 변화의 능력이 나타납니다. 그 변화의 능력은 나를 변화시킬 뿐만이 아니라, 가정을 변화시키고, 자녀를 변화시키고, 사회를 변화시키고, 직장을 변화시키고, 세상을 변화시킬 것입니다.

"그런즉 누구든지 그리스도 안에 있으면 새로운 피조물이라
이전 것은 지나갔으니 보라 새 것이 되었도다"

6

우리를 새롭게 하는 힘

고린도후서 5:1-19

신앙생활을 할 때에 가장 중요한 것이 있다면 그것은 변화입니다. 성경의 인물 중에 그러한 변화를 분명하게 경험한 인물이 있습니다. 바로 사도 바울입니다. 어떻게 해서 그는 그의 인생에서 그렇게 극적인 변화를 경험했을까요? 바로 예수 그리스도를 만난 경험 때문이었습니다.

사도 바울은 그 당시에 가장 명성이 자자했던 랍비 가말리엘Rabban Gamaliel I 의 제자였습니다. 그렇게 훌륭한 선생 밑에서 열심히 공부를 해서 율법교사가 된 사람이고, 스스로 '나는 바리새인 중에 바리새인이다' 라고 자랑할 정도로 율법에 열심이 있었던 사람입니다. 유대인들의 입장에서 보면 가장 완벽한 사람이라고 볼 수 있는 그런 사람이었습니다.

바리새인은 아무나 되는 것이 아니기 때문입니다. 이들이 한창 번성했을 때에는 유대 사회에서 약 5천에서 6천 명이나 되었다고 하는데, 그 집단에서도 엘리트 중에 엘리트에 속했던 사람이 바로 사도 바울이었습니다. 그는 여전히 구약에 예언된 메시아를 기다리고 있었던 유대인 중의 유대인, 즉 유대교를 절대적으로 신봉하던 자였던 것입니다.

유대인이자 바리새인으로서 율법에 열심을 가지고 있었던 사울은 예수 그리스도를 알지 못했을 때에는 예수를 향해서 그리스도라 고백하며 전하는 사람들을 도저히 이해할 수 없었던 것입니다. 유대교의 입장에서 예수님을 향해서 메시아라고 고백하는 것은 신성모독이고 모세의 율법을 어기는 것으로 여겼습니다. 그래서 사울은 그것을 그대로 볼 수가 없어 공회의 허락을 받아 예수를 그리스도 고백하며 전하는 사람들을 신성모독 죄로 고발하고, 잡아 가두기도 하고, 실질적으로 핍박하면서 죽음에 이르게까지 하는 역할에 적극적으로 앞장을 섰던 사람이었습니다.

그러나 사도 바울의 마음은 이미 이 예수 그리스도와 그를 믿는 사람들 때문에 큰 충격을 받고 있었습니다. 그러한 충격들 중에 가장 큰 것이 여러분이 잘 알고 있는 스데반 집사의 순교사건입니다. 스데반은 초대 교회가 처음으로 뽑은 일곱 집사 중의 한 사람이었는데, 사도행전 6장 8절 이하에 보면 그는 은혜와 권능이 충만했고, 기사와 표적을 행했다고 기록되어 있습니다. 그러니까 굉장한 신앙의 능력이 있었던 그런 분이었습니다.

그런데 흩어져 살던 유대인들이 예루살렘에 와서 스데반과 시비가 일어나게 됩니다. 이 유대인들은 소위 자유민(행6:9)이라고 불리던 사람들이었는데, 성경의 해석을 놓고 스데반과 논쟁을 벌이다가 논리적으로 스데반을 이기지 못하게 되자, 스데반이 모세와 하나님을 모독했다고 거짓 증언자를 내세워서 공회에 고발을 하였습니다. 스데반은 공회에 잡혀서 재판을 받게 되었는데, 사도행전에 의하면 재판을 받기 위해서 공회에 앉아 있는 스데반의 얼굴이 마치 천사와 같았다고 기록되어 있습니다. 그만큼 성령이 충만한 사람이었던 것입니다(행6:8-15).

공회원들이 스데반에게 자기에 대해서 변호하라고 그럴 때 스데반은 입을 열어서 긴 설교를 합니다(행7:1-53). 구약성경부터 시작해서 예수 그리스도의 사건까지 핵심적인 내용을 요약 하면서 '구약성경에 예언된 메시아가 바로 이 예수다' 라고 분명하게 전합니다.

그런데 이 설교를 듣고 있던 공회원들과 많은 유대인들은, 성경 말씀에 의하면 '마음에 찔렸다' 고 했습니다(행7:54). 여기서 '찔렸다' 디아프리오)라는 것은 우리가 보통 생각하듯이 그들이 양심에 가책을 받았다는 그런 뜻이 아닙니다. 쉬운 말 번역으로 보면 '화가 났다, 격분했다' 그런 의미입니다. 그들은 옳은 설교를 들으면서도 회개할 줄 몰랐던 것입니다. 그래서 그들은 이를 갈면서, 공회 안에서는 사람을 해칠 수 없으니까 스데반을 밖으로 끌어내어서 돌로 쳤습니다. 그때 너무나 흥분해서 몸이 더워지니까 옷을 벗어서 어떤 청년에게 맡겼다고 했는데, 그 청년이 바로 사울이었습니다. 성경말씀에 의하면, 사울은 그렇게 스데반이 돌에 맞아 죽는 것을 보면서 마땅하다고 생각했다고 기록하고 있습니다(행8:1).

이때부터 예루살렘에는 예수 그리스도를 믿는 사람들에 대한 박해가 시작되었고, 스데반의 일로 기세가 등등해진 사울은 예수 그리스도를 믿는 사람들을 잡아다가 감옥에 넘겼습니다. 그가 그 일에 얼마나 열심이었는지를 성경은 다음과 같이 전하고 있습니다.

"그런데 사울은 교회를 없애려고 날뛰었다. 그는 집집마다 찾아 들어가서, 남자나 여자나 가리지 않고 끌어내서, 감옥에 넘겼다." (행8:3)

예루살렘에 있는 예수 그리스도를 믿는 사람들만이 아니라 더 멀리 있는 다메섹에 있는 그리스도인들을 체포하기 위해서 허가장을 받아 가지고 가게 됩니다. 그런데 그 도중에 극적으로 부활하신 예수 그리스도를 만나는 사건을 경험합니다. 그는 부활하신 주님께서 자신을 향해 하시는 말씀을 듣습니다.

"사울아, 사울아, 네가 왜 나를 핍박하느냐?" (행9:4).

부활하신 주님의 강렬한 빛과 음성 앞에서 사울은 거꾸러질 수밖에 없었고, 이런 경험을 통해 사울은 분명한 변화를 경험합니다. 이런 변화의 경험을 한 후부터 예수 그리스도의 복음을 전하는 사도가 된 바울은 다음과 같이 고백합니다.

"나는 그리스도와 함께 십자가에 못박혔습니다. 이제 살고 있는 것은 내

그동안 사울은 자신의 생각, 자신의 지식, 자신의 가치관, 자신의 목표를 위해살았던 사람이었는데, 이제는 그 옛 모습을 십자가에 완전히 못 박고 새로운 존재가 되어서 주님을 위해서 살아간다고 고백을 하고 있는 것입니다. 오직 예수 그리스도를 믿음으로써 그 믿음으로 살아간다고 고백을 하고 있는 것입니다. 바로 이런 고백의 중심에 예수 그리스도의 십자가가 서 있습니다.

고린도후서 5장 17절에도 여러분이 잘 아시는 말씀이 있습니다.

이 말씀처럼 다메섹으로 가던 중에 부활하신 예수 그리스도를 만난 후부터의 사울의 삶의 중심은 완전히 바뀌게 되었습니다. 사도 바울은 이렇게 분명한 변화를 경험했던 사람이었습니다. 그러면 어떻게 그런 변화를 경험했습니까? 어떻게 그것이 가능했습니까?

본문 13절 이하에 보면 이렇게 전하고 있습니다.

이 말씀을 가만히 보면, 예수님을 믿는 사람은 전적으로 삶의 변화가 일어나야 된다고 강조하고 있습니다. 살아가는 목표가 달라졌다는 것입니다. 삶의 방향이 달라졌다는 것입니다. 삶의 대상이 달라졌다는 것입니다.

대부분의 사람들은 자기 자신을 위해서 살아갑니다. 심지어 어떤 사람은 '왜 예수를 믿어요?' 이렇게 물으면 얼른 대답을 못하고, 고민을 합니다. 그렇게 고민을 하는 이유가 있습니다. 자신 있게 '내가 구원 받기 위해서 예수를 믿습니다' 라고 말하기가 어려운 것이지요. 왜 그럴까요? 그렇게 말하면 틀린 것 같아서입니다. 마치 이기적인 것 같아서입니다. 평소에 우리가 너무 자기 자신만을 위해서 살아가고 있다는 것을 알기 때문에 예수님을 믿으면 무언가 변해야 된다고 생각하는데, 예수님을 믿는 이유가 '내가 구원을 받기 위해서입니다' 라고 말하면 이기적인 것 같아서 혼란스러워 하는 것입니다. 그만큼 우리는 자기 자신만을 위해서, 자기 계획을 위해서, 자기 삶의 목표만을 위해서 살아가고 있다는 것을 반증해 주는 것입니다.

예수 그리스도를 믿는 이유는 내가 구원을 받기 위해서입니다. 그러니까 앞으로 누가 '왜 예수님을 믿습니까?' 라고 물으면, 분명하게 '내가 구원을 받기 위해서입니다' 라고 대답을 하십시오. 그러면 '구원이 무엇입니까?' 라고 물을 것입니다. 그때 이렇게 대답을 하십시오. '구원이란 이기심과 자기중심성 때문에 하나님의 말씀을 어기고, 하나님을 떠나 죄를 지은 상태와 그 죄 때문에 받는 심판과 멸망에서 건짐을 받는 것입니다' 라고 대답을 하십시오. 다시 말하여 우리가 예수 그리스도를 믿어 구원을 받기 원하는 것은 하나님을 떠났던 우리가 그 죄의 결과 때문에 겪는 모든 고통과 죽음과 멸망의 삶에서 건짐 받기를 원하기 때문입니다. 죄된 삶에서 돌이켜 회개하고 다시 하나님을 향하는 삶, 하나님의 나라와 하나님의 의를 구하며, 풍성한 생명과 복을 누리는 삶을 원하기 때문입니다.

사도 바울이 전하고 있는 말씀을 다시 한 번 확인해 봅시다. 그는 예수 그리스도를 만나고 난 후부터는 자기 자신과 세상을 위해 살아가지 않고, 자기를 구원하기 위해서 십자가에 못 박히신 예수 그리스도를 위해서 살아간다고 고백하고 있지 않았습니까? 그런 변화의 가장 큰 근원은 무엇이었을까요? 성경은 그렇게 말합니다.

"그리스도의 사랑이 우리를 휘어잡습니다." (그리스도의 사랑이 나를 강권하시는도다)(고후5:14)

사도 바울은 예수 그리스도를 믿고 난 이후의 삶을 '내가 이 그리스도의 사랑에 휩싸여 살아갑니다' 라고 고백하고 있는 것입니다. 지금 우리는 그 사랑에 휩싸여 살아가고 있습니까? 이 그리스도의 사랑이 우리 삶을 강권하고 있는 것을 경험하고 있습니까? 우리가 그 사랑에 사로잡히지 않고서는 진정으로 변화된 삶을 살아갈 수 없습니다. 로마서 5장 8절에도 하나님의 사랑이 무엇으로 실제적으로 증명되었는지 분명하게 말하고 있지 않습니까?

그러기에 우리의진정한 변화의 중심에는 십자가기 있다는 것을 다시 한 번 분명하게 알게 됩니다. 예수 그리스도의 십자가를 통해서 경험된 것이 있기 때문에 거기에는 일생일대의 분명한 변화가 일어나게 된다는 것입니다.

그렇다면 예수 그리스도의 십자가를 믿음으로써 경험되는 것이 무엇이었기에 이런 변화로 나아가게 하는 것일까요?

첫째는 철저한 자아가 죽는 경험입니다. 사도 바울은 예수 그리스도의 십자가를 통해서 철저한 자아의 죽음을 경험했습니다. 오늘 말씀 고린도후서 5장 14절 뒷부분을 읽어보십시오.

"한 사람이 모든 사람을 위하여 죽으셨으니, 모든 사람이 죽은 셈입니다."

사도 바울은 이 '죽는다' 라는 표현을 참 많이 사용하고 있습니다. 이 구절에도 나와 있고, 갈라디아서 2장 19절에도 나와 있는데, 여기서는 '내가 율법에 대해서 죽었다' 이렇게 말합니다. 골로새서 2장 20절에서는 '그리스도와 함께 죽었는즉' 이렇게 말합니다. 골로새서 3장 3절에서는 '이는 너희가 죽었고' 이렇게 말합니다. 이런 사도 바울의 이런 표현 속에 사용된 단어는 헬라어 '아포스네스코' 입니다. 그리스도의 죽음과 연합되어 있는 우리의 상태를 설명할 때에 이 단어를 사용하고 있는 것입니다. 그러니까 우리가 진정한 변화를 경험하기 위해서는 예수 그리스도의 십자가의 죽음과 철저하게 연합되는 경험을 해야 한다는 것입니다. 이 경험이 변화로 나아가게 합니다.

그런데 사도 바울은 또다른 죽음의 단어를 사용하고 있습니다. 예를 들면 로마서 8장 13절에서 이렇게 말합니다.

"너희가 육신대로 살면 반드시 죽을 것이로되 영으로써 몸의 행실을 죽이면 살리니."

여기서 "몸의 행실을 죽이면" 이라고 말할 때에 사용된 단어가 '싸나토오' 라는 단어입니다. 이것은 타락한 인간의 본성에서 나오는 모든 것을 십자가를 통해서 죽여야 한다는 의미입니다. 그리고 이것은 한 번에 끝나는 것이 아니라 지속적인 개념입니다. 그러니까 우리가 우리의 육신으로부터 나오는 모든 것, 타락한 본성으로부터 나오는 모든 것을 매일매일 죽여야 한다는 의미입니다. '우리의 육체가 계속적으로 십자가에 넘겨져서 지속적인 죽임을 당할 때만이 그 육신의 행위를 작동시키는 인간의 타락한 본성을 처리함을 받고 우리 안에 있는 모든 육신의 행위는 끝장이 날 것' 이라는 말입니다.

골로새서 3장5절에서는 '그러므로 땅에 있는 지체를 죽이라' 고 말하면서 '네크로오' 라는 단어를 사용하고 있습니다. 이와 같은 경우가 로마서 6장 13절에도 나타나고 있습니다.

"또한 너희 지체를 불의의 무기로 죄에게 내주지 말고 오직 너희 자신을 죽은 자 가운데서 다시 살아난 자 같이 하나님께 드리며 너희 지체를 의의 무기로 하나님께 드리라."

이런 경우는 육신의 지체들과 연관되어 있어서 몸에서 일어나는 여러 가지 타락한 것들을 차례차례 예수 그리스도의 십자가에 못 박아 죽여야 한다는 것입니다. 그렇게 해서 다시 산 자가 되어 이제는 죄가 아니라 하나님께 의의 병기로 자신을 드리는 삶을 살아가야 한다는 것입니다.

사도 바울은 에베소서에서 썩어져가는 구습을 따르는 옛사람을 벗어버리라고 말했습니다. 타락한 본성에 사로잡힌 옛사람의 모습은 무엇인가? 그들은 수치의 감각을 잃었습니다. 자기들의 몸을 방탕에 내맡깁니다. 탐욕을 부립니다. 모든 더러운 일을 합니다. 모든 악독, 모든 노함, 또는 것, 비방하는 것 등등의 모습입니다. 한번 우리 자신을 잘 생각해 보기를 바랍니다. 이런 모습은 로마서 1장에 더 자세하게 나와 있습니다. 우리 속에 아직 '쓴뿌리' (히12:15)가 있습니다. 죽여야 할 것들이 있습니다. 이런 모든 것이 지속적으로 매일매일 계속해서 십자가에 못 박아 죽어야 한다는 것입니다. 그렇지 않고서는 진정한 변화를 경험하기 어렵다는 것입니다.

이런 죽음을 또 다른 각도에서 설명하고 있는 구절이 있습니다. 고린도후서 4장 10-11절은 이렇게 말합니다.

"우리는 언제나 예수의 죽임 당하심을 우리 몸에 짊어지고 다닙니다. 그것은 예수의 생명도 또한 우리 몸에 나타나게 하기 위함입니다. 우리는 살아 있으나, 예수로 말미암아 늘 몸을 죽음에 내어 맡깁니다. 그것은 예수의 생명도 또한 우리의 죽을 육신에 나타나게 하기 위함입니다."

이 구절에서 10절의 죽음은 '네크로시스' 라는 단어를 사용하고 있습니다. 이것은 죽여버린다, 즉 완료되지 않고 아직도 진행 중에 있는 행동을 표현하고 있습니다. 완성된 것이 아니라 계속 되어져야 하는 그런 상태를 의미합니다. 그리고 11절의 죽음은 '싸나토스' 라는 단어로 사용되고 있습니다. 이것은 육신의 마지막 결과의 상태를 나타나내는 단어입니다. 그렇다면 이

두 구절은 10절에서는 그리스도의 죽음 안에서 죽어가고 있는 우리의 영적인 상태, 즉 지속적이며 진행 중인 십자가의 죽음의 과정을 표현하고 있는 것이라고 이해할 수 있습니다. 11절은 우리 인생의 종국의 상태인 생명의 종결로써의 죽음을 말하고 있다고 이해할 수 있습니다.

이런 경험을 통해서 어떻게 되고자 하는 것인가? 바로 죽음을 지나서 변화로 나아가는 것입니다. 여기서 우리가 얼마나 철저하게 십자가에서의 죽음을 경험해야 하는가를 이해하게 됩니다. 그러니까 우리가 진정으로 변화를 경험하려면 철저하게 예수 그리스도의 십자가에 동참하여 그의 죽음을 매일매일 경험할 때 이루어진다는 것입니다. 그렇게 죽음을 경험할 때, 사망권세를 이기시고 부활하셔서 부활의 첫 열매가 되어 주신 것처럼, 우리도 우리의 죽음을 철저히 경험할 때에 변화로 나아갈 수 있다는 것입니다.

우리는 지금 어떤 상태입니까? 형식적이며 너무 타성에 빠져 있는 것은 아닙니까? 자아의 철저한 죽음이 없을 때가 너무 많습니다. 진정한 회개가 없을 때가 너무 많습니다. 우리는 하나님 앞에서 정말 솔직해야 합니다. 그 이유는 우리에게는 아직도 쓴뿌리들이 남아 있기 때문입니다. 히브리서에 의하면 이 쓴뿌리가 돋아나서 우리를 괴롭게 한다는 것입니다. 하나님의 말씀을 들을 때 거북함이 있습니까? 조심하십시오. 사탄의 유혹이 있을 수 있습니다. 여러분이 함께 교회생활을 하면서 불편한 감정들이 있습니까? 시기하고 질투하고 미워하는 감정이 있습니까? 조심하십시오. 사탄의 유혹이 있을 수 있습니다. 우리 안에 웅크리고 있는 쓴뿌리들이 다시 돋아나 우

리를 괴롭힐 수 있습니다. 그러기에 이런 것들이 여러분을 사로잡지 않게
하십시오. 그러한 것들을 철저하게 십자가에 못 박아 죽여야 합니다. 그러
할 때 진정한 변화로 나아갈 수 있습니다.

예수 그리스도께서 십자가에 못 박히실 때 우리도 역시 우리 자신을 십자
가에 못 박는 그러한 철저한 자아의 죽음을 경험해야 우리는 변화로 나아
갈 수 있습니다. 사도 바울은 오늘 본문에서 고백하고 있습니다.

"그러므로 이제부터 우리는 아무도 육신의 잣대로 알려고 하지 않습니
다. 전에는 우리가 육신의 잣대로 그리스도를 알았지만, 이제는 그렇지
않습니다." (고후5:16).

이 구절의 의미가 무엇입니까? 자아의 중심이 변화됨으로써 관점에 새로
운 변화가 일어났다는 것입니다.

밤중에 예수님을 찾아온 니고데모는 영적으로 갈급했습니다. 하지만 성
령으로 거듭나야 한다는 주님의 말씀을 들었을 때에 알아듣지 못했습니다.
하늘의 진리, 영적인 진리를 땅의 진리, 인간적인 지식으로 받아들이려 했
습니다. 이런 니고데모의 모습은 예수님 당시의 유대인들의 모습을 그대
로 나타내 줍니다. 자신들의 고정관념을 버리지 못하고, 예수 그리스도를
육신의 생각으로 알려고 했던 것입니다. 왜 그럴까요? 관점이 바뀌지 않았
기 때문입니다. 자아가 아직 깨지지 않았기 때문입니다. 그래서 자신이 여

전히 살아있어서 마음의 중심에 주님을 모시지 못했기 때문입니다. 주님께 전적인 순종함이 일어나지 않았기 때문입니다. 자아의 중심이 바뀌지 않으면 세상을 보는 눈이 바뀌지 않습니다. 타인을 보는 눈이 바뀌지 않습니다. 그리스도를 보는 눈이 바뀌지 않습니다.

그러한 자는 진정한 변화를 경험할 수 없다는 것입니다. 관점이 바뀌지 않으면 겉치레로 세상을 봅니다. 허례허식에 빠져 살아가게 됩니다. 진정한 진리를 찾으려 하지 않습니다. 심지어는 자신의 정체를 정말로 알지 못합니다. 자신의 신앙생활의 모습을 바로 보지 못합니다.

그러나, 자아의 중심이 바뀌고, 관점이 바뀌면 자신을 보는 눈이 바뀝니다. 다른 사람을 보는 눈이 바뀝니다. 세상을 보는 눈이 바뀝니다. 사도 바울은 고백했습니다.

"전에는 육신의 잣대로 그리스도를 알았지만, 이제는 그렇지 않습니다!"

완전히 새로운 관점을 갖게 된 것입니다. 그것은 예수 그리스도의 십자가에서 완전히 자신이 죽을 때에 일어난 영적인 변화의 사건입니다. 그리하여 이제는 자기가 중심이 아니라 자기 안에 주님으로 모신 예수 그리스도가 중심이 된 것입니다.

자아가 변할 때 그 변화는 새로운 인격의 변화로 나아가게 합니다. 요한복음 3장의 말씀처럼 성령의 역사는 우리를 새로운 존재로 변화시킵니다.

새로운 인격, 새로운 의지, 새로운 지식, 새로운 감정, 새로운 자기이해로
나아가게 하십니다. 그렇게 해서 오늘 고린도후서 5장 17절 말씀이 이루어
지는 것입니다.

얼마나 위대한 고백입니까? 얼마나 감격스러운 고백입니까?

여기서 새로운 존재는 무엇입니까? 그것이 성령으로 거듭난 새로운 인격
적 존재를 말합니다. 바로 예수 그리스도를 닮은 인격을 말합니다. 예수 그
리스도를 온전히 따르는 삶을 말합니다. 그분의 온유, 그분의 겸손, 그분의
진실함, 그분의 지혜, 그분의 사랑, 그분의 능력을 닮은 인격을 말하는 것입
니다. 무엇보다도 하나님과 화목한 사람, 그리고 그렇게 하나님과의 화목
을 전하는 화목대사로 살아가는 인격을 말합니다. 요한복음은 무엇이라고
선언하고 있습니까?

하나님을 닮은 하나님의 자녀로서의 권세를 가지게 되었다고 말합니다.
우리에게 그러한 영광이 있다는 것입니다. 예수 그리스도를 믿어 구원을

우리는, 그러기에 변화된 존재로 살아가야 합니다. 그러한 인격의 변화를 경험한 존재로 살아가야 합니다.

예수 그리스도의 십자가는 구원의 능력일 뿐만 아니라 변화의 능력입니다. 오직 십자가의 도를 분명히 깨닫고 이 십자가만을 붙들고 살아갈 때 우리에게는 진정한 변화의 능력이 나타납니다. 그 변화의 능력은 나를 변화시킬 뿐만이 아니라, 가정을 변화시키고, 자녀를 변화시키고, 사회를 변화시키고, 직장을 변화시키고, 세상을 변화시킬 것입니다. 나아가 교회를 변화시키고, 세상에 하나님의 나라를 이루어나갈 것입니다. 우리 모두 예수 그리스도의 십자가의 능력으로 새롭게 변화된 그리스도인으로 살아가기를 바랍니다.

The
Cross

화
해
의
능
력

예수 그리스도의 십자가는 우리의 죄를 속량해 주심으로써 하나님과 우리를 화목하게 하는 능력이며, 우리 사이에 용서와 화해를 이루는 능력이며, 세상을 화평하게 하는 능력인 것입니다. 주님의 말씀을 다시 한 번 되뇌어 봅니다.

"그의 십자가의 피로 화평을 이루사
만물 곧 땅에 있는 것들이나 하늘에 있는 것들이
그로 말미암아 자기와 화목하게 되기를 기뻐하심이라"

화해의 능력
골로새서 1:16-23

복음서의 기록을 보면 예수님께서 마지막으로 예루살렘에 들어가실 때 새끼 나귀를 타고 들어가셨다고 기록되어 있습니다(마21:1-11, 막11:1-11, 눅19:28-38, 요12:12-19). 교회는 전통적으로 이 날을 종려주일로 지키고 있고, 고난주간이 시작됩니다.

교회는 예수님께서 예루살렘 성으로 들어가시는 장면이 스가랴서 9장 9절의 예언의 말씀의 성취로 이해하고 있습니다.

"도성 시온아, 크게 기뻐하여라. 도성 예루살렘아, 환성을 올려라. 네 왕이 네게로 오신다. 그는 공의로우신 왕, 구원을 베푸시는 왕이시다. 그는 온순하셔서, 나귀 곧 나귀 새끼인 어린 나귀를 타고 오신다."

스가랴 선지자는 예수님의 예루살렘 입성을 '네 왕이 네게로 오신다' 라고 말함으로써 왕의 입성으로 예언하고 있는 것입니다. 그 왕은 공의로우시며, 구원을 베푸시는 왕, 겸손한 왕으로 선포되고 있습니다. 그 상징으로 예수님은 새끼 나귀, 어린 나귀를 타고 예루살렘에 입성하셨습니다. 노새나 말이 전쟁과 관련되는 것과는 달리 유대 사회에서 나귀는 평화와 겸손과 연관됩니다. 그러므로 예수님께서 전쟁과 권력을 상징하는 말을 타지 않고 나귀, 그것도 어린 새끼 나귀를 타고 입성하셨다는 것에는 큰 의미가 있습니다. 왕은 왕인데 일반사람들이 생각하는 왕과는 달랐다는 것입니다.

예수님께서 어린 나귀를 타고 예루살렘으로 들어오실 때에 거기에는 이미 유월절을 지키기 위해서 이스라엘 각지만이 아니라 지중해에 흩어져 있었던 많은 유대인들이 와 있었습니다. 그들은 예수님께서 예루살렘 성으로 들어오시는 것을 보고 겉옷과 나뭇가지를 베어 길에 펴고 종려나무 가지를 흔들며 외쳤습니다.

"호산나, 다윗의 자손께! 복되시다, 주님의 이름으로 오시는 분! 더없이 높은 곳에서 호산나!" (마21:9)

이런 모습은 그들이 예수님을 자신들이 기다리던 메시아로 여기며, 그 당시 로마 제국에 의해 억압받고 있던 상태에서 정치적으로 해방시켜 줄 승리의 왕으로 영접하고 있다는 것을 의미합니다.

하지만 예수님께서 예루살렘에 입성하시면서부터 보여 주신 모습은 그들의 기대와는 전혀 달랐습니다. 예수님은 세속적인 권력이나 힘을 가진

왕으로 오신 것이 아니라, 이 세상 사람들이 생각하는 것과는 전혀 다른 왕
국을 건설하시기 위해서 오셨던 것입니다. 이 세상에 구원을 베풀고, 공의
를 세우고, 진정한 평화를 심기 위해서 오셨던 것입니다. 이런 점은 복음서
가 예수님께서 예루살렘에 입성하셔서 가장 먼저 하신 일이 무엇인가를 알
면 분명하게 깨달을 수 있습니다. 그것은 바로 성전을 청결하게 하신 일입
니다. 그 때에 예수님은 이렇게 말씀하셨습니다.

"성경에 기록한 바, '내 집은 기도하는 집이라고 불릴 것이다' 하였다.
그런데 너희는 그것을 '강도들의 소굴' 로 만들어 버렸다." (마21:13, 렘
7:11).

예수님은 성전을 청결하게 하신 것을 통해서 탐욕과 부정과 부패에 빠져
있는 사람들을 일깨우고, 그 당시 유대 종교 지도자들의 타락상과 형식주
의와 거짓 신앙을 온 세상에 드러내셨을 뿐만이 아니라 하나님께서 다스리
시는 하나님 나라의 도래到來가 성취되었음을 선언하셨던 것입니다.

예수님은 체포되어 재판을 받고 채찍에 맞으시고 십자가를 지시는 고난
을 당하시기 전 한 주간 동안 포도원 농부의 비유, 혼인잔치의 비유, 가장
큰 계명에 대한 가르침, 그리고 마태복음 23장에 나타나 있는 그 당시 종교
지도자들인 서기관들과 바리새인들과 사두개인들을 비판하는 말씀을 통해
서 그 당시 사회전반에 만연되어 있던 부패되고 형식주의에 빠져있던 신앙
태도에 정면으로 도전하시며 책망하셨던 것입니다.

결국 예수 그리스도의 예루살렘 입성은 모든 세상적인 권세와 사망의 권세를 이기시고 부활하신 영광의 순간에 앞서서 세상의 죄와 부패와 불신앙과 거짓 권위와 인간의 욕망과 탐욕과의 싸움이라는 고난의 길을 향한 행진의 시작이었던 것입니다. 이런 점에서 예수님께서 예루살렘 성으로 들어가시는 길은 영광의 길이면서 동시에 고난의 길이라는 양면성을 가지고 있는 역설적인 행진이었습니다.

그런데 보십시오. 지금 예수님은 고난의 십자가를 향하여 가고 있는데, 군중들은 그것을 알지 못했습니다. 예수님은 세상의 죄를 짊어지고 가는 어린양, 화목제물로 자신을 희생하는 고난의 길을 가고 있는데, 군중들은 그것을 전혀 눈치를 채지 못하였습니다. 그들은 예수님께서 자신을 희생함으로써 그 당시 부패된 사회와 왜곡된 신앙을 지적하고 바로잡으려 했음에도 불구하고 깨닫지 못하고 있었습니다. 오히려 그렇게도 소리 지르며 열광적으로 환영하던 군중은 시간이 지나가면서 예수님을 죽이려고 호시탐탐 노리던 바리새파 사람들과 사두개파 사람들과 서기관들과 제사장들의 선동과 꼬임에 빠져 마음이 변해갔습니다.

그 당시 로마의 유대 총독이었던 빌라도가 예수님과 바라바를 놓고 그 중에 누구를 놓아주기를 원하는가를 물었을 때 예수님이 아니라 바라바를 놓아주라고 소리를 질렀습니다. 예수님을 처형하기를 주저하는 빌라도를 압박하며, 신성을 모독하고 군중을 선동하는 죄인으로 몰아 십자가형에 처하라고 소리를 질러댔습니다.

왜일까요? 왜 예수님을 그렇게 열렬하게 환영하던 군중들의 태도가 급변했을까요?

여기서 우리는 진정으로 우리의 삶 속에 경계해야 할 것이 있다는 것을 깨닫습니다. 그것은 진정으로 우리가 무엇을 원하고 있는지를 알지 못하고 있다는 무지함입니다. 주님을 간절히 원하고 있는 것 같지만, 정작 주님께서 짊어지신 십자가의 진정한 의미는 알지 못합니다. 그토록 간절히 구원을 바라면서도, 그 구원으로 들어가기 위해서는 철저한 회개가 먼저 있어야 한다는 것을 알지 못하는 것입니다. 하늘의 축복을 원하고, 이 세상에서의 성공을 원하지만, 진정으로 그것을 얻기 위해서는 주님의 가르침에 순종해야 한다는 것을 알지 못하는 것입니다. 사랑과 공의와 평화가 넘치는 하나님의 나라를 원하지만, 그 나라에 들어가기 위해서는 자기 자신을 깨부수고 성령으로 온전히 거듭난 사람이 되어야 한다는 것을 모르는 것입니다. 생명과 행복과 기쁨과 즐거움을 원하지만, 그것을 누리기 위해서는 십자가를 지는 고난과 고통의 순간을 반드시 넘어서서 사망의 권세를 이기는 부활의 신앙으로 나가야 한다는 것을 알지 못하고 있는 것입니다.

2천 년 전 예루살렘 성으로 들어가시는 예수님의 모습을 보면서 많은 사람들이 오해했던 것처럼 우리도 지금 똑같은 오해를 하며 주님의 발걸음을 무겁게 하고 있는 것은 아닌지 생각해 보아야 합니다. 주님의 길이 마치 우리의 물질적 성공을 위한 것처럼, 우리의 세상적인 목표의 달성을 위한 것처럼, 우리의 욕심과 욕망을 이루기 위한 힘인 것처럼 오해하면서 열광하고 있는 것은 아닌지 생각해 보아야 합니다. 또는 이와는 정반대로 바리새인들과 사두개인들과 제사장들과 서기관들처럼 냉소적인 태도로 아무런 열정도 감동도 책임성도 보이지 않고, 영적인 무의미성과 무기력에 빠져 있는 것은 아닌지 생각해 보아야 합니다.

성경은 이런 우리에게 다음과 같이 말합니다.

"자녀이면 상속자이기도 합니다. 우리가 그리스도와 함께 영광을 받으려고 그와 함께 고난을 받으면, 우리는 하나님이 정하신 상속자요, 그리스도와 더불어 공동 상속자입니다." (롬8:17).

이 구절에서 말하는 고난은 무엇을 위한 고난이어야 할까요?

바로 십자가의 길을 가기 위한 고난입니다. 예수 그리스도의 십자가는 우리의 죄를 용서하시고 씻어주시기 위한 대속의 십자가입니다. 예수 그리스도의 십자가는 우리를 치유하고 회복하시는 십자가이며, 하나님과 우리 사이를, 그리고 사람과 사람 사이를 화목하게 하는 화해의 십자가입니다.

화목和睦, reconciliation, peace이라는 말은 히브리어의 의미로 보면 '덮는다'라는 의미를 가지고 있으며, 화평 혹은 평화라는 말과 같은 말입니다. '덮는다' 는 의미로 본다면, 거룩하신 하나님의 공의가 만족되어 하나님의 진노를 덮고 죄를 용서받는 것을 뜻합니다속죄, 贖罪, propitiation. 즉, 화목이란 하나님의 용서를 받고 그분과의 관계가 회복된 상태를 가리키며(엡2:16), 하나님과 사람 또는 사람과 사람들의 관계가 회복되고 조화롭게 되는 것을 말합니다.

그런데, 왜 사람이 하나님 앞에 화목제^{和睦祭, peace offering}를 드리게 되었습니까? 그것은 인간이 죄를 지음으로써 하나님과의 관계가 깨어지고 단절되었기 때문이었습니다. 인간은 범죄로 인해 하나님과의 관계가 단절되고 형벌을 받게 되었습니다. 평안은 깨어지고 삶의 고통과 사망의 두려움에 빠지게 되었으며, 죄의 종노릇을 하며 살아갈 수밖에 없게 되었다고 성경은 말합니다.

"예수께서 대답하셨다. 내가 진정으로 진정으로 너희에게 말한다. 죄를 짓는 사람은 다 죄의 종이다." (요8:34)

사람이 선행과 윤리와 도덕적으로 바르게 살려고 아무리 애쓴다 할지라도 죄의 종노릇에서 스스로 벗어날 수는 없으며, 인간 스스로는 단절된 하나님과의 관계를 회복시킬 수도 없다고 성경은 말하고 있습니다.

"모든 사람이 죄를 범하였습니다. 그래서 사람은 하나님의 영광에 못 미치는 처지에 놓여 있습니다," (롬2:23)

그러나 하나님께서는 죄악은 용납하지 않으시지만 하나님의 형상대로 창조하신 인간들이 죄악 중에 멸망하는 것은 원치 않으신다고 말합니다. 이런 하나님의 구원의 의지가 가장 잘 나타나 있는 성경구절이 여러분이 잘 아시는 요한복음 3장 16절입니다.

"하나님께서 세상을 이처럼 사랑하셔서 외아들을 주셨으니, 이는 그를 믿는 사람마다 멸망하지 않고 영생을 얻게 하려는 것이다."

하나님께서는 세상의 죄인들에게 끊임없는 사랑의 관심을 보이셨고 은혜의 언약, 곧 독생자 예수 그리스도를 통한 구원의 길을 통하여 구원하고자 하시는 것입니다

"예수 그리스도께서는 하나님 우리 아버지의 뜻을 따라 우리를 이 악한 세대에서 건져 주시려고, 우리의 죄를 대속하기 위하여 자기 몸을 바치셨습니다."(갈1:4)

이 구원의 길이 바로 십자가의 길이며, 그 십자가에서 예수 그리스도께서 우리 죄를 속량하시기 위해 죽으심으로써 하나님과의 화목이 이루어졌다고 성경은 말합니다.

"우리가 하나님의 원수일 때에도 하나님의 아들의 죽으심으로 말미암아 하나님과 화해하게 되었다면, 화해한 우리가 하나님의 생명으로 구원을 얻으리라는 것은 더욱더 확실한 일입니다."(롬5:10)

이런 예수 그리스도의 죽으심은 온 세상을 위한 것이었으며, 구원과 화해

와 모든 믿는 자들을 위한 화목제물로 자신을 희생하신 사건이라고 말합니다.

"그는 우리 죄를 위한 화목제물이시니, 우리 죄만 위한 것이 아니라 온 세상을 위한 것입니다."(요일2:2)

예수 그리스도의 십자가는 하나님과 인간의 화목함만을 이룬 것이 아니라 세상의 모든 만물도 하나님과 화목하게 하셨다고 했습니다.

"그분의 십자가의 피로 평화를 이루셔서, 그분으로 말미암아 만물을, 곧 땅에 있는 것들이나 하늘에 있는 것들이나 다, 자기와 기꺼이 화해시켰습니다."(골1:20)

이것을 위해 먼저 우리를 흑암의 권세에서 건져내셔서 그의 사랑의 아들의 나라로 옮기셨다고 했습니다(골1:13). 그리하여 죄사함을 받게 하셨습니다(골1:14). 골로새서는 이렇게 말합니다.

"전에 여러분은 악한 일로 하나님을 멀리 떠나 있었고, 마음으로 하나님과 원수가 되어 있었습니다. 그러나 지금은 하나님께서 그리스도의 죽으심을 통하여, 그분의 육신의 몸으로 여러분과 화해하셔서, 여러분을 거룩하고 흠이 없고 책망할 것이 없는 사람으로 자기 앞에 내세우셨습니다. 그러므로 여러분은 믿음에 튼튼히 터를 잡아 굳건히 서 있어야 하며, 여러분이 들은 복음의 소망에서 떠나지 말아야 합니다. 이 복음은 하늘 아래 있는 모든 피조물에게 전파되었으며, 나 바울은 이 복음의 일꾼이 되었습니다.” (골1:21-23)

그렇다면 화목하게 하는 예수 그리스도의 십자가를 통하여 우리에게 이루어진 결과는 무엇일까요?

첫째는 우리가 하나님의 자녀가 되어 하나님을 아바 아버지라 부르며 영적인 교제할 수 있게 되었다는 것입니다. 로마서 8장 14, 15절은 다음과 같이 말합니다.

“하나님의 영으로 인도함을 받는 사람은, 누구나 다 하나님의 자녀입니다. 여러분은 또다시 두려움에 빠뜨리는 종살이의 영을 받은 것이 아니라, 자녀로 삼으시는 영을 받았습니다. 그래서 우리는 그 영으로 하나님을 아빠, 아버지라고 부릅니다.”

둘째는 과거에는 죄와 사망의 법에 얽매여 살아가던 죄의 종이었으나 이제는 생명의 성령의 법에 의해서 자유하게 되었다는 것입니다. 로마서 8장 1, 2절은 다음과 같이 말합니다.

“그러므로 그리스도 예수 안에 있는 사람들은 정죄를 받지 않습니다. 그것은, 그리스도 예수 안에서 생명을 누리게 하는 성령의 법이 당신을 죄

셋째는 거룩한 하나님의 집 - 하나님의 나라에 들어가게 되었으며, 하나님의 자녀가 되어 하나님나라의 상속자가 되었다는 것입니다. 에베소서 1장 5절과 6절은 다음과 같이 말합니다.

"하나님은 하나님의 기뻐하시는 뜻을 따라 예수 그리스도를 통하여 우리를 하나님의 자녀로 삼으시기로 예정하신 것입니다. 그래서 하나님이 하나님의 사랑하시는 아들 안에서 우리에게 거저 주신 하나님의 영광스러운 은혜를 찬미하게 하셨습니다." (엡1:5,6)

또한 로마서는 다음과 같이 말합니다.

"바로 그 때에 그 성령이 우리의 영과 함께, 우리가 하나님의 자녀임을 증언하십니다. 자녀이면 상속자이기도 합니다. 우리가 그리스도와 함께 영광을 받으려고 그와 함께 고난을 받으면, 우리는 하나님이 정하신 상속자요, 그리스도와 더불어 공동 상속자입니다." (롬8:16, 17)

넷째는 주님의 몸인 교회를 이루는 지체들로서 성도와 성도가 서로 화목하게 되었다는 것입니다.그러기에 이 화목의 사역은 이제 예수를 믿는 그리스도인들에게 맡겨졌다고 말합니다(고후5:18-19).

"이 모든 것은 하나님에게서 났습니다. 하나님께서는 그리스도를 내세우셔서, 우리를 자기와 화해하게 하시고, 또 우리에게 화해의 직분을 맡겨 주셨습니다. 곧 하나님께서 사람들의 죄과를 따지지 않으시고, 화해의 말씀을 우리에게 맡겨 주심으로써, 세상을 그리스도 안에서 자기와 화해하게 하신 것입니다." (고후5:18-19)

그렇다면 이제 우리 그리스도인들은 무엇을 위해 살아가야 할까요?

사도 바울과 그 일행은 자신들에게 주님께서 화해의 직분을 맡겨주셨다고 말하면서 모든 사람들을 향하여 '하나님과 화목하라' 고 말씀하십니다. 따라서 예수 그리스도를 믿어 새로운 존재가 된 그리스도인들도 이 일을 위해 살아가야 합니다. 예수 그리스도를 믿어 구원을 받은 모든 그리스도인들은 하나님의 나라와 그 의를 위해서 살아가야 하며, 예수 그리스도를 통하여 이루어진 평화를 온 세상에 전파하기 위해 살아가야 합니다.

"이 모든 것은 하나님에게서 났습니다. 하나님께서는 그리스도를 내세우셔서, 우리를 자기와 화해하게 하시고, 또 우리에게 화해의 직분을 맡겨 주셨습니다. 곧 하나님께서 사람들의 죄과를 따지지 않으시고, 화해의 말씀을 우리에게 맡겨 주심으로써, 세상을 그리스도 안에서 자기와 화해하게 하신 것입니다. 그러므로 우리는 그리스도의 사절입니다. 하나님께서는 우리를 시켜서 여러분에게 권고하십니다. 우리는 그리스도를 대리하여 간청합니다. 여러분은 하나님과 화해하십시오." (고후5:18-20)

주님께서도 여덟 가지 복에 대해서 말씀하시면서 평화에 대해서 다음과 같이 말씀하셨습니다.

예수 그리스도의 십자가를 통하여 하나님과 화목하게 된 우리는 언제나 다른 사람들과 화목해야 합니다. 불화가 생긴다면 먼저 화해를 청하여야 합니다(마5:23-26). 흠이 없으신 예수님께서 먼저 인간의 몸을 입고 이 땅에 오셔서 십자가에서 화목제물이 되어 화해를 이루셨듯이 우리도 먼저 낮아지고 자기의 십자가를 짐으로 이웃과 화평을 이루어 나가야 합니다. 성령님의 도우심을 힘입어 모범을 보이신 예수님을 따라 순종해야 합니다.

화해의 복음과 예수 그리스도의 십자가의 도를 널리 전파해야 합니다. 하나님과 인간, 인간과 인간 사이에 화해를 이루어줄 수 있는 분은 오직 십자가에 달리신 예수 그리스도 한 분뿐이십니다(행4:12). 이것은 화해의 복음이며, 인간에게 가장 기쁘고 좋은 소식이며, 성도들에게는 이 복음을 전해야 할 의무가 주어졌습니다. 이 사명을 회피하거나 소홀히 해서는 진정한 그리스도인이라고 할 수 없습니다. 그리스도인들은 예수 그리스도의 은혜로 말미암아 값없이 화평을 누리고 있으므로 마땅히 이 땅의 평화를 위해 애쓰고 수고하여야 할 것입니다.

예수 그리스도의 십자가는 우리의 죄를 속량해 주심으로써 하나님과 우리를 화목하게 하는 능력이며, 우리 사이에 용서와 화해를 이루는 능력이며, 세상을 화평하게 하는 능력인 것입니다. 주님의 말씀을 다시 한 번 되뇌어 봅니다.

"평화를 이루는 사람은 복이 있다. 하나님이 그들을 자기의 자녀라고 부르실 것이다." (마5:9).

The
Cross

십자가와 성령께서 주시는 능력

성령의 충만함을 받으면 삶 속에 능력으로 나타나게 되어 있는 것입니다. 생수가 강같이 넘쳐나리라고 하신 말씀처럼 성령의 능력이 삶 가운데 넘쳐나게 되어 있는 것입니다.

"내가 진실로 진실로 너희에게 이르노니
나를 믿는 자는 내가 하는 일을 그도 할 것이요
또한 그보다 큰 일도 하리니
이는 내가 아버지께로 감이라"

8

십자가와 성령께서 주시는 능력

사도행전 4:32-35

사도행전 4장 33절에 보면 '사도들은 큰 능력으로 주 예수의 부활을 증언하였고, 사람들은 모두 큰 은혜를 받았다' 고 했습니다. 그런데, 이 상황이 어떤 상황 가운데 일어난 일일까요?

본문의 앞부분인 사도행전 4장 23절부터 읽어보면 사도들이 감옥에 갇혔다가 풀려난 이야기가 있습니다. 사도들이 열심히 예수 그리스도의 복음을 전하였는데, 그 당시에 정치지도자들과 종교지도자들이 그것을 못마땅하게 생각을 했습니다. 그래서 사도들이 복음을 전하지 못하게 하려고 붙잡아 감옥에 가두었던 것입니다. 그러나 하나님께서 강권적으로 사도들을 풀려나게 하셨습니다. 사도들은 놓임을 받자 간절히 기도하는데, 그 기도의 내용이 다음과 같습니다.

"동료들은 이 말을 듣고서, 다같이 하나님께 부르짖어 아뢰었다. 하늘과 땅과 바다와 그 안에 있는 모든 것을 지으신 주님, 주님께서는 주님의 종인 우리의 조상 다윗의 입을 빌어서, 성령으로 이렇게 말씀하셨습니다. '어찌하여 이방 민족이 날뛰며, 뭇 백성이 헛된 일을 꾀하였는가? 세상 임금들이 들고일어나고, 통치자들이 함께 모여서, 주님과 그의 메시아에게 대적하였다.' 사실, 헤롯과 본디오 빌라도가 이방 사람들과 이스라엘 백성과 한패가 되어, 이 성에 모여서, 주님께서 기름 부으신 거룩한 종 예수를 대적하여, 주님의 권능과 뜻으로 미리 정하여 두신 일들을 모두 행하였습니다. 주님, 이제 그들의 위협을 내려다보시고, 주님의 종들이 참으로 담대하게 주님의 말씀을 말할 수 있게 해주십시오. 그리고 주님께서 능력의 손을 뻗치시어 병을 낫게 해주시고, 주님의 거룩한 종 예수의 이름으로 표징과 놀라운 일들이 일어나게 해주십시오." (행 4:24-30)

그러니까 사도들이 모여서 간절히 기도한 이유가 무엇인가 하면 위협과 핍박이 있었기 때문입니다. 이전에 벌써 한 번 갇혔다가 풀려났던 적이 있었습니다. 그러한 직접적인 위협과 핍박과 같은 외면적인 문제만이 아니라 공동체 안에는 병든 사람들이 있었을 것입니다. 교회와 성도들의 삶 가운데 여러 가지 어려움들도 있었을 것입니다. 그래서 한 마음 한 뜻이 되어서 한 곳에 모여서 열심히 기도를 했던 것입니다. 그러한 모든 위협과 핍박과 어려움들을 이기면서 말씀을 증거하기를 원했던 것입니다. 그렇게 기도를 하였더니 어떤 일이 일어났다고 했습니까?

"그들이 기도를 마치니, 그들이 모여 있는 곳이 흔들리고, 그들은 모두 성령으로 충만해서, 하나님의 말씀을 담대히 말하게 되었다." (행 4:31)

이뿐만이 아니라 그들의 삶의 모습이 달라졌습니다. 자신들이 가진 것을 공동으로 사용했고, 서로 도움으로써 가난한 사람이 없었다고 했으며, 재산을 팔아 하나님의 일에 쓰도록 사도들의 발 앞에 두었다고 했습니다. 이런 변화의 핵심에 바로 33절이 놓여 있습니다.

이제 우리는 여기서 한 번 깊이 생각해야 합니다. 예수 그리스도를 믿으면 성령께서 우리 안에 내주하신다고 했습니다. 성령의 충만함을 사모하며 기도하면 성령께서 충만해 주시겠다고 약속을 해 주셨습니다. 그렇다면 이제는 우리가 그렇게 큰 능력을 힘입어서 살아가야 합니다. 성령은 진리의 영이시고, 거듭나게 하시는 능력이시고, 거듭난 자로 살아가게 하시는 능력이시고, 예수님의 가르침에 대해서 생각나게 하시고, 또 죄에 대해서 깨닫게 하시고, 세상의 심판과 장차 일어날 일에 대해서 알게 하시고, 각양 은사도 주십니다.

그런데 우리가 신앙생활을 할 때에 하나의 어려운 문제를 만납니다. 예수를 믿으면 초대교회의 나타난 모든 것이 우리의 신앙생활 속에도 나타날 줄 믿어야 하는데, 실제로는 그렇지 않다는 것입니다. 자꾸만 먼 옛날 이야기로만 여기고 있다는 것입니다. 여러분은 이 말씀을 들으면서 지금 어떤 생각을 하고 계십니까? 어떤 느낌이 드세요? 나와 상관없이 듣고 계시지는 않습니까? 하나님의 말씀이 우리의 삶 가운데서 살아 움직이려면 우리에게 무엇이 필요할까요?

우리가 성령의 인도하심을 따라 살아가려면 무엇보다 성령께서 하시는 일에 마음을 두어야 합니다. 자꾸만 육신을 좇는 일, 육신의 일을 자꾸 생각하면 안 됩니다. 미혹의 영이 자꾸만 우리를 시험하기 때문입니다. 우리의 생각을 흩어놓기 때문입니다. 의심하게 합니다. 남을 보고 비판하게 만듭니다. 나의 장점보다는 단점과 한계만을 보게 만듭니다. 믿음과 긍정적인 생각보다는 자꾸 부정적인 생각을 하게 합니다. 이런 모든 것은 육신을 좇는 모습니다.

그러나 성령의 충만함을 받은 사람들은 성령의 일, 영의 생각을 좇는다고 했습니다. 소망을 봅니다. 긍정적인 면을 봅니다. 가능성을 봅니다. 하나님께서 우리 안에서 어떻게 역사하시는가를 보며, 그것을 믿고 의지합니다. 이런 신령한 신앙인들이 성령의 충만함으로 신앙의 능력을 행하며 살아갈 수 있는 것입니다.

또 순종해야 합니다. 무릇 하나님의 영으로 인도하심을 받는 그들은 하나님의 아들이라고 했습니다. 하나님의 영이 인도하실 때, 우리가 진정으로 이 세상에서 하나님의 자녀로 살아가려면 순종함이 있어야 합니다. 성령께서는 끊임 없이 오셔서 우리를 인도하여 주십니다. 양심을 일깨워주시고, 역사해 주십니다. 그럴 때마다 순종해 가면 거기에 능력이 나타나는 것입니다. 그뿐만이 아니라 영 분별의 능력도 있음을 알아야 합니다. 성령의 능력 중에 영 분별의 능력이 있다고 말씀을 드렸습니다. 이것이 하나님으로부터 오는 것인가 아니면 사탄으로부터 오는 것인가를 구별하면서 성령의 인도함을 따라서 옳은 영, 진리의 영을 좇아 살아가게 되면 거기에는 반드시 능력이 나타나게 되어 있습니다. 하나님의 기뻐하시고 온전하신 뜻이 무엇인지 분별하면서 살아가면, 거기에 능력이 나타납니다. 더 나아가서 우리는 이것이 밖으로 표현될 수 있어야 합니다. 요한복음 7장 38절에 보면 '나를 믿는 사람은, 성경이 말한 바와 같이, 그의 배에서 생수가 강물처럼 흘러나올 것이다' 라고 했는데, 이것은 그를 믿는 자가 받을 성령을 가리며 말씀하신 것(요7:39)이라고 했습니다. 이렇게 성령의 충만함을 받으면 그 능력이 나타나게 되어 있습니다.

요한복음 14장을 보면 예수님께서 다음과 같이 말씀하신 것을 읽을 수 있습니다.

"내가 진정으로 진정으로 너희에게 말한다. 나를 믿는 사람은 내가 하는 일을 그도 할 것이요, 그보다 더 큰 일도 할 것이다. 그것은 내가 아버지께로 가기 때문이다." (요14:12, 13)

이 말씀을 곰곰이 생각해 보시기 바랍니다. 이 말씀은 참으로 엄청난 말씀입니다. 예수 그리스도께서 하신 일보다 더 큰 일을 할 것이라고 말하고 있는 것입니다. 예수 그리스도께서 하신 일은 당연하고, 그보다 더 큰 일을

할 것이라고 하는 것인데, 어떻게 그렇게 할 수 있을까요? 요한복음 14장 20
절을 보겠습니다.

"그 날에 너희는, 내가 내 아버지 안에 있고, 너희가 내 안에 있으며, 또
내가 너희 안에 있음을 알게 될 것이다."

예수 그리스도께서 십자가에 못 박혀 죽으셨다가 부활하셔서 승천하시
면서 성령을 보내주신다고 약속을 하셨습니다. 그 성령이 우리 안에 있게
되면, 그 권능을 힘입어서 우리가 예수님과 하나가 된다는 것입니다. 그 하
나됨을 통하여 예수님께서 이 세상에서 하신 일보다 더 큰 일도 할 것이라
는 의미입니다. 얼마나 놀라운 말씀입니까?

여기서 우리는 성령의 역사하심의 중심에 십자가 사건이 있고, 부활의 권
능이 있는 것을 발견하게 됩니다. 우리가 예수 그리스도의 십자가를 온전
히 의지하고, 예수 그리스도의 부활의 권능을 온전히 믿는다면, 성령께서
우리와 함께 하셔서 그 능력을 나타내 주실 것이라고 분명히 말씀하고 있
는 것입니다. 이런 믿음이 따로 떨어져 있으면 안 됩니다. 다시 말하면, '십
자가를 통해서 내가 죄 사함을 받았습니다' 라는 고백과 '예수님께서 사망
권세를 이기시고 다시 부활하셔서 영원한 생명이 되어 주셨습니다' 라는
고백과 '승천하셔서 하나님 우편에 앉아 계시며 세상을 통치하시고 계십
니다' 라는 고백과 '성령을 보내주셔서 함께 해 주십니다' 라는 고백이 따
로따로가 아니라 다 하나라는 것입니다. 그러한 여러 가지 영적인 역사하

심을 통해서 예수 그리스도께서 하나님과 하나이신 것처럼 우리가 예수 그리스도와 하나가 되고, 그래서 우리도 역시 하나님과 하나가 된다는 놀라운 말씀입니다. 그런 의미에서 구약 성경은 '너희를 신이라 하지 않았느냐? 고 말씀하고 있는 것이며, 우리가 '나는 하나님과 함께 합니다' 라고 고백하는 것입니다. 바로 이 성령께서 임하실 때 잘 아는 사도행전 1장 8절의 말씀처럼 권능을 받습니다.

"그러나 성령이 너희에게 내리시면, 너희는 능력을 받고, 예루살렘과 온 유대와 사마리아에서, 그리고 마침내 땅 끝에까지 이르러 내 증인이 될 것이다."

이 말씀에서 '능력' 혹은 '권능' 이라는 말은 헬라어로 '뒤나미스' 라는 단어인데, 이 단어는 '할 수 있다' 혹은 '가능하다' 는 의미를 가진 '뒤나마이' 라는 단어에서 파생이 되었습니다. 외부적인 어떤 힘이 아니라 내부적인 어떤 능력을 가지고 있다, 보유하고 있다는 의미를 가지고 있습니다. 좀 더 부연설명을 한다면 가능성, 어떤 역량을 가지게 되었다는 의미를 가지고 있는 것입니다. 성령이 내리시면 능력을 받는다는 말의 뜻은 지금까지는 아무것도 할 수 없는 연약하고 무능한 존재였으나, 그 성령의 힘을 입어서 이제는 뭔가 할 수 있는 가능성과 그 역량을 가지게 되었다는 뜻입니다. 그러니까 예수 그리스도를 믿는 사람들, 거듭남을 정말로 체험한 사람들은 '나는 할 수 없어요' 라는 말을 하는 것이 아닙니다. '나는 못해요' 라는 말을 하는 것이 아닙니다. 내가 하는 것이 아니라 이제는 내 안의 성령께서 역사하시는 것이기 때문입니다. 거기에는 오직 믿음과 '아멘' 만이 있는 것입니다. 하나님께서 이렇게 하라고 말씀하시면 '아멘' 하고 믿음으로 받아들이는 것입니다. 그러한 믿음을 가질 때 역사가 일어납니다.

그런데, 성령의 충만함을 받지 못한 사람들은 여전히 자기 자신의 부족함만을 보고 있습니다. 예전에 내 모습이 이랬는데...나는 가진 것도 없고, 연약하고, 몸도 약하고, 배운 것도 없고, 지위도 없는데 하면서 여전히 과거의 부족한 자신의 모습만을 보고 있는 것입니다. 지금 주님께서는 '너는 성령의 권능으로 새로 거듭난 존재' 라고 선언하고 계시는데, 여전히 자신의 부족함만을 보고 있는 것입니다. 그러한 태도를 가지고 있을 때에는 역사가 일어날 수가 없습니다. 삶 가운데 능력이 나타날 수가 없습니다. 분명히 하나님께서는 성령의 충만함으로 가능성을 주시고, 새로운 삶을 살아갈 수 있는 역량을 부어주셨는데, 스스로 순종하지 않고 있는 모습니다.

그러나 교회 역사를 보면 수많은 신앙의 선진들은 비록 인간적으로는 부족했으나 성령의 충만함을 받고 하나님의 가능성을 믿고 나아갔기에 큰 신앙의 업적을 쌓았습니다. 그런 믿음의 선진 중에 문준경 전도사님이라는 분이 계십니다.

성결교회에 속했던 이 분은 우리나라 서남쪽 앞바다의 신안군 증도에서 전도사로 교회를 섬기며 전도활동을 하셨던 분이십니다. 그 한 분으로 인해서 목포 앞바다에 있는 섬들에는 대부분 성결교회가 세워졌습니다. 각 교단의 훌륭한 분들 중에는 그 지방 출신들이 많습니다.

문준경 전도사님은 6.25 때 공산당들에게 순교를 당하신 분입니다. 기독교 신앙을 말살하려는 공산당들은 '많은 병아리를 까는 암탉' 이라고 해서 탁월한 목회자요 전도자이셨던 문준경 전도사님을 죽창으로 살해했습니다. 그 순교의 피가 그 지역에 많은 교회가 서게 한 원동력이 되었습니다.

문준경 전도사님은 여성이요, 키도 작고 내세울 것이 없던 아주 연약한 여인이었습니다. 그런데도 어떻게 그렇게 담대하게 복음을 전했을까요? 어떻게 그렇게 많은 교회를 세웠을까요? 그분은 원래 순교를 당하지 않을 수도 있었는데, 목포에 있다가 공산당들이 교인들을 살해하고 있다는 소식을 듣고 '내가 어떻게 교인들과 제자들을 두고 피할 수 있겠는가? 하시면서 다시 증도로 들어가서 순교를 당했습니다. 그런 담대한 믿음은 어디서 오는 것일까요? 바로 성령의 역사였습니다. 성령의 권능으로 그런 담대한 모습으로 공산당과 맞설 수 있었던 것입니다. 그렇게 순교를 마다하지 않았던 성령의 충만함을 받은 믿음의 능력, 그 순교의 피가 열매를 맺어서 그 지역에 교회가 성장할 수 있었습니다.

예수 그리스도를 믿는 사람, 성령의 충만함을 받은 사람은 하나님의 가능성을 바라보는 사람입니다. 히브리서는 우리에게 말씀합니다.

"믿음은 바라는 것들의 확신이요, 보이지 않는 것들의 증거입니다. 선조들은 이 믿음으로 살았기 때문에 훌륭한 사람으로 증언되었습니다." (히 11:1, 2)

하나님 나라는 예수 그리스도를 통하여 시작이 되었고, 또한 예수 그리스도께서 다시 오실 때에 완성될 것입니다. 이것이 예수 그리스도께서 우리에게 선포하신 '하나님 나라의 비전'입니다. 비전을 가진 믿음의 눈은 지금 되어져 있는 것만을 보는 것이 아니라, 앞으로 되어질 것을 앞으로 당겨서 본다는 의미를 가지고 있습니다.

내 소망이 지금은 아무것도 안 보이는 것 같지만, 그것이 이루어진 것을 당겨서 지금 여기서 경험하고 있는 것이 바로 신앙입니다. 하나님을 알지 못하는 세상 사람들은 그런 기쁨을 모릅니다. 그런 의미를 모릅니다. 그런 평강을 모릅니다. 하지만 예수 그리스도를 믿는 사람들은 이 의미를 잘 알고 있습니다. 그래서 예수 그리스도를 믿는 사람들은 고난 중에서도 찬송을 하는 것이고, 마음에 평안을 누리는 것입니다.

또 하나님 나라를 믿음의 눈으로 미리 당겨서 지금 여기서 경험하고 보고 있는 것입니다. 믿음이 없는 세상 사람들은 그걸 모릅니다. 이게 신앙의 신비입니다. 이렇게 경험할 수 있도록 하시는 분이 누구신가? 바로 성령이십니다. 그 결과로써 신앙생활을 하는 분들은 마음이 평안하고 얼굴이 온화하고 삶에 여유가 있습니다. 하나님께서 이 세상을 인도하시며, 모든 것이 다 하나님의 섭리 안에서 이루어지는 것임을 알고 있기 때문입니다. 사람들은 종종 자기 욕심에 매여서 아웅다웅하다가 평안을 잃어버리고, 건강도 상하고, 마음도 상하고, 감정도 상하고, 관계도 깨지고, 신앙의 능력도 잃어버리는 경우가 많습니다. 하지만 성령의 충만함을 받으면 이런 것들을 초월할 수 있습니다.

성령의 충만함을 받으면 하나님의 나라의 비전을 바라보며 살아가게 됩니다. 사도행전을 읽어보면 성령의 충만함을 받은 베드로가 담대하게 예수 그리스도의 죽음과 부활에 대해서 증거하였습니다. 그 결과 수많은 사람들이 예수 그리스도를 믿고 세례를 받아 그리스도인들이 되었습니다. 그것은 예수 그리스도께서 말씀하신 약속이 그대로 성취되는 순간이었습니다. 하나님의 나라의 비전이 이루어지는 순간이었습니다.

한 번 생각해 보십시오. 세상적인 계산을 하면 어떻게 예루살렘과 온 유다와 사마리아와 땅 끝까지 이르러 내 증인이 되리라는 말씀이 이루어질 것이라고 생각을 했겠습니까? 하지만, 성령이 임하시는 곳마다 그 말씀대로 이루어졌습니다. 새로운 신앙공동체인 교회가 시작되었습니다. 이 신앙공동체는 하나님의 나라와 하나님의 의를 미리 바라보며, 그 나라를 꿈꾸는 사람들의 모임입니다.

성령의 충만함을 받지 못한 사람들은 꿈을 이야기하면 잘 이해를 하지 못합니다. 자신의 지식과 경험을 의지하며 계산만 하다가 실망하는 경우가 많습니다. 꿈은 믿음을 가진 사람들, 성령의 충만함을 받은 사람들이 꾸는 것입니다. 꿈과 비전은 하나님이 주시는 것이 때문입니다. 가나안 지역을 떠돌아다니던 야곱의 아들 요셉이 애굽이라는 그 당시의 가장 강력한 나라의 총리가 되리라고 누가 생각을 했겠습니까? 그것도 노예로 팔려갔던 사람이 말입니다. 요셉이 하나님께서 주시는 꿈을 잃지 않았기 때문에 그렇게 될 수 있었습니다. 여러분도 그러한 꿈을 반드시 마음에 품고 살아가시기 바랍니다. 자녀에 대해서도, 믿음의 후손들에 대해서도 마찬가지입니다. 꿈을 마음에 품게 하여야 하고, 그 꿈을 그려주어야 합니다. 그리고 함께 그 꿈을 위해 기도해야 합니다.

성령의 충만함을 받으면 꿈과 비전을 바라보며 살아가는 능력을 얻습니다. 그 꿈과 비전이 담긴 말씀을 선포하는 능력을 얻습니다. 그 말씀은 바로 예수 그리스도에 관한 복음입니다. 사도 베드로와 사도 바울과 그 외의 다른 사도들이 그랬습니다. 스데반 집사가 그랬습니다. 성령의 충만함을 받게 되면 입술을 통해서 예수 그리스도를 증거를 하는 능력을 갖게 됩니다. 복음을 증거하는 능력을 갖게 됩니다. 삶을 통해서 증거를 합니다. 예루살렘 교회는 분명히 그들의 삶을 통해서 예수 그리스도를 믿는다는 것이 무엇인지를 확실하게 증거했습니다.

우리가 읽은 내용을 다시 한 번 가만히 읽어보십시오. 전혀 새로운 삶의 모습이 나타났음을 알 수 있습니다. 내 것 네 것 가리지 않고 가진 소유를 서로 나누어 쓰고, 또한 가지고 있던 재산을 팔아 그것을 사도들에게 주어서 하나님의 일을 위해서 사용하도록 했습니다. 그러면 사도들은 그렇게 하나님께 드려진 것들을 가지고 봉사하는 일과 구제의 일에 썼습니다. 그 결과로 공동체 안에는 가난한 사람들이 없었다고 했습니다. 그러면 그들이 부자들이었느냐 하면 그렇지 않았습니다. 보통 사람들이었습니다. 그런데 그런 삶의 변화가 일어나니까 기적이 일어난 것입니다. 이렇게 성령의 충만함을 받으면 더 많이 가지려는 사람이 아니라 오히려 나누는 사람으로 변화합니다. 자기중심적인 사람이 이타적인 사람으로 변화합니다.

또한 우리가 알아야 할 것은 성령의 능력은 하나님의 일을 하기 위해서 부여된 능력이라는 사실입니다. 그래서 성령의 각양 은사를 주셨습니다. 교회를 섬기게 하기 위한 능력입니다. 서로 봉사를 하게 하는 능력입니다. 성령 안에서 평안의 매는 줄로 하나 된 것을 힘써 지켜가게 하는 능력입니다. 서로 그 은사를 통해서 상합하여 교회를 세워가게 하는 능력입니다.

종종 교회 안에도 성령의 능력으로 하지 않고 혼의 능력으로 하는 사람들이 있습니다. 그들도 겉으로는 열심히 있어 보입니다. 하지만 그 열매는 다르게 나타납니다. 모이지 않고 흩어지고, 자기만 높아지려고 합니다. 어떨 때 자기 혼자만을 위해서 일합니다. 그것은 혼의 역사입니다.

성경이 우리에게 가르쳐 주시는 것은 영적인 열심입니다. 부지런하여 게으르지 말고 열심을 품고 주를 섬기라고 했습니다. 주를 섬기는 열심히 되어야 합니다. 일 자체가 아니라 주님의 몸된 교회, 즉 주님을 섬기는 일이 되어야 합니다.

일상생활 가운데서 나타나는 능력이 있습니다. 잘 알려진 말씀인 에베소서 5장 18절-21절입니다.

"그러므로 여러분은 어떻게 살아가야 할지를 살피십시오. 지혜롭지 못한 사람처럼 살지 말고, 지혜로운 사람답게 살아야 합니다. 세월을 아끼십시오. 때가 악합니다. 그러므로 어리석은 자가 되지 말고, 주님의 뜻이 무엇인지를 깨달으십시오. 술에 취하지 마십시오. 거기에는 방탕이 따릅니다. 성령의 충만함을 받으십시오. 시와 찬미와 신령한 노래로 서로 화답하며, 여러분의 가슴으로 주님께 노래하며, 찬송하십시오. 모든 일에 언제나 우리 주 예수 그리스도의 이름으로 하나님 아버지께 감사를 드리십시오. 여러분은 그리스도를 두려워하는 마음으로 서로 순종하십시오."

이렇게 성령의 능력이 일상생활 가운데에도 나타나야 합니다. 이런 일이 일어나고 있는지 한 번 생각해 봐야 합니다. 교인들 간에 그리스도를 경외함으로 서로 복종하는 것이 있는가? 권위를 가진 사람에게만 복종해야 한다는 생각을 버리고 교인들끼리 서로 그래야 합니다.

성령의 충만함을 받은 사람들은 가정생활에도 변화가 일어나야 합니다. 에베소서 5장 21절 말씀은 22절 이하에 표준이 되는 말씀입니다. 남편들이여, 아내들이여, 이 말씀들도 21절을 전제로 가르쳐지고 있는 말씀입니다. 왜 그럴까요? 우리 모두는 그리스도의 몸된 교회를 이루고 있는 지체들이기 때문입니다. 우리가 성령이 거하시는 하나님의 전이기 때문입니다. 그러니까 서로 그리스도를 경외한다면 서로를 귀하게 여기며 서로 복종해야 하며, 그런 것이 신앙의 능력으로 나타나야 합니다.

그런데 아주 중요한 것이 있습니다. 그것은 바로 성령의 충만함을 받는 것은 사탄을 대적하기 위해서 부여된 능력이라는 것입니다. 사도행전 13

장에 보면 바예수 또는 엘루마라는 이름을 가진 박수인 마술사가 있었습니다. 그는 서기오 바울이라는 총독 옆에서 그를 섬기는 사람이었습니다. 그런데 서기오 바울은 총명한 사람이어서 바나바와 바울이 복음을 증거하는 것에관심을 가지고, 그것을 듣고 싶어 했습니다. 그 때 바예수라는 이름을 가진 엘루마가 그것을 방해해서 믿지 못하게 했습니다. 그때 사도 바울이 성령이 충만하여 그를 노려보면서 말했습니다.

"너, 속임수와 악행으로 가득 찬 악마의 자식아, 모든 정의의 원수야, 너는 주님의 바른 길을 굽게 하는 짓을 그치지 못하겠느냐? 보아라, 이제 주님의 손이 너를 내리칠 것이니, 눈이 멀어서 얼마 동안 햇빛을 보지 못할 것이다." (행13:10, 11a)

그랬더니 그 결과가 어떻게 되었습니까? 성경은 이렇게 전합니다.

"그러자 곧 안개와 어둠이 그를 내리덮어서, 그는 앞을 더듬으면서, 손을 잡아 자기를 이끌어 줄 사람을 찾았다." (행13:11b)

이런 모습을 본 서기오 바울은 '주님을 믿게 되었고, 주님의 교훈에 깊은 감명을 받았다' (행13:12)고 했습니다. 이런 능력이 어디서 나왔을까요? 바로 성령의 능력입니다. 사탄을 추방하는 능력, 쫓아내는 능력입니다.

이런 사례는 사도행전 16장에 또 있습니다. 어떤 여종이 있었는데, 귀신이 들려서 점을 치는 것입니다. 그 수입을 주인에게 돈을 가져다주니 주인은 좋을 수밖에 없었을 것입니다. 그런데 귀신이 들려서 점을 치고 있었기 때문에 성령의 권능으로 예수 그리스도를 전하는 사도 바울을 알아보았습니다. 그래서 바울의 일행을 뒤쫓아 다니면서 '이 사람들은 지극히 높으신 하나님의 종들인데, 여러분에게 구원의 길을 전하고 있다' 하고 귀찮게 소리를 지르니까 나중에 사도 바울이 괴로워서 귀신아 물러가라 했더니 귀신이 쫓겨나갔다고 했습니다. 이것도 성령의 권능으로 일어난 일입니다.

그런데 마가복음 3장을 읽어가면 13절에 제자들을 부르시는 장면이 나오는데, 12 제자를 세우시면서 예수님께서 그렇게 말씀을 하십니다. 중요하니까 한 번 찾아볼까요? 마가복음 3장 13-15절입니다.

"예수께서 산에 올라가셔서, 원하시는 사람들을 부르시니, 그들이 예수께로 나아왔다. 예수께서 열둘을 세우시고 [그들을 또한 사도라고 이름하셨다.] 이것은, 예수께서 그들을 자기와 함께 있게 하시고, 또 그들을 내보내어서 말씀을 전파하게 하시며, 귀신을 쫓아내는 권능을 가지게 하시려는 것이었다."

여기 보면 예수 그리스도께서 제자들을 부르신 목적이 무엇이라고 말씀하고 있습니까? 귀신도 내쫓는 권능을 가지게 하려고 부르셨다고 했습니다. 그러면 귀신이 어떤 존재일까 하는 의문이 들 것입니다. 성경 그대로 읽으시면 됩니다. 귀신은 때로는 사람을 혼란하게도 하고, 미혹하기도 하고 병이 들게도 하구요, 여러 무리가 함께 있어서 거라사의 귀신은 군대라는 이름을 가졌는데, 인간을 불행하게 여러 가지를 일을 꾸미는데, 사탄의 졸개로서 하나님의 인간 사이를 이간질 하면서 괴롭히는 영적 존재가 바로 귀신입니다. 이 귀신은 분명히 실재하고 있는 영적인 존재입니다. 그러니까 이 귀신과 대적하려면 성령의 능력을 받아야 합니다.

많은 사람들이 이런 영적 존재에 대한 확신이 없다보니까 내가 지금 어떤 일을 당하고 있는지를 모르고 있는 경우가 굉장히 많습니다. 생각이 지배당하고 있는 것을 모르구요, 감정이 지배당하고 있는 것도 모르구요. 몸이 그렇게 지배되고 있는 것을 모릅니다. 그러다가 실족하는 경우가 굉장히 많습니다. 그런데, 성령의 충만함을 받으면 분명히 귀신을 추방할 수 있다고 했습니다.

예수 그리스도께서 자기를 믿고 따르는 제자들에게 분명히 귀신을 내어 쫓는 능력을 주셨다고 했습니다. 사도행전을 읽어보면 성령의 충만함을 받았을 때 분명히 그런 역사가 일어났습니다. 여러분도 이것을 믿고, 아무리 시험이 오더라도 예수 그리스도의 이름으로 물리쳐야 합니다.

그런데 진실한 믿음이 없이 흉내만 내는 경우에는 능력이 나타나지 않는다는 것을 알아야 합니다. 예수를 진짜 믿지 않고 예수님 이름만 이용하려고 하면 오히려 망신을 당합니다. 성경에 그런 예가 있습니다. 사도행전을 읽어보면 스게와의 아들들이 그랬습니다. 예수님을 믿지도 않으면서 흉내를 냈다가 어떻게 되었습니까? 성경은 이렇게 전합니다.

"귀신이 그들에게 나는 예수도 알고, 바울도 알지만, 당신들은 도대체 누구요? 하고 말하였다. 그리고서 악귀 들린 사람이 그들에게 달려들어, 그들을 짓눌러 이기니, 그들은 몸에 상처를 입고서, 벗은 몸으로 그 집에서 도망하였다." (행19:15-16)

그러니까 진실한 믿음이 있어야 합니다. 하나님과의 인격적인 관계가 있어야 하고, 예수 그리스도를 정말 주님으로 믿어야 합니다. 그런 믿음을 가지고 성령의 능력을 힘입어 귀신을 추방하면, 물리칠 수 있는 것입니다.

성령 하나님은 또한 우리 모든 교인들이 한 몸 되어 섬기게 하는 능력입니다. 고린도전서 12장 13절에 보면 이렇게 말씀합니다.

"우리는 유대 사람이든지 그리스 사람이든지, 종이든지 자유인이든지, 모두 한 성령으로 세례를 받아서 한 몸이 되었고, 또 모두 한 성령을 마시게 되었습니다." (고전12:13)

또 에베소서 2장은 이렇게 말씀합니다.

"그리스도는 우리의 평화이십니다. 그리스도께서는 유대 사람과 이방 사람이 양쪽으로 갈라져 있는 것을 하나로 만드신 분이십니다. 그분은 유대 사람과 이방 사람 사이를 가르는 담을 자기 몸으로 허무셔서, 원수 된 것을 없애시고, 여러 가지 조문으로 된 계명의 율법을 폐하셨습니다.

성령의 충만함을 받은 교회는 성령께서 우리 생각을 하나로 다 묶어주시게 되어 있습니다. 그 성령의 역사하심에 순종하는 교인들은 다 한 생각으로 가게 되어 있습니다. 성령의 충만함을 받으면 다 하나가 되게 되어 있습니다. 사도행전을 잘 읽어보십시오. 한 마음 한 뜻 되어 기도했다고 했습니다. 에베소서도 성령이 많이 강조되어 있는데, 성령 안에서 평안의 매는 줄로 하나가 되게 하신 것을 힘써 지키라(엡4:3)고 했습니다.

갈라디아서도, 고린도전서도 마찬가지입니다. 그러니까 성령은 우리를 하나가 되게 합니다. 지역도 인종도 남녀노소를 넘어서서 다 하나가 되게 하는 영이 성령이십니다. 그래서 진정으로 예수 그리스도를 믿으면 단 한 마디로 모두가 하나가 되는 것입니다. 서로 만나서 '당신도 그리스도인이십니까? 나도 예수를 믿습니다.' 그러면 그 순간부터 예수 그리스도 안에서 형제자매가 되는 것입니다. 몰랐던 사람도 그 고백 하나로 형제자매가 되는 것입니다.

지금 우리는 정말 그렇게 살고 있습니까? 성령의 충만함을 받은 사람들은 그렇습니다.

성령의 충만함을 받는 것을 너무 저 먼 데서 찾지 마십시오. 성경말씀을 보면 성령의 충만함을 받으면 삶 속에 능력으로 나타나게 되어 있는 것입니다. 생수가 강같이 넘쳐나리라고 하신 말씀처럼 성령의 능력이 삶 가운데 넘쳐나게 되어 있는 것입니다. 우리 모두는 그런 성령의 충만함을 받은 사람들이 되어야 합니다. 우리의 가정이, 우리의 사업체가, 우리의 모든삶 속에 그런 성령의 충만함을 받아 그 능력으로 번성하기를 바랍니다.

바로 이런 모든 것의 중심에 예수 그리스도의 십자가 있다는 것을 잊지 말아야 합니다. 십자가의 능력이 이 모든 것을 이해하게 하는 것이고, 그 앞에 나가게 하는 것이며, 그렇게 충만하게 하는 것입니다. 그래서 오늘 성경 말씀 그대로 '사도들이 성령의 권능을 입어서 하나님의 말씀을 담대히 증거했더니 많은 사람들이 은혜를 입더라' 고 했고, 변화된 삶이 나타났다고 했는데, 우리도 성령이 충만해서 하나님의 말씀을 듣고 읽을 때마다 은혜가 충만해서 가정이 변화되고, 교회가 더욱 은혜가 넘쳐나게 되고, 그래서 우리가 살아가는 이웃과 사회에 좋은 영향력을 끼칠 수 있는 그런 교회가 되기를 간절히 바랍니다.

십자가와 영에 속한 사람

영의 일을 좇는 신령한 사람들로 살아가야 합니다. 성령께서 우리를 인도하실 때 거기에 전적으로 순종하는 삶을 살아가야 합니다. 더 나아가서 실제적으로 우리의 삶 가운데 믿음의 열매를 풍성하게 맺는 삶을 살아가야 합니다. 우리의 삶을 통하여 하나님께 영광을 돌리는 삶을 살아가야 합니다.

"또 그리스도께서 너희 안에 계시면
몸은 죄로 말미암아 죽은 것이나 영은 의로 말미암아 살아 있는 것이니라"

9

십자가와 영에 속한 사람

로마서 8:1-17

고린도전서에 보면 사도 바울은 우리 사람의 상태를 셋으로 나누어서 설명하고 있습니다. '육에 속한 사람'(프쉬키코스), '신령한 사람'(프뉴마티코스), '육신에 속한 사람'(사르키노스)입니다.

개역개정판 성경을 읽으면 이런 구분을 명확하게 이해하기가 그리 쉽지 않습니다. 그래서 어린이들도 읽을 수 있는 영어 성경을 보았더니 '육에 속한 사람'은 '아직 그리스도인이 아닌 사람not christian이라고 번역을 했습니다. '신령한 사람'은 '아주 성숙한 크리스천full grown christian' 이라고 번역을 했습니다. 그리고 '육신에 속한 사람'은 예수 그리스도를 믿어 구원을 받기는 했지만 아직 그 상태가 마치 '어린 아기와 같은 크리스천baby christian' 이라고 번역을 했습니다. 이런 번역이 우리가 읽고 있는 개역개정판성경보다는 더 빨리 이해가 가고 공감이 갔습니다. 표준새번역 성경에도 보면 고린도전서 2장 14-15절에 나오는 '육에 속한 사람'을 자연에 속한 사람이라고 번역을 하고 있습니다.

사도 바울의 이런 구분은 예수를 믿는 사람도 두 부류의 사람들이 있다는 것입니다. 아주 신령한 사람, 다시 말하면 영에 속한 사람들이 있고, 또 다른 한 부류는 예수를 믿어 구원을 얻기는 했는데 여전히 어린아이와 같은 상태에 있는 사람들입니다.

로마서 8장 5절에는 '육신을 따르는 자' 라는 표현이 나오는데, 육신에 속한 생각은 하나님께 품는 적대감이라고 말하면서 그것은 하나님의 법을 따르지 않으며, 또 복종할 수도 없다고 말합니다(롬8:7). 이런 구절들에는 사도 바울의 독특한 생각과 단어의 사용법이 숨어 있습니다. 사도 바울은 사람을 지칭할 때 몸 혹은 육과 육신 혹은 육체라는 표현을 하고 있습니다. 몸과 육을 의미할 때의 소마라는 헬라어 단어를 사용하고 있는데, 그 의미는 자연적인 우리의 몸 전체body를 의미합니다. 육신 혹은 육체라고 할 때에는 '사르크스' 라는 단어를 사용하는데, 그 의미는 죄와 관련되어 '죄의 자리' 의 의미로 사용합니다. 그래서 육신flesh을 따르는 자를 헬라어로 '사르키노스'

라고 부르고 있습니다.

성경은 모든 아담의 범죄함으로 인해서 전적으로 타락했다고 말합니다. 타락한 본성을 가지고 있는 상태를 육신에 속했다고 말합니다. 다시 한 번 강조하지만, 이런 자들은 하나님께 적대감을 품고 있어 결코 율법을 따를 수도 없고, 그것을 완전하게 행할 수도 없다고 말합니다. 왜냐하면 전적으로 타락한 본성을 따르고 있기 때문입니다.

그러나 영에 속한 사람은 이와 전혀 다릅니다. 영에 속한 사람들은 예수 그리스도를 믿어서 거듭났기 때문에 그리스도의 영, 성령을 받은 사람들이어서 하나님의 말씀을 온전하게 따르며, 또한 영을 분별하면서 살아갈 수 있게 되었다는 것입니다.

로마서 8장 1절에서 2절은 우리가 너무나 잘 알고 있는 말씀입니다.

"그러므로 그리스도 예수 안에 있는 사람들은 정죄를 받지 않습니다. 그것은, 그리스도 예수 안에서 생명을 누리게 하는 성령의 법이 당신을 죄와 죽음의 법에서 해방하여 주었기 때문입니다."

이 구절에 보면 생명의 성령의 법과 죄와 사망의 법을 대비하여 설명하고 있습니다. 이 세상에는 죄와 사망의 법의 지배를 받고 살아가는 사람들이 있고, 반대로 생명의 성령의 법의 지배를 받고 살아가는 사람들이 있는데,

이 갈림길이 바로 예수 그리스도를 믿는가 아니면 믿지 않는가입니다. 즉, 죄와 사망의 법의 지배를 받으며 살아가느냐 아니면 하나님의 생명의 성령의 법을 따라서 살아가는가의 차이입니다. 이것은 이제 더 이상 정죄를 받지 않고 하나님께 의롭다 여김을 받으며 하나님의 양자가 되어 하나님의 자녀이자 상속자로 살아가느냐의 문제입니다.

여기서 가장 중요한 것은 '그리스도 예수 안에 있는 자' 입니다. 믿음으로 예수 그리스도와 함께 한 자에게는 결코 정죄함이 없다는 것입니다. 이것이 예수 그리스도를 믿는 사람들의 특권입니다. 예수 그리스도를 믿고 주님으로 영접함으로써 하나님의 자녀가 되는 권세를 가지게 되었다는 것입니다. 예전에는 죄의 지배를 받게 됨으로서 '왜 이렇게 나는 힘들지?', '왜 이렇게 나는 소망이 없지?' 이렇게 괴로워하면서 살아가고 있었으나, 이제는 예수 그리스도를 믿음으로써 이 세상의 어떤 사람도 우리를 죄인이라고 정죄할 수 없고, 이제는 거기서 해방된 하나님의 자녀로서 영원한 생명의 소망을 바라보면서 살아갈 수 있게 되었다는 것입니다. 이것이 얼마나 복된 말씀입니까? 뿐만 아니라 우리에게는 영원한 소망이 있게 되었습니다.

그런데, 놓쳐서는 안 될 것이 있습니다. 오늘 사도 바울의 말씀을 가만히 생각해 보면 우리에게 문제가 전혀 없는 것이 아니라는 것입니다. 분명히 우리를 비난하는 존재들이 있습니다. 참소하고, 거짓증언하고, 유혹하고, 시험하는 존재들이 분명히 있습니다. 하지만, 이런 문제들이 예수 그리스도 안에 있을 때 더 이상 문제가 될 수 없다는 것입니다. 예수 그리스도를 믿음으로써 사탄의 모든 비난과 참소와 유혹과 시험을 물리쳤다는 것입니다.

죄를 짓는 문제를 생각해 봅시다. 우리가 예수 그리스도를 믿어 구원을 받았다고 해서 정말 하나님처럼 완전하고 거룩하고 전혀 죄를 짓지 않고 살아가는가 하는 문제입니다. 물론 그렇지 않습니다. 여전히 우리는 죄를 지을 수밖에 없는 연약한 존재들입니다. 그런데 이제는 정죄함이 없다는 것입니다. 그 죄가 우리를 지배할 수 없다는 것입니다. 왜 그렇습니까? 우리가 그럴 때마다 예수 그리스도의 십자가의 공로를 힘입어서 하나님 아버지 앞에 회개하고 기도하면 죄를 씻음 받고 정결하게 되기 때문입니다. 우리가 잘 알고 있는 요한일서 1장 9절 말씀을 봅시다.

"우리가 우리 죄를 자백하면, 하나님은 신실하시고 의로우신 분이셔서, 우리 죄를 용서하시고, 모든 불의에서 우리를 깨끗하게 해주실 것입니다."(요일1:9)

이 말씀에 보면 하나님은 신실하시고 의로운 분이시라고 했습니다. 그래서 약속을 지켜주시는 분이십니다. 그 약속은 예수 그리스도의 이름을 의지해서 우리의 죄를 있는 그대로 자백하면 우리의 죄를 용서하시고 모든 불의에서 우리를 깨끗하게 해 주실 것이라는 약속입니다. 이런 약속에 대한 믿음이 있기 때문에 비록 지금 우리가 연약하여 또다시 죄를 지을 때가 있고, 허물이 있을 때가 있고, 때로는 실수를 할 때가 있지만, 우리는 그럴 때마다 예수 그리스도의십자가의 공로를 의지함으로 새로운 존재로 매일 매일 거듭난 삶을 살아갈 수가 있다는 것입니다. 또한 성령의 능력을 힘입어 매일 매순간 성결한 삶을 살아갈 수 있다는 것입니다.

다음으로 고난의 문제에 대해서 생각해 봅시다. 예수 그리스도를 믿어 구원을 받았다고 하지만, 우리가 이 세상을 살아갈 때에 여전히 고난이 있는 것이 사실입니다. 그것은 질병의 고난, 가난의 고난, 재난과 같은 고난, 그리고 죽음이라는 고난이며, 모든 인간은 이런 것들을 절대로 피해 갈 수 없는 존재라는 것을 알고 있습니다. 그러나, 이제는 그런 것으로 인해서 실망하거나 좌절하거나 절망하지 않는다는 것입니다. 왜 그럴까요? 장차 예수 그리스도께서 다시 오실 때에 우리는 그 영광스러운 모습을 볼 뿐만 아니라 우리 스스로가 그렇게 영광스러운 존재로 변화될 것을 알고 있기 때문입니다.

우리가 예수 그리스도를 믿을 때 하나님이 자녀가 되는 권세, 즉 특권이 있다고 말에는 이런 의미들이 담겨 있는 것입니다. 여러분은 이런 특권을 가진 하나님의 자녀들입니다.

그러면 이제부터 이런 권세와 특권을 가진 자로서 거기에 부합하며 살아가려면 무엇이 필요한 것일까요? 그런 특권을 가진 존재로서 살아가기 위해서는 무엇이 필요할까요? 한 마디로 그리스도 예수 안에 있는 생명의 성령의 법을 힘입어 살아가는 사람들이 되어야 한다는 것입니다. 그러려면 항상 우리는 우리의 마음을 살펴보아야 합니다. 내가 육신의 일을 지금 따르고 있는가 아니면 신령한 영의 일을 따르고 있는지를 항상 살펴보아야 합니다. 내 마음의 중심이 어디에 있는가 하는 것입니다.

6절에 보면 육신의 생각은 죽음이라고 분명히 말합니다. 또 이 육신의 생각은 하나님과 원수 될 수밖에 없고, 그것을 통해서는 하나님을 기쁘시게 할 수 없다고 7절, 8절에서 연속적으로 말합니다. 그러니까 다시 한 번 강조하지만, 우리는 자신의 마음 상태를 항상 살펴보아야 합니다. 내가 무엇을 따르고 있는가? 무엇을 바라고 있는가? 이것을 항상 분별할 수 있어야 합니다. 종종 우리는 나는 신앙생활을 열심히 하고 있고, 영적인 것을 잘 따르고 있는 것 같은데, 실제로는 그렇지 않을 때가 있습니다. 왜 그럴까요? 분별력을 잃기 때문입니다.

그러면 무엇으로 분별해야 할까요? 바로 하나님의 말씀입니다. 우리는 하나님의 말씀을 내 마음판에 새겨서 그 말씀 안에 굳게 서 있을 때에만 세상적인 것을 구분할 수 있고, 육신의 일들을 구분할 수 있습니다.

성경을 읽다 보면 우리의 마음 상태와 성품과 관련된 이야기를 참 많이 하고 있는 것을 발견하게 됩니다. 예를 들어 보면 시기하지 말라, 질투하지 말라, 분을 내지 말라, 간음하지 말라, 불평불만하지 말라, 수군수군대지 말라, 누구에 대해서 거짓증거하지 말라, 덕을 세워라, 은혜를 끼쳐라, 가능하면 좋은 말을 해라, 입술을 조심해라 등등이 그런 내용들입니다. 그렇지 않습니까?

그런데 우리는 성경을 읽을 때 자꾸만 어떤 공로를 세우고, 성공을 하고 무엇을 이루고, 어떤 일을 성취하고자 하는 관점을 가지고 그에 대한 답을 찾으려고 성경을 읽으려고 하는 습성이 있습니다. 이렇게 성경을 읽다 보면, 결국 육신을 좇게 된다는 것입니다. 하나님 앞에서 구해야 할 것은 세상적인 것들이 아닙니다. 그러한 것들은 우리가 이 세상을 살아갈 때 필요한 것들인 것은 분명합니다. 그래서 하나님은 그것을 이미 알고 계셔서 미리 준비해 주셨습니다. 우리가 살아가는 환경을 주셨습니다. 그래서 주님께서도 기도에 대해서 가르쳐 주시면서 일용할 양식, 그날그날 살아갈 때 필요한 것을 구하라고 하셨습니다.

그러나, 이런 것들은 우리에게 필요한 것은 분명하지만, 궁극적인 것은 아닙니다. 우리가 하나님 앞에서 기도를 할 때에는 이런 것들보다 더 뛰어난 것들을 구해야 합니다. 골로새서는 무엇이라고 말씀합니까? 위의 것을 찾으라고 말합니다. 땅의 것은 죽이라고 말합니다. 주님께서도 먼저 하나님의 나라와 그 의를 구하라고 하셨습니다. 그런데 우리는 우리도 모르게 성경을 읽을 때에도 땅의 것을 구하며 읽는 습성들이 있습니다. 그래서 그 말씀이 우리의 영과 혼과 육과 골수까지도 다 쪼개고도 남음이 있고 그 말씀 앞에서 우리의 생각의 모든 것까지도 다 판단하신다고 했는데, 그렇게 나를 드러내고 나를 살펴보기 보다는 세상적인 목적을 가지고 읽다보니 자신도 모르게 육신을 따르게 되는 경우가 많은 것입니다. 그럴 때 내 성품은 변화지 않습니다. 내 윤리도덕성은 변하지 않습니다. 나의 가치관이나 인생관이 변하지 않습니다. 나의 존재 자체에 새로움이 경험되지 않습니다. 그럴 때 신앙의 기쁨을 누릴 수 없습니다. 그러기에 우리는 무엇을 좇고 있는가를 잘 살펴보아야 합니다. 그런 의미에서 사도 바울은 그리스도의 영을 소유한 자가 그리스도인이라고 말하고 있습니다.

그리스도의 영이라고 하면, 먼저 성령을 의미할 수도 있겠지만, 여기서는 그리스도와 같은 마음, 생각, 정신, 말 그대로 그 영을 소유한 자가 되어야 한다는 것입니다. 이미 여러 번 말씀을 나누었지만, 우리를 그리스도인이라고 부릅니다. 예수 그리스도를 주님으로 믿을 뿐만이 아니라 삶의 모델로 여기고 그분의 가르침을 따라 그분을 그대로 닮아가는 사람들이라는 뜻입니다. 예수 그리스도 자체가 우리의 삶의 목표이며, 동시에 예수 그리스도처럼 닮아가는 것이 우리의 삶의 목표라는 의미입니다.

그리스도인, 혹은 크리스천이라는 이름은 안디옥교회의 교인들의 모습이 너무나 예수님의 모습과 닮았기 때문에 붙여진 이름이라는 것을 누구나 알고 있습니다. 그러기에 자기 자신을 살펴보아야 합니다. '내가 예수님을 닮고 있는가?' '내가 얼마나 예수 그리스도의 정신, 예수 그리스도의 영을 소유하고 살아가는가?'

하나님께서는 생명의 성령의 법을 따라 살아가는 사람들에게 큰 은혜를 두 가지를 주셨다고 성경은 말씀합니다. 첫째는 생명입니다.

"또한 그리스도께서 여러분 안에 살아 계시면, 여러분의 몸은 죄 때문에 예수 그리스도 안에 있으면 생명을 얻습니다. 영원한 생명을 얻습니다. 여러분이 외우시는 요한복음 3장 16절도 하나님을 그렇게 사랑하셔서 예수님을 이 세상에 보내신 것은 무엇을 얻게 하려 는 것이라고 말씀하고 있습니까? 영원한 생명을 얻게 하려는 것이라고 말씀합니다. 계속 읽어 가면 영생, 생명이라는 단어가 계속 나옵니다. 우리가 예수 그리스도를 믿는 순간 우리에게 주어진 첫 째 은혜가 바로 생명을 얻었다는 것입니다.

죄를 지음으로서는 육신적으로만 죽는 것이 아니라 영적으로도 죽게 되어 예수를 믿지 않으면 영원히 멸망하는 것이라고 성경은 말씀하고 있습니다. 죽음은 세 차원이 있습니다. 영적인 죽음이 있고, 육적이 죽음이 있고, 완전한 소멸하는 멸망이 있습니다. 예수 그리스도를 믿을 때는 육적으로 죽는 것 같으나 영으로는 생명을 얻는다는 것입니다. 이것이 우리에게 있는 첫 번째 은혜로 주어진 것입니다. 그래서 요한복음 17장 3절은 영생에 대해서 다음과 같이 말씀하고 있습니다.

“영생은 오직 한 분이신 참 하나님을 알고, 또 아버지께서 보내신 예수 그리스도를 아는 것입니다.”

생명의 성령의 법을 따라 살아가는 사람에게 주신 두 번째 은혜는 양자의 영을 받았다는 것입니다. 로마서 8장 15절은 이렇게 이야기합니다.

한 번 잘 생각해 보세요. 우리가 예수 그리스도를 믿음으로서 하나님의 자녀가 되었다는 것입니다. 그래서 예수 그리스도 독생자 예수 그리스도와 동일하게 하나님의 상속자가 되었다는 것입니다. 또한 하나님을 향해서 종처럼 무서워 벌벌 떨면서 하나님 앞에 서는 자가 아니라 아들로서 당당하게 서게 되었다는 것입니다. 이것은 아버지와 아들에 관한 유대인의 개념을 이해하면 쉽게 이해가 갑니다. 유대인들은 아버지와 맏아들은 동격의 개념으로 이해합니다. 왜냐하면 아버지의 모든 것을 상속해서 이어갈 사람이기 때문입니다.

요한복음을 읽어보면, 예수님께서 스스로 하나님을 향하여 나의 아버지라고 불렀던 것이 유대인들에게는 분노를 일으켰다는 알게 됩니다. 왜 분노를 일으켰습니까? 유대인의 개념에는 하나님을 향해서 개인적으로 아버지라고 부르는 것은 하나님과 내가 동격이라고 말하는 것이기 때문에 예수님께서 하나님을 향해 아버지라고 부르는 것이 신성모독으로 생각되었던 것입니다. 그래서 바리새인들과 서기관들과 사두개인들과 그 당시 장로들만이 아니라 군중들이 예수님을 행해 분노를 하게 되었던 것입니다. 바로 그 개념이 지금 사도 바울이 '하나님의 자녀가 되었습니다' 라고 하는 말에 담겨져 있는 것입니다.

우리가 하나님의 자녀가 되고, 예수 그리스도와 동등한 하나님의 상속자가 되었다는 것은 매우 큰 선언입니다. 정말로큰 축복이요 은혜입니다. 하나님의 자녀가 되었기 때문에 이제는 하나님의 영으로 인도함을 받습니다. 성령의 인도함을 받으며 살아가는 하나님의 자녀가 되었다는 것입니다. 또한 우리가 다시는 무서워하는 종의 영을 받지 아니하였고 하나님을 향해서 두려워하는 마음이 아니라 사랑하고 친근하고 우리에게 축복해 주시는 분인 것을 믿고 나아갈 수 있게 되었다는 것입니다. 히브리서는 예수 그리스도를 힘입어서 담대하게 하나님께 나아가게 되었다고 설명하고 있습니다. 또 이 영은 우리가 하나님의 자녀인 것을 스스로 증거한다고 했습니다. 로마서 8장 16절을 읽어보면 이렇습니다.

여기 보면 성령께서 증언해 주신다고 말씀합니다. 내 영과 더불어 나는 하나님의 자녀다 이런 확신을 갖게 할 뿐만이 아니라 담대하게 세상을 향해 나아갈 때 그렇게 살아갈 수 있도록 도와주시는 분이시라는 것입니다. 그러기에 오늘 설교말씀 제목처럼 예수 그리스도의 십자가의 공로를 힘입어서 예수님께서 나를 위해서 대속의 죽음을 죽으셨다는 것, 그리고 사망 권세를 이기시고 부활하셔서 지금도 우리와 함께 하시는 우리 주님이 되셨다는 것을 그대로 믿고 영접한 그리스도인이 되었을 때, 우리는 성령의 충만함으로 살아가면서 동시에 이런 것을 구분하며 살아갈 수 있는 능력을 갖추게 되었다는 것입니다.

고린도전서 2장 13절에 보면 이런 말씀이 있습니다.

이 말씀이 무슨 뜻인가 하면 신령한 일은 신령한 것끼리 통한다는 것입니다. 여러분이 성령을 받은 한 교회의 신앙공동체, 예수 그리스도의 몸된 지체로 살아갈 때에는 서로 통하게 되어 있다는 것입니다. 성령 안에서 서로 교통한다는 의미입니다. 우리는 이제 성령 안에서 서로 교통하고 있는 것입니다. 그리고 신령한 것을 신령한 것으로 서로 구분하고 설명할 수 있는 것입니다. 그러니까 여러분, 예수 그리스도를 참답게 믿고 성령 충만하게 되면 서로 이심전심처럼 통하게 되어 있구요, 마음이 하나가 되구요, 한 목적을 향해서 나가게 되어 있는 것입니다. 그런데 왜 고민이 자꾸 생기는가? 결국은 우리가 성령의 지배를 받지 못하기 때문입니다. 그래서 분별력을 갖지 못하기 때문에 고민이 생깁니다.

우리의 영이 부활하신 주님의 영과 연합되는 순간 성령의 충만함으로 인해서 우리의 모든 영과 감각과 기능이 새롭게 됩니다. 에스겔은 그것을 새 마음과 새 영이라고 표현했습니다. 심령으로 새롭게 되어 새사람을 입으라고 사도 바울은 에베소서에서 말씀했습니다. 새롭게 된 사람은 이런 영적인 것을 항상 구분하며 살아갈 수 있는 능력을 이미 소유하고 있는 것입니다. 심지어는 우리 지성조차도 우리의 지적인 능력조차도 변화되어서 하나님의 선하시고 기뻐하시고 온전하신 뜻이 무엇인지 분별하면서 살아가게 되는 것입니다. 여러분이 그러한 삶을 살기를 간절히 바랍니다.

그러면 어떻게 그렇게 살아갈 수 있을까요? 여기에 성령을 좇아 살아가는 몇 가지 원리를 깨닫게 됩니다. 첫째는 여러분은 성령의 일을 마음에 두어야 합니다. 앞에서 마음 이야기를 했습니다. 마음을 살피라고 했습니다. 5,6절을 같이 읽어봅시다.

"육신을 따라 사는 사람은 육신에 속한 것을 생각하나, 성령을 따라 사는 사람은 성령에 속한 것을 생각합니다. 육신에 속한 생각은 죽음입니다. 그러나 성령에 속한 생각은 생명과 평화입니다."

우리는 성령의 일을 항상 마음에 두고, 성령께서 인도하시는 것을 좇아 살려고 해야 합니다. 내 마음 속에 항상 성령의 일을 가득 담아두어야 합니다. 성령의 인도하심이 있을 때 순종해야 합니다. 로마서 8장 14절을 같이 읽어봅시다.

"하나님의 영으로 인도함을 받는 사람은, 누구나 다 하나님의 자녀입니다."

자녀가 부모의 말을 따르게 되어 있습니까? 따르지 않게 되어 있습니까?

따르지요? 못된 자녀가 따르지 않는 것 같지만, 나중에 철들면 그때 부모님 말씀이 맞다고 하지 않습니까? 그렇지요? 자녀는 부모에게 순종하게 되어 있습니다. 자녀가 아닐 때에는 상관이 없습니다. 그런데 자녀는 불순종하고 거역하고 반역한 것 같은데, 철이 들게 되면 꼬옥 부모를 인정하게 되어 있습니다. 내가 그때 부모의 속을 많이 썩였지……그때 내가 순종해야 했는데……이렇게 인정하게 되어 있습니다. 그러니까 성령께서 우리를 인도하실 때 우리는 순종해야 합니다.

나를 감동시킬 때, 나를 어느 쪽으로 이끄실 때 나를 절제하게 하실 때, 어떤 것을 확신하게 하실 때, 내적인 어떤 증거를 불러일으켜 주실 때, 그럴 때 그것에 다 순종해야 합니다. 찬양 부를 때에도 사실은 속에서 일어나는 감동이 있습니다. 그런데 두 종류의 사람들이 있는데, 지금 내가 체면 불구하고 정말 박수치면서 흥겹게 찬양을 할까 말까 하고 고민을 하는 사람들이 있습니다. 분명히 감동이 일어나게 되어 있거든요. 중요한 것은 그 감동에 순종해 가느냐 아니냐 하는 것입니다. 순종하지 않으려고 막 억제하는 순간 왜 저래? 이런 비판이 일어나는 것입니다. 평가적으로 대하게 됩니다. 그 순간 성령의 역사가 제한되게 됩니다. 사라지게 됩니다. 냉냉한 사람이 되는 것입니다.

신앙생활에는 감동이 있습니다. 열정도 있습니다. 열정 없이 어떻게 봉사를 하고 헌신을 하고 선교하고 전도를 하겠습니까? 어떻게 하나님께 전심으로 예배를 드리겠습니까? 예수를 알지 못하는 사람들이 처음에 예배에 참석할 때의 모습을 보십시오. 몸을 비비꼽니다. 집중을 못합니다. 읽지도 않으면서 찬송가나 성경책의 책장을 이리저리 넘깁니다. 설교말씀을 들으려고 집중을 해야 하는데 왜 자꾸 책장을 넘기고 있을까요? 지루하고 생각이 흩어져 있는 것입니다.

그래서 이단들이 종종 교회에 가만히 숨어들어 와서 예배를 방해하는 방법도 그와 같습니다. 자꾸 책장을 넘겨서 바스락 바스락 소음을 냅니다. 찬양하는 시간에도 절대로 함께 하지 않습니다. 분위기를 흐리고 맥 빠지게하는 것이지요. 그런데 영적인 흐름이라는 것은 참 민감해서 그런 방해를받기 시작하면 앞에 선 교역자들의 마음이 흔들립니다. 그러면 그 영향이회중에게 미치게 됩니다. 이단들은 바로 그것을 노리는 것입니다. 성령의감동하심과 우리의 열정을 깨뜨리려고 하는 시도들인 것입니다. 그러기에신앙생활에서는 절대로 열정과 감동함을 잊지 말아야 합니다. 성령께서 충만하게 역사하실 때 온전히 순종해야 하는 것입니다.

영적인 생명을 삶의 모습으로 나타내야 합니다. 요한복음 7장 38절 39절에 보면 예수님께서 친히 다음과 같이 말씀하셨습니다.

"나를 믿는 자는 성경에 이름과 같이 그 배에서 생수가 흘러나리라 하시니 이는 그를 믿는 자의 받을 성령을 가리켜 말씀하신 것이라."

성령을 충만이 받으면 흘러넘치게 되어 있습니다. 갈릴리 호수와 사해의차이가 무엇입니까? 사해는 죽은 바다입니다. 생명이 살 수가 없습니다. 광물질이나 지하자원은 풍부할지 모르지만, 생명이 살 수 없습니다. 갈릴리 호수는 생명이 풍부합니다. 물고기도 많습니다. 그러면 갈릴리 호수와 사해가 이렇게 다른 이유는 무엇일까요? 갈릴리 호수는 저 북쪽의 헐몬 산 꼭대기의 만년설이 녹아서 흘러내려오는 물을 받아서 어느 정도 차면 아래로 다시 흘려 내려 보냅니다. 갈릴리 호수에서 흘러내린 물이 고인 곳이 바로 사해입니다. 그런데 사해는 바다보다도 낮은 곳이기 때문에 물이 더 이상 흘러내려갈 수가 없습니다. 고이기만 하는 것이지요. 그러면서 물이 자꾸 증발되어 염도가 농축되어서 사해, 즉 죽은 바다가 된 것입니다.

살아 있는 생명은 충만해짐으로써 흘러넘치게 되어 있습니다, 그런데 나쁜 것을 흘려 내보는 것이 아니라, 좋은 것을 흘려보내는 것입니다. 성령의 충만함을 받게 되면 사람에 대한 말도, 그 사람에 대한 태도도, 그 사람에 대한 행동도, 모든 좋은 것이 흘러 나가게 되어 있습니다. 영적인 것이 흘러 나가게 되어 있는 것입니다. 흘러 들어온 것이 있으면 또한 흘러 내보낼 줄 아는 것입니다.

여러분, 베드로가 성령 충만을 받았을 때, 제일 먼저 한 일이 무엇입니까? 담대하게 예수 그리스도를 전한 것입니다. 이것은 다른 제자들도 마찬가지입니다. 성령의 충만함을 받지 못했을 때에는 집 문을 안에서 걸어 잠그고 무서워 숨서 있었던 사람들이었지만, 성령이 충만함을 받았을 때, 열심을 가지고 담대하게 예수 그리스도를 전했습니다. 그래서 결과적으로 영적 전쟁에서 승리하게 되는 것입니다. 내 감정, 내 생각, 내 의지, 마음, 내 육체를 다스려 성령의 인도하심에 순종함으로서 승리를 향해 나아갈 수 있게 되는 것입니다.

그러면 우리가 이런 질문을 하게 됩니다. 영의 인도함을 받는다고 했는데, 그러면 그런 것을 어떻게 알 수 있는가? 하는 것입니다. 그런데 이것에 대해서 복잡하게 생각할 필요가 없습니다. 영성은 결국 하나님의 성품을 닮아가는 것입니다. 하나님이 어떤 분이시라는 것을 알고 있는 사람이라면 내가 영적인 삶을 살아가고 있는지 아닌지를 알 수 있습니다. 왜냐하면 이제 하나님의 자녀가 되었기 때문입니다. 예수 그리스도를 알고 있는 사람은 내가 어떤 삶을 살아가고 있는지를 벌써 알게 되어 있습니다. 왜냐하면 이제 예수 그리스도를 닮아가고자 하는 예수 그리스도의 제자가 되었기 때문입니다.

하나님은 영이시고, 거룩하시고, 사랑이시고, 공의로우시고, 긍휼이 많으시고, 인자하시고, 오래 참으시는 좋으신 하나님이십니다. 그 하나님의 성품을 아는 사람은 그러한 성품을 닮아가도록 되어 있는 것이고, 성령께서 그렇게 인도해 가시는 것입니다. 그래서 사도 바울은 성령의 열매에 대해서 말씀하고 있지 않습니까? 갈라디아서에서 성령의 열매를 무엇이라고 말하고 있습니까? 사랑과 희락과 화평과 오래 참음과 자비와 양선과 충성과 온유와 절제라고 했습니다. 아홉 가지 열매입니다. 여기에 여러분이 모르는 단어가 있습니까? 성령이 충만함을 받은 사람, 성령의 인도함을 받고 살아가는 사람은 이런 것이 삶 가운데 열매로 나타나게 되어 있다는 것입니다. 다른 것을 구하려고 하지 마세요.

먼저 그것이 나의 삶 속에 나타나야 합니다. 에베소서를 읽다가 보면 빛의 열매가 나옵니다. 모든 선함과 의로움과 진실함입니다. 그러니까 성령

충만하고 그 영에 신령한 사람, 다시 말하면 성숙한 그리스도인들의 삶의 모습이 무엇인가는 핑계할 수 없이 성경에 분명하게 제시되어 있습니다. 그러니까 우리는 다른 사람이 어떤 삶의 모습에 대해서 말하기 전에 내가 과연 그렇게 신령한 자로 살아가고 있는가를 항상 살펴보아야 합니다.

또 하나 아주 중요한 말씀이 있습니다. 로마서 8장 17절 말씀입니다.

"자녀이면 상속자이기도 합니다. 우리가 그리스도와 함께 영광을 받으려고 그와 함께 고난을 받으면, 우리는 하나님이 정하신 상속자요, 그리스도와 더불어 공동 상속자입니다."

성령의 열매를 이야기하고 빛의 열매를 이야기 했는데, 열매를 맺으려면 인고의 세월이 필요합니다. 곡식을 맺으려면 고난의 기간이 있어야 합니다. 참는 기간이 있어야 합니다. 시편 126편의 말씀처럼 눈물을 흘리며 씨를 뿌리는 자는 반드시 기쁨으로 그 단을 거둘 것이라고 말씀했습니다. 갈라디아서는 선을 행하되 낙심하지 말지니 때가 되면 거두리라 그랬습니다. 여러분, 열매를 맺으려면 고난의 기간이 있어야 합니다. 오래 참는 기간이 있어야 합니다. 성령의 열매도 마찬가지입니다. 우리가 이런 성령의 열매를 맺으며 살아가려고 하면 신령한 자로 살아가려고 하면 반드시 당하는 고난이 있습니다. 때로는 비난을 받기도 합니다.

어떻게 보면 손해를 보는 것처럼 느낄 때도 있습니다. 시편 기자의 호소처럼 하나님을 알지 못하는 악한 자들이 번성하는 것처럼 보일 때도 있습니다. 의롭게 살아가려는 사람들은 오히려 더 힘든 것처럼 보이기도 합니다. 그럴 때 많은 사람들이 낙심하고 실족합니다. 절망합니다. 어떨 때는 신앙조차도 버립니다.

그러나 속지 말라는 것입니다. 때가 이르면 반드시 열매를 거두게 되어 있습니다. 신앙생활도 마찬가지입니다. 우리가 이 세상에서 믿음을 가지고 살아가는 것도 같은 원리입니다. 하나님을 믿음을 가지고 의롭게 살아가기가 쉽지 않은 세상입니다. 믿음을 지키며 살아가기가 쉽지 않습니다. 심지어는 누가 나한테 뭐라고 말하면 그것을 참고 견디기가 그렇게 쉽지 않을 때가 있습니다. 그냥 쏴붙이고 싶고, 당한 것처럼 되갚아 주고 싶을 때가 있습니다. 하지만 성경말씀은 그렇게 하지 말라고 가르쳐줍니다. 왜 그럴까요? 화를 내는 것은 하나님의 의를 이룰 수 없기 때문입니다. 하나님께서는 우리에게 진정으로 복된 길을 가르쳐 주셨는데, 그것은 바로 원수까지도 사랑하라는 것입니다. 나를 핍박하는 자, 나를 저주하는 자를 위해서 오히려 축복하며 기도하라고 말씀하십니다. 그러면 하나님께서 갚아주실 것이라고 말씀하셨습니다.

예수 그리스도를 믿는 우리에게 하나님께서는 큰 은혜와 특권을 주셨습니다. 그러기에 우리는 그러한 은혜에 감사하며, 거기에 합당한 삶을 살아가야 합니다. 우리의 마음을 살펴서 육신을 일을 좇아가지 않도록 해야 합니다. 영의 일을 좇는 신령한 사람들로 살아가야 합니다. 성령께서 우리를 인도하실 때 거기에 전적으로 순종하는 삶을 살아가야 합니다. 더 나아가서 실제적으로 우리의 삶 가운데 믿음의 열매를 풍성하게 맺는 삶을 살아가야 합니다. 우리의 삶을 통하여 하나님께 영광을 돌리는 삶을 살아가야 합니다. 그것이 우리의 기쁨이요 복된 삶입니다. 우리에게 영원한 생명을 주시고, 하나님의 거룩한 자녀로, 상속자로 삼아주신 은혜에 감사하면서 어떤 역경과 고난을 만나더라도, 그것이 시험이든지 육신의 질병이든지 예수 그리스도 안에 있는 하나님의 사랑으로 넉넉히 이기며 승리하는 삶이 되기를 간절히 바랍니다.

The
Cross

십자가와 성령 충만, 그리고 그 열매

Ability -10

그리스도인은 예수 그리스도의 영과 그 정신을 가지고 살아가는 사람입니다. 육신을 따라 살아가고 육적인 것을 심는 사람들이 아니라 신령한 것을 심는 사람들이고 신령을 따라 살아가는 사람들입니다.

"내가 이르노니 너희는 성령을 따라 행하라
그리하면 육체의 욕심을 이루지 아니하리라"

십자가와 성령 충만, 그리고 그 열매

에베소서 5:17-18

성령과 관련된 단어로 구약성경에는 히브리어 '루아흐' 가 있습니다. 기본적으로 '영' 이라는 의미로 번역되지만, '바람' 과 같이 다양한 뜻으로 사용이 되기도 합니다. 신양성경에는 '프뉴마' 라는 헬라어 단어가 있습니다. 이것도 '영'이라는 뜻을 가지고 있습니다.

에스겔은 이미 오래전에 하나님의 영에 대해서 언급을 했습니다. 새 마음과 새 영에 대해서 말씀하고 있는데, 하나님께서 이 영을 허락하시면 사람들이 죄를 회개하고 그리고 마음이 부드러워져서 하나님의 말씀에 잘 순종하게 될 것이라고 했습니다. 이런 에스겔 선지자의 말씀을 통해서 보면 성령은 우리 사람들에게 죄를 깨닫게 하고, 그 다음에 완악했던 모든 불순종하는 마음들을 부드럽게 바꿔서 하나님을 잘 믿고 말씀에 순종하며 복받으며 살아가게 하는 그런 영이라는 것입니다.

그런데 신약성경은 이것을 조금 더 구체적으로 가르쳐주고 있습니다. 초대교회의 시작이 성령의 강림하심으로부터 시작되었습니다. 예수님께서 성령을 보내시겠다고 약속하셨는데, 그 약속을 믿고 120명의 제자들이 오순절에 열심히 성령의 강림하심을 위해서 기도를 했더니 정말 성령께서 강림하셨습니다. 그들이 그렇게 성령으로 충만했을 때 마음이 하나가 되고 열심히 전도를 하고 물건을 서로 통용하며 함께 모여 사도들의 가르침을 받아 교제하고 시와 찬송으로 서로 화답하고 기사와 표적을 행하였다고 했습니다. 처음 교인들이 성령의 충만하여 그렇게 생활하는 모습이 사람들에게 칭송을 받았다고 했습니다. 그 결과로서 주께서 예수 그리스도를 믿는 사람들, 구원받는 자의 수를 더하게 하셔서 예루살렘 교회가 점점 부흥하게 되었다고 이렇게 성경은 말씀하고 있습니다.

고린도전서 12장 13절에 보면 이런 말씀이 있습니다.

"우리는 유대 사람이든지 그리스 사람이든지, 종이든지 자유인이든지, 모두 한 성령으로 세례를 받아서 한 몸이 되었고, 또 모두 한 성령을 마시게 되었습니다."

이 말씀을 통해서 알 수 있듯이 신약성경은 예수 그리스도를 믿고 그 이름으로 세례를 받으면 누구나 주님을 영접한 자로서 성령을 받는다고 가르쳐주고 있습니다. 이것을 우리는 성령의 내주(內住)하심이라고 부릅니다. 우리가 예수님을 믿어서 구원을 받으면 성령이 '내 안에 함께 하신다' 는 뜻입니다. 같은 맥락으로 고린도전서 3장 16절은 이렇게 말씀합니다.

"여러분은 하나님의 성전이며, 하나님의 성령이 여러분 안에 거하신다는 것을 알지 못합니까?"

또한 고린도전서 6장 19절에서도 이렇게 말씀합니다.

"여러분의 몸은 여러분 안에 계신 성령의 성전이라는 것을 알지 못합니까? 여러분은 성령을 하나님으로부터 받아서 모시고 있습니다. 여러분은 여러분 자신의 것이 아닙니다."

그런데, 성령께서 내 안에 계신다는 것과 성령의 충만함을 받는다는 것은 같은 의미가 아니라는 것입니다. 즉, 성령께서 내주內住하신다고 하여서 자동적으로 성령이 충만한가 하면, 성경은 그렇게 말씀하고 있지 않다는 것입니다. 만약에 그렇다고 하면 '성령의 충만함을 받으라' (엡5:18)고 말씀하시지 않았을 것입니다. 여기서 우리는 이 구절의 문법적 구조를 살펴봄으로써 그 의미를 더욱 정확하게 알 수 있습니다.

'성령의 충만함을 받으라' 에서 '받으라' 는 헬라어 시제로 명령형이며, 수동태이고, 복수형으로 되어 있습니다. 그러므로 우선적으로 그 의미는 스스로가 아니라 어떤 힘에 의해서 그렇게 된다는 의미를 가지고 있습니다. 그런 의미로 사도 바울은 성령의 충만함을 받으라고 말씀하고 있는 것입니다. 그러니까 좀 더 구체적으로 우리가 해야 할 것에 초점을 두어 말한다면 '성령 충만하려고 해야 된다' 라는 것입니다. 그렇게 우리가 인격적으로 순종하고 따를 때 성령께서 우리 안에서 역사하신다는 것입니다. 그래서 초대 교회가 일곱 집사를 선택할 때도 보면 성령이 충만한 사람들이라고 표현하고 있습니다. 이것은 성령께서 인도하심을 따라 순종하고 열심히 따르는 사람들이라는 의미를 가지고 있습니다. 이렇게 성령의 충만함이라는 것은 자동적으로 되는 것이 아니라 내주하시는 성령께서 내 안에서 역사하실 때에 그것을 깨닫고 거기에 전적으로 의지하며 자신을 맡기며 살아가는 삶, 그런 것을 의미하고 있는 것입니다.

성령의 충만함을 받으라는 이 말은 하나님의 명령이기도 합니다. 성경은 예수님을 믿는 사람들은 단순히 예수를 믿고 구원받은 자라는 정도로 끝나는 것이 아니라 성령의 충만함을 받은 사람들이 되어야 한다고 요구하고 있는 것입니다. 그러니까 여러분, 예수 그리스도를 믿어 구원을 받은 사람들은 이 명령에 순종하여 성령의 충만함을 받아야 한다는 것입니다.

신앙에는 몇 가지 단계가 있습니다. 아주 초보적인 단계가 있습니다. 이것을 어린아이와 같은 신앙상태라고 성경은 말합니다. 히브리서에도 나오고 에베소서에도 나옵니다. '어린아이로 있어서'(엡4:14)라고 말할 때, 또는 '젖을 필요로 하는 사람'(히5:12, 13)의 단계를 말합니다. 이 단계는 어린아이처럼 연한 음식만 먹는 단계를 말하는데, 이제는 그러한 단계에서 벗어나서 성숙한 단계, 단단한 음식을 먹는 경지에 나아가라는 말씀이 에베소서 4장과 히브리서 6장에 있습니다.

그러니까 우리는 예수 그리스도를 믿기는 믿는데, 이 어린아이 상태가 짧으면 짧을수록 좋은 것입니다. 누구나 예수를 처음 믿으면 어린아이로 시작합니다. 영적인 어린아이입니다. 그런데 빨리 성장을 해야 합니다. 성장을 하려면 성령의 충만함을 받아야 합니다. 왜냐하면 성령의 역사하심을 따른다는 것의 의미가 바로 성숙성을 의미하기 때문입니다. 예수님에 대해서, 그 말씀에 대해서, 세상에 대해서, 또 심판에 대해서, 죄에 대해서 모든 진리를 잘 가르쳐 주시는 분이 성령이십니다. 그 가르침을 자꾸 받으면 어떻게 됩니까? 성장하게 되어 있습니다.

언젠가 밥을 먹으면서 티비를 보는데, 예전에 미처 끝까지 못 보았던 프로그램이 재방송되고 있었습니다. '세상에 이런 일이' 라는 프로그램이었는데, 어떤 부자가 정신적으로 조금 모자란 사람을 가두어 놓고 노예처럼 부리다가 고소당했다는 이야기였습니다. 장애자들의 권익을 위해서 일하는 사람들이 그 사람을 발견하고 구해서 치료를 받게 하는 과정의 이야기였는데, 그 뒤가 어떻게 되었는가 궁금해서 계속 보니까, 정신과 의사에게 치료받는 장면이 나왔습니다. 놀라운 것은 그 장애인이 육체적으로 이미 어른인데 정신 연령은 아직 어린아이였다는 것입니다. 동물원에 데리고 갔더니 호랑이를 보면서 "저거 개야?" 하고 물었습니다. 다 큰 어른이 마치 어린 아이처럼 호랑이를 보면서 '저게 뭐야? 개야?" 하고 묻는 것이었습니다. 사자를 보고 또' 저게 뭐야? 하면서 저것도 개냐고 물어보았습니다.

기린을 보더니 줄행랑을 쳤습니다. 무섭다고… 그러니까 이 사람의 지각 능력이 여섯 살 어린아이만도 못한 것이었습니다. 그때 정신과 의사가 하는 말이 그 사람이 그렇게 된 이유는 계속 새로운 정보를 배우면서 자극을 받아야 성장하는데, 갇혀 지내면서 자극을 받지 못해서 인지능력이 발달하지 못했다는 것이었습니다. 다른 사람처럼 똑같이 충분히 성장할 수 있는 사람인데, 갇혀 지내면서 그런 기회를 박탈당해서 성장하지 못했다는 것입니다. 그 이야기를 들으니까 갑자기 마음이 슬퍼졌습니다.

여기서 우리가 생각해야 하는 것은 영적으로도 성장하지 못하는 경우가 있을 수가 있다는 것입니다. 성령께서 우리에게 많은 것을 가르쳐 주시려고 원하시는데, 또 성경말씀 자체가 읽으면 읽을수록 많은 것을 배우게 되어 있는데, 그런 기회를 놓치면 영적으로 성장을 할 수 없다는 것입니다.

그러면 생각해 볼 것이 있습니다. 무엇이 우리를 그렇게 가두어놓을까요? 우리가 성장하도록 자극하는 것들을 방해하는 것이 무엇일까요? 혹시 스스로 그러한 자극을 차단하고 있는 것은 아닐까요? 성장하지 못하는 사람과 성장하는 사람과의 차이가 무엇인가 하면 자극에 호기심을 갖고 있는가 그렇지 않은가의 차이라는 것입니다.

자신의 내외적인 자극에 호기심을 해결하기 위해서 많은 노력을 하는 사람은 성장합니다. 시간도 들이고 투자도 하고 정성도 들이고 열정도 품습니다. 그런 사람들은 성장을 합니다. 그런데 아예 그런 자극조차 딱 차단해 버린 사람들은 성장을 하지 못합니다.

이런 자극의 차단은 타인에 의해서나 혹은 환경적인 어떤 외부의 힘에 의해서 일어날 수도 있습니다. 조금 전에 앞에서 제가 예로 든 티비에 나왔던 주인공은 타인에 의해서 차단된 사람이었습니다. 그런데, 스스로도 차단을 하는 사람들이 있습니다. 이런 경우가 요즘 현대인들에게 많이 나타나고 있는데, 특히 젊은층에 많이 나타나고 있습니다. 방 안에 탁 틀어박혀 가지고 티비와 인터넷만 봅니다. 컴퓨터 안에 갇혀 있는 것입니다. 방에서 나오려고 하지도 않습니다.

일본의 경우를 보면 '히키코모리' 라고 해서 그런 사람들이 백만 명이나 된다고 합니다. 20대 초반에 있는 청년들이 말입니다. 얼마나 안타까운 일입니까? 우리나라도 그런 청년들이 점점 늘어가고 있다고 합니다. 그런데, 이것이 영적으로 그럴 수 있다는 것입니다.

성경을 여러분이 가만히 읽어보면 그런 말씀이 얼마나 많은지 몰라요. 초보를 버리고 성장해 가라. 성숙의 경지로 나아가라. 검색을 해보면 성숙에 관한 책들이 굉장히 많습니다. 그리스도인의 성숙, 영적 성숙 뭐 이런 제목의 책들이 얼마나 많은지 모릅니다.

그렇다면 많은 사람들이 성숙함으로 나아가야 한다는 것을 알고 있지만, 그렇게 잘 되지 않는 이유는 무엇일까요? 그것은 성령충만하지 못해서 그런 것입니다.

또 '성령의 충만함을 받으라' 는 말씀은 현재형으로 되어 있습니다. 이것은 계속적인 상태,한 번으로 끝나는 것이 아니라 계속적으로 그래야 한다는 의미를 가지고 있습니다. 어떤 분들은 한 번 은혜를 받으면 끝났다고 하는 사람들이 있습니다. 그런데 그것은 잘못 이해하고 있는 것입니다. 그렇다면 성경말씀에 '성령을 소멸하지 마십시오' (살전5:19)라는 말씀이 나오지 않았을 것입니다. 만약에 성령의 충만함을 받는 것이 일회적인 것으로 끝나는 것이라면 이렇게 말씀하지 않았을 것입니다.

이것은 신앙생활을 오래 했다고 해서 내가 자동적으로 성령의 충만함을 받는다는 것도 아니라는 것입니다. 성령의 충만함을 받는 것은 현재형으로 계속 되어야 한다는 것입니다. 마치 성결이라는 것이 순간순간 성령의 능력을 힘입어 매순간 성결해지는 것과 같이 성령의 충만함을 받는 것도 그런 의미를 가지고 있다는 것입니다.

'성령의 충만함을 받으라' 는 구절이 복수형으로 되어 있다는 것은 한 사람만 그렇게 되어야 한다는 의미가 아니라 예수 그리스도를 믿는 사람들은 모두가 그렇게 되어야 한다는 의미입니다. 그러니까 여러분 성령의 충만함을 받는 것에 대해서 많이 말하지만, 많은 사람들이 이것이 얼마나 중요한 것인가에 대해서 생각하질 못하고 있는 것이 문제라는 것입니다.

그렇다면 성령의 충만함을 받았다는 것을 어떻게 알 수 있을까요? 그것은 성령의 충만함을 받으면 어떤 일이 일어나는가를 살펴보면 금세 알 수 있습니다. 성경말씀에 의하면 성령의 충만함을 받으면 제일 먼저 하나님의 영광을 위해서 말하고, 찬양을 하게 되어 있다는 것입니다.

성령의 충만함을 받은 사람들은 찬양을 하게 된다는 것입니다. 부흥회에서 은혜를 받으면 자신도 모르게 찬양을 홍얼거립니다. 마음에 기쁨이 넘치는 분들은 찬양을 하지요? 자동적으로 그렇게 되어 있습니다. 교회 언덕이 아무리 올라오기 힘들고 어려워도 찬양을 부르면서 올라오게 되어 있습니다.

예배 전에 교회에 오시는 권사님들을 맞이하기 위해서 현관에서 기다려보면 힘들지만 웃는 얼굴로 땀을 뻘뻘 흘리면서 들어오시는데 대부분이 홍얼홍얼 찬양을 하시면서 오시는 것을 볼 수 있습니다. 바로 그런 모습입니다. 성령의 충만함은 그런 것입니다. 자신도 모르게 기쁨 속에 찬양을 홍얼거리게 되어 있는 것입니다.

성령의 충만함을 받으면 어떤 일이 일어나는가? 에베소서 5장 20절에 다음과 같이 말씀하고 있습니다.

"모든 일에 언제나 우리 주 예수 그리스도의 이름으로 하나님 아버지께 감사를 드리십시오."

성령의 충만함을 받은 사람들은 감사의 말을 합니다. 풍족해서도 아닙니다. 부족함 중에서도 감사를 합니다. 좋을 때만이 아닙니다. 그렇지 않을 때도 감사의 말을 합니다. 데살로니전서 5장 18절의 말씀처럼, 모든 일에 하나님께 감사하며 살아가게 됩니다.

또한 에베소서 5장 21절은 이렇게 말씀합니다.

"여러분은 그리스도를 두려워하는 마음으로 서로 순종하십시오."

성령의 충만함을 받으면 성도간에 서로 순종하고 복종하는 삶을 살아야 한다는 것입니다. 이 말씀에서 중요한 것은 '그리스도를 두려워하는 마음' 입니다. 공동번역 성경은 이 구절을 '그리스도를 공경하는 마음으로' 라고 번역하고 있습니다. 모든 성도는 그리스도의 몸을 이루는 지체들이기에 그렇게 서로를 소중히 여기며 섬겨야 한다는 의미를 담고 있습니다.

그뿐만이 아니라 성령이 충만함을 받으면 담대함이 생기고 그리스도의 증인의 삶을 살아갑니다. 베드로가 성령이 충만하여 설교를 하니까 한 번에 5천명이나 회개하고 예수 그리스도를 믿고 세례를 받았다고 했습니다. 이것은 바로 예수 그리스도께서 하신 말씀의 성취였습니다. 주님은 사망 권세를 이기시고 부활하셔서 하늘로 올라가시기 전 제자들에게 이렇게 말씀하셨습니다.

"그러나 성령이 너희에게 내리시면, 너희는 능력을 받고, 예루살렘과 온 성령의 충만함을 받은 삶을 살게 되면 교회가 은혜롭게 변해가게 되어 있다는 것입니다. 마음이 다 하나가 되고, 뜻이 하나가 되고, 서로 복종하면서, 서도 겸손하게 서로 섬기면서 성령의 은사를 따라서 교회를 온전하게 하며 세워가는 일에 다 동참하게 되어 있습니다. 그런 교회의 모습, 찬양이 넘치고, 기도가 넘치고, 감사가 넘치고, 자연스럽게 은혜롭지 않습니까? 다른 모습이 아닙니다. 바로 그 모습이 은혜로운 모습입니다.

그러면 우리는 어떻게 성령 안에서 살아갈 수 있을까요? 첫째는 하나님 앞에서 성결하려고 해야 한다는 것입니다. 정결한 삶, 깨끗한 삶, 우리 마음이 깨끗해져야 합니다. 마음속에 분노가 없어야 하고, 시기가 없어야 하고, 질투가 없어야 하고, 혈기가 없어야 합니다. 이것이 분노와 혈기가 모든 것을 망가뜨리기 때문입니다. 심지어는 이것이 사람을 죽게 하기도 하잖아요. 그러니까 하나님의 거룩함 앞에서 낮아지는 항상 정결하게 되려고 해야 합니다. 그래야 성령충만할 수 있습니다.

“하나님의 뜻은 여러분이 성결하게 되는 것입니다. 여러분은 음행을 멀리하여야 합니다.” (살전4:3)

두 번째는 순종의 삶을 살아가야 합니다. 성령께서 인도하실 때마다 거기에 순종하려고 해야 합니다. 성령께서는 순간순간 마음에 역사를 하십니다. 거기에 순종하면 분명히 충만해지는 것입니다.

"내가 또 말합니다. 여러분은 성령께서 인도하여 주시는 대로 살아가십시오. 그러면 육체의 욕망을 채우려 하지 않을 것입니다." (갈5:16)

세 번째는 온전히 말씀을 믿는 믿음 안에서 살아가야 한다는 것입니다. 말씀을 온전히 믿어야 합니다. 여러분, 말씀은 하나님의 말씀은 가감을 할 필요가 없습니다. 그대로 믿으면 됩니다. 그대로 믿어서 손해를 볼 것이 없습니다. 그대로 믿으세요.

"그리스도의 말씀이 여러분 가운데 풍성히 살아 있게 하십시오. 온갖 지혜로 서로 가르치고 권고하십시오. 감사한 마음으로 시와 찬미와 신령한 노래로 여러분의 하나님께 마음을 다하여 찬양하십시오." (골3:16)

네 번째는 열심히 기도의 생활을 해야 합니다. 응답을 받는 기도의 특징이 무엇인가 하면 먼저 하나님의 뜻을 구하는 것입니다. 하나님의 뜻입니다. 그렇게 열심히 기도하게 되면 성령충만하게 된다는 것입니다. 하나님을 사랑하는 마음을 품어야 합니다. 그러면 여기에 성령의 충만함이 일어나면서 자동적으로 어떤 일이 일어나는가 하면 성령의 열매가 맺어지게 됩니다.

성령의 충만함을 받는 것과 성령의 은사

성령의 충만함을 받는 것과 관련하여 생각하게 되는 것은 성령의 은사에 대한 것입니다. 그런데, 이 성령의 은사에 대해서는 잘 이해해야 할 것이 있습니다. 성령의 은사를 잘못 이해를 하게 되면 교회에 어려움이 생기게 되기 때문입니다. 대표적인 경우가 고린도교회의 모습입니다. 그래서 예전에 60년대부터 시작하여 80년대 초까지 한창 기도원 집회가 유행처럼 번져갈 때에 어떤 목사님들은 교회 안에서 은사를 구하는 것에 대해서 자제를 시킨 적이 있었습니다. 그 이유는 대체적으로 무질서한 은사주의로 빠지는 경우가 많았기 때문입니다. 자기가 받은 은사를 자랑하고, 심지어는 교역자를 무시하는 경우도 있었고, 자의적으로 성경을 해석하는 경우들이 생겨나면서 고린도교회나 갈라디아 교회에서 일어났던 문제들이 일어났던 것입니다. 그래서 지금도 목회자들 중에는 종종 그런 조짐이 보이면 자제시키는 경우가 있습니다. 이 모든 것은 은사에 대해서 잘못 이해하였기 때문에 일어난 일들입니다.

은사라는 말은 헬라어로 '카리스마' 라고 표기하는데, 그 의미는 한자어 그대로 은사恩赦, 하나님께서 은혜로 주시는 선물이라는 뜻을 가지고 있습니다. 중요한 것은 이 은사를 주신 목적이 무엇인가 하는 것입니다. 이것을 먼저 알아야 합니다. 하나님께서 우리에게 은사를 주실 때에는 개인을 위해서 주신 것 같지만, 사실은 그렇지 않습니다. 여기서부터 많은 분들이 오해를 하고, 이렇게 잘못 이해한 사람들이 은사를 받고 나서 나중에 이단에 빠지는 경우가 생기거나 혹은 아예 교주가 되는 사람들이 많이 있습니다.

먼저 성령의 은사와 관련하여 베드로전서 4장 10-11절을 읽어보겠습니다.

"각 사람은 은사를 받은 대로 하나님의 여러 가지 은혜를 맡은 선한 관리인으로서 서로 봉사하십시오. 말을 하는 사람은 하나님의 말씀을 전파하는 사람답게 하고, 봉사하는 사람은 하나님께서 주시는 힘으로 봉사하는 사람답게 하십시오. 그리하면 하나님이 모든 일에 예수 그리스도로 말미암아 영광을 받으실 것입니다. 영광과 권세가 영원무궁하도록 그에게 있습니다. 아멘."

이 구절에 보면 은사를 받은 사람은 먼저 하나님의 여러 가지 은혜를 맡은 선한 관리인이라고 말씀하고 있습니다. 그리고 그 은사를 주신 목적을 '서로 봉사하는 것' 이라고 말씀하고 있습니다.

또 다른 성경말씀을 찾아보겠습니다. 고린도전서 14장 12절 말씀입니다.

"이와 같이 여러분도 성령의 은사를 갈구하는 사람들이니, 교회에 덕을 여기에 보면 은사를 갈구하는 사람들은 교회에 덕을 끼쳐야 한다고 말씀하고 있습니다. 그리고 그 은사를 더욱 넘치게 받기를 힘쓰라고 말씀하고 있습니다.

이런 성경말씀들을 종합해 보면, 많은 사람들이 성령의 은사를 어떤 개인이나 또는 어떤 특정한 사람을 위해서 하나님께서 주시는 것 같이 많이 생각하고 있지만, 실질적으로 하나님을 위해서고, 교회를 위해서이고, 교회에 덕을 세우기 위해서고, 더 나아가서 서로 봉사하게 하기 위해서라는 것을 발견하게 됩니다. 그런데, 이 은사의 목적을 잘못 알게 되면 잘못 사용하게 되고, 잘못 사용하게 되면 교회 안에 많은 어려움이 생긴다는 것입니다. 그래서 하나님은 후회 없이 은사를 주시지만, 그 은사에 대한 목적과 이해를 잘 알아서 우리가 그것을 잘 활용할 수 있어야 한다는 것입니다.

성경말씀을 읽어보면 은사에는 크게 두 가지가 있다는 것을 알 수 있습니다. 하나는 보편적인 은사입니다. 다른 하나는 개별적이고, 특별한 은사입니다. 예수 그리스도를 믿어서 회개하고 세례를 받으면 성령께서 임하십니다. 성령의 은사는 성령께서 내 안에 오셔서 내주하시면서 의롭다 여김을 받았다는 확신을 주시고, 내가 하나님의 아들, 하나님의 자녀가 되었다는 것을 내 영과 더불어서 확증해 주신다고 했습니다. 자신이 구원을 선물로 받았다는 것을 확신하게 되는 것입니다. 그래서 성경말씀은 '내가 예수를 믿어서 구원을 얻는 것' 자체가 하나님의 은사, 선물이라고 말씀하고 있습니다.

"여러분은 믿음을 통하여 은혜로 구원을 얻었습니다. 이것은 여러분에게서 난 것이 아니요, 하나님의 선물은사, 도론입니다." (엡2:8)

죄의 삯은 사망이지만, 우리 주 예수 그리스도 안에 있는 은사, 즉 선물은 영생이라고 했습니다.

"죄의 삯은 죽음이요, 하나님의 선물은사, 카리스마은 우리 주 예수 그리스도 안에서 누리는 영원한 생명입니다." (롬6:23)

이런 말씀들을 보면 우리가 얻은 구원 자체가 하나님의 엄청난 선물이라는 것입니다. 이것이 보편적인 은사입니다. 예수를 믿으면 누구나 이 은사를 받은 것입니다. 우리는 구원의 선물을 값없이 받았습니다. 멸망할 존재였는데, 예수 그리스도를 믿음으로서 영원한 생명을 얻었습니다. 그래서 이제는 하나님 나라를 소망하면서 살아가게 되었습니다. 이것이 얼마나 감사하고 기뻐할 일인지 모릅니다. 그 이유는 사람은 누구나 죽는다는 것을 알기 때문입니다. 죽음을 피해갈 수 있는 사람은 아무도 없습니다. 사람은 한 번 반드시 죽게 되어 있습니다. 그런데 이것을 넘어 영원한 생명이 주어졌다고 하니 얼마나 기쁩니까? 죽음을 이길 수 있게 되었고, 그 앞에서도 당당하게 되었고, '사망아 너의 쏘는 것이 어디 있느냐? (고전15:55) 하고 당당하게 말할 수 있게 되었다는 것입니다. 예수 그리스도 안에서 영원한 생명을 선물로 얻었기 때문입니다.

그런데 하나님께서는 이런 보편적인 은사만이 아니라, 개개인에게 개별적으로 주신 특별한 은사가 있다는 것입니다. 성경말씀을 종합해 보면 그러한 은사가 여러 가지 나오는데, 약 21 가지 정도로 요약할 수 있습니다. 그런데 조심해야 할 것은 이 은사는 그렇게 고정되어 있는 것이 아니라는 것입니다. 성령 하나님은 자유롭게 역사하시는 분이십니다. 따라서 성령의 사역은 과거나 지금이나 미래나 어떤 특정한 형태로만 나타나는 것이 아니라, 우리 사람이 생각할 수 없는 다양한 형태로 역사하신다는 것입니다. 그래서 로마서 12장의 은사목록과 고린도전서 12장의 은사목록과 에베소서 4장의 은사목록이 동일한 것도 있고, 다른 것도 있다는 것입니다.

이것은 개별적인 은사, 성령께서 각각의 사람들에게 어떤 특정한 목적에 따라서 주시는 은사는 획일적이지 않고 다양하다는 것입니다. 여기에는 앞으로도 새로운 은사가 있을 수 있다는 의미가 담겨 있습니다. 그러기 때문에 우리에게는 은사에 대해서 간구하는 자세가 필요합니다.

로마서 12장에 기록되어 있는 7 가지의 은사들을 보면 다음과 같습니다.

예언하는 것(prophecy),
섬기는 일(service),
가르치는 것(teaching),

권면하는 것(exhorts),

구제하는 것(contributes),

다스리는 것(leadership),

긍휼을 베푸는 것(acts of mercy)

고린도전서 12장에는 기록되어 있는 13 가지 은사들을 보면 다음과 같습
니다.

지혜의 말씀(the utterance of wisdom)

지식의 말씀(the utterance of knowledge)

믿음(faith)

병을 고치는 은사(gifts of healing)

기적을 행하는 능력(the working of miracles)

예언하는 은사(prophecy)

영을 분별하는 은사(the ability to distinguish between spirits)

방언을 말하는 은사(various kinds of tongues)

방언을 통역하는 은사(the interpretation of tongues)

사도(apostles)

교사(teachers)

서로 돕는 것(helpers)

다스리는 것(administrators)

에베소서 4장에 기록되어 있는 5 가지 은사들을 보면 다음과 같습니다.

사도(apostles)

예언자(prophets)

복음 전하는 자(evangelists)

목사(pastors, 목자로 번역할 수 있음)

교사(teachers)

*목자와 교사는 문법적으로 하나의 직책을 의미하는 것으로 이해할 수 있어서 이 둘의
기능을 합한 것을 '목사' 로 이해해도 무리가 없다고 보는 성서학자들도 있습니다.

이런 목록들을 다 종합해 보니까 공통적인 것을 묶으면 대략 25 가지 정
도가 되는데, 중요한 것은 앞에서 말한 대로 이런 은사들을 주신 것이 무엇
을 위해서인가 하는 것입니다. 이것은 서로 봉사하게 하고, 교회에 덕을 세
우기 위한 것입니다. 이 말씀이 에베소서 4장 12절에는 더욱 분명하게 나옵
니다.

"그것은 성도들을 준비시켜서, 봉사의 일을 하게 하고, 그리스도의 몸을
세우게 하려고 하는 것입니다."

이 구절에서 강조하는 것은 '성도를 준비시켜서 봉사의 일을 하게 하고,
그리스도의 몸을 세우게 하려는 것' 이라는 사실을 확인하게 됩니다. 그러
니까 우리가 은사를 구해야 하는데, 어떤 목적을 가지고 구하는가에 따라

서 그 결과가 달라질 수 있다는 것입니다. 우리가 무엇을 위해서 은사를 구해야 할까요? 서로 봉사하기 위해서 은사를 구해야 합니다. 교회의 덕을 세우기 위해서 은사를 구해야 합니다. 그리스도의 몸된 교회를 더욱 든든히 세워가기 위해서 은사를 구해야 합니다.

이렇게 각각의 은사를 받은 우리가 서로 상합하고, 봉사하고, 섬기는 것을 통해서 교회는 든든히 서 갈 수 있습니다. 교회의 다양한 일들을 함께 해 갈 수 있는 것입니다. 교회 안에는 누가 많아져야 할까요? 성경의 말씀대로 이렇게 다양한 은사를 받은 사람들이 많아져야 합니다.

그러면, 앞에서 나누었던 고민을 다시 생각해 봅시다. '나는 믿음이 더 깊어지고 든든해 지기를 원합니다.' '나는 신앙이 더욱 성숙해 지기를 원합니다.' 이런 분들은 보편적인 은사, 즉, 믿음의 확신 속에 있기를 구해야 합니다. 그러면서 동시에 '내가 성숙한 믿음을 가진 신앙인으로 이네는 하나님께 잘 봉사하고 헌신하고 교회를 돕고 싶습니다' 이런 목적으로 개별적인 은사를 구하는 기도를 하면서 나가야 한다는 것입니다. 교회는 많은 봉사자가 필요하기 때문입니다. 여러분, 은사를 받아서 주방에서나 교회에서나 여러 가지 돕고 봉사하는 사람은 찬송을 부르면서 합니다. 불평불만이 없습니다. 왜 그런지 아세요? 말 그대로 하나님으로부터 받은 은사로 하기 때문입니다. 그런데요, 그냥 어떤 의무감이나 책임감이나 체면 때문에 하는 사람들은요 거의 틀림이 없이 불평불만하고, 그 봉사가 오래가지 못합니다. 실컷 일해 수고를 해 놓고 입으로 다 까먹습니다. 세상에서 제일 미련한 사람들이 그런 사람들입니다. 그런 사람들이 바로 책임감과 의무감과 체면치레로 하는 사람들입니다. 물론 어떨 때는 그런 봉사가 필요할 때도 있겠지만, 분명한 것은 그것은 은사로 하는 것이 아니며, 성경의 원리도 아닙니다.

여러분, 우리가 지금 구해야 할 것이 무엇인가 하면, 성령의 은사로 교회를 봉사하고 섬기고 헌신하는 것입니다. 교사도 마찬가지입니다. 교사가 은사인 사람, 가르치는 것이 은사인 분은 어리가 하얗게 되고, 걷기 힘들고, 몸의 체력이 달려도 그 일을 기쁨으로 합니다. 그게 감사할 기쁨입니다. 놀라운 것은 그렇게 하면서 건강이 유지된다는 것입니다. 그러니까 우리가 지금 치유와 회복을 경험하려면 은사가 필요한데, 이 은사가 어떤 목적에서 시작해야 하는가 하면 주님을 향한 것이어야 한다는 것입니다.

오늘 로마서 12장에 그런 말씀이 있습니다. '부지런하여 게으르지 말고 주를 섬기라.' (롬12:11). 그렇게 주님을 섬기고자 하면, 하나님께서 성령을 통하여 은사를 주시기 때문입니다. 하나님은 우리 교회의 여러 직분자들이 정말로 주님을 섬기고자 부지런히 기도할 때에, 집사님을 통해서 하시고자 하는 일, 장로님을 통해서 하시고자 하는 일, 권사님도, 안수집사님도 다 마찬가지로 거기에 적절한 은사를 주신다는 것입니다. 청년들도 마찬가지입니다. 여러분 모두는 그런 은사를 구하는 사람들이 되어야 합니다. 그럴 때 교회는 활기 있고, 성장하는 것입니다.

성령께서는 자신의 의지와 뜻에 따라서 언제 어디서나 은사를 주시지만, 특별히 어떨 때 은사를 주시는가에 대해서 생각해 보겠습니다.

우리가 진정으로 죄를 회개하고 예수 그리스도를 믿을 때에 보편적인 은사를 주심과 동시에 말씀을 잘 듣고 그 은사를 사모하며 간구할 때 성령 충만을 사모할 때 하나님께서는 성령을 통해서 은사를 주신다는 것입니다. 개인을 위해서가 아니라 교회를 세워가고, 섬기고, 봉사하기 위해서 은사를 구해야 합니다.

여기서 잠간 성령의 은사와 일반적인 재능과의 차이에 대해서 살펴보고자 합니다. 하나님께서 성령을 통하여 주시는 은사와 일반적으로 사람들이 가지고 있는 재능은 다른 의미입니다. 물론 같을 수도 있습니다. 그러나 분명히 다릅니다. 모든 사람은 하나님으로부터 각각의 재능을 타고 납니다. 그것은 하나님께서 각 사람이 이 세상을 잘 살아갈 수 있도록 주신 재능입니다. 그러한 재능은 성장해 가면서 갈고 닦는 과정을 통하여 더욱 빛이 납니다. 그러나 자기 재능을 잘 가꾸어가지 않으면, 그 재능을 발휘하지 못하게 됩니다.

그러나 성령의 은사는 일반적인 재능과는 전혀 다릅니다. 사도행전을 보면 처음 성령의 은사가 나타날 때 가장 특징적인 것이 바로 방언입니다. 그런데 그 방언이 '난 곳 방언'(his own native language)이라고 했습니다. 이것이 무슨 뜻입니까? 어떤 사람이 태어난 지역에서 실제적으로 사용하는 말을 했다는 것입니다. 자기 고향 말을 들었다는 것입니다.

예를 들어서 영어를 생판 모르는 사람이 갑자기 영어를 했다는 것입니다. 독일어를 모르는 사람이 갑자기 독일어를 하는 것입니다. 사도행전의 오순절의 방언은 그런 방언이었습니다. 성령의 충만함을 받은 제자들이 그런 '난 곳 방언'으로 말을 하니까 지중해 각 지역에서 온 사람들이 자신의 고향의 말을 들었다는 것입니다. 그러니 이게 무슨 일인가 하고 놀랄 수밖에 없었을 것입니다. 하나님께서 왜 그렇게 하셨을까요? 복음전파를 위해서, 선교를 위해서 그런 은사를 주셨던 것입니다. 그러니까 병 고치는 은사도 마찬가지입니다. 의사처럼 병을 고치는 것이 아니라, 의학에 대해서 아무 것도 모르는 사람이 손을 얹고 기도를 했더니 병이 낫는 기적이 나타났다는 것입니다.

예수 그리스도를 믿든지 그렇지 않든지 어떤 사람도 지금 일어난 치유를 부정할 수 있는 그런 현상이 눈앞에 나타났다는 것입니다. 오순절에 나타난 은사는 그런 은사를 말합니다. 이것은 우리가 보통 말하는 재능과는 전적으로 다른 것입니다.

성령의 은사를 구하는 이유는 절대 개인적인 욕망 때문이 아닙니다. 앞에서 이미 말한 것처럼 서로 봉사하고 서로 섬길 수 있기를 위해서입니다. 교회를 든든히 세워가기 위해서입니다. 하나님의 일을 위해서입니다.

그러기에 성령의 은사에 대해서는 경각심을 가져야 할 성경말씀도 있습니다. 은사를 주시는 성령께서는 그 은사를 다시 거두어 가실 수도 있다는 것입니다. 어떨 때 그럴까요? 혹시 여러분 중에 기도원에 다니면서 방언을 받았던 분들이 있으실 것입니다. 그런데 지금은 방언이 잘 안 되는 경우가 있을 것입니다. 대부분의 사람들은 '은사를 한 번 받으면 그냥 계속 갈 것이다' 라고 생각합니다. 그런데, 아닙니다. 성령께서 주신 은사를 활용하지 않으면, 하나님께서는 그 은사를 거두어가십니다. 그래서 데살로니가전서는 성령이 주시는 은사를 소멸하지 말라고 했습니다(살전5:19).

또 하나 생각할 것이 있습니다. 성경말씀을 읽어보니까 은사를 받은 사람들이 어떤 제도나 집단에 의해서 분위기에 의해서 억압을 당할 수도 있다는 것입니다. 교회 안에서 어떤 사람에게 성령의 분명한 은사가 있다고 판정이 될 때에는 그것을 인정을 해 줘야 합니다. 그 은사가 활용될 수 있도록 해야 합니다. 기도의 은사가 있는 분은 더 기도할 수 있도록 해야 합니다.병 고치는 은사가 있는 사람은 병든 자를 위해서 기도할 수 있도록 해야 합니다. 봉사의 은사가 있는 분들은 그렇게 할 수 있도록 해야 합니다. 그런데 교회 안에서 이 은사의 문제로 시끄러워지는 이유는 은사를 받은 사람들이 종종 교만한 모습을 보이기 때문입니다. 개인적인 유익을 구하는 경우도 있기 때문입니다. 다시 한 번 강조하지만, 그러기에 모든 그리스도인들은 하나님께서 은사를 주신 목적을 분명히 알고 있어야 합니다. 하나님의 영광을 위해서 교회를 세우고, 교회 안에 덕을 세우고 서로 봉사하게 하기 위해서 은사를 주시는 것입니다. 이 목적을 분명히 하면서 은사를 구해야 합니다.

우리가 은사를 받아야 하는 이유가 또 있습니다. 믿음의 성장을 위해서도 은사가 필요합니다. 한 번 잘 생각해 보세요. 내가 어떤 은사를 가지고 열심히 교회를 봉사를 하면 자연적으로 믿음이 그만큼 성장하지 않겠습니까? 10년 20년 신앙생활을 했는데, 교회 봉사를 하지 못하게 되면 자책감이 들 때가 있습니다. 그러면 의기소침해지고, 나중에는 신앙도 시들시들해질 때가 있습니다. 그럴 때 하나님께 정직하게 자신의 상태를 고백하면서 성령의 은사를 구하십시오. '정말로 교회를 잘 섬기는 성도가 되기를 원하니 성령의 은사를 주십시오' 하고 기도를 하십시오. 그러면 하나님께서 성령의 은사를 주셔서 봉사를 하게 하고, 교회를 잘 섬길 뿐만이 아니라, 기쁨과 감사가 넘치는 신앙생활로 인도해 주실 것입니다.

성령의 충만함과 성령의 열매

마지막으로 성령으로 충만한 사람에게서 나타나는 열매가 무엇인지에 대해서 말씀을 드리고자 합니다. 신령한 사람은 성령의 열매를 맺는다고 말씀을 드렸습니다. 성령의 열매를 갈라디아서 5장에 아홉 가지로 말하고 있습니다(갈5:22, 23). 그것은 사랑과 희락과 화평과 오래 참음과 자비와 양선과 충성과 온유와 절제입니다. 그런데 이 성령의 아홉 가지 열매를 가만히 살펴보면 세 열매씩 묶어서 그 의미를 생각할 수 있다는 것입니다.

첫 번째 묶음인 사랑과 희락과 화평은 가장 기본적인 것으로 하나님으로부터 오는 것입니다. 이 중에 사랑(아가페)은 모든 덕목의 기초라고 할 수 있습니다. 하나님은 사랑이시라고 요한일서 4장 8절에 말씀하고 있는데,

이 사랑을 바탕으로 해서 모든 것이 이루어지는 것입니다. 사도 바울도 사랑장이라고 부르는 고린도전서 13장에서 사랑이 제일이라고 결론을 내렸습니다.

희락(카라)은 그리스도 안에서 살아가는 사람들에게 내면적으로 일어나는 기쁨을 의미합니다. '항상 기뻐하라' 할 때의 '카이로' 와 동의어입니다. 이 기쁨은 외면적인 조건이 아니라 예수 그리스도를 믿음으로서 내면에서 일어나는 아주 충만한 기쁨을 의미합니다.

화평(에이레네)은 주님으로부터 오는 화평입니다. 예수님께서는 제자들에게 '나는 평화(에이레네)를 너희에게 남겨 준다. 나는 내 평화를 너희에게 준다. 내가 너희에게 주는 평화는 세상이 주는 것과 같지 않다. 너희는 마음에 근심하지 말고, 두려워하지도 말아라' (요14:27)하고 말씀하셨습니다. 그러기에 이 세상을 화평(에이레네)하게 하는 사람은 복이 있다고 말씀하시면서 그가 하나님의 자녀라 일컬음을 받을 것이라고 말씀하셨습니다. 이 화평은 어떠한 시험과 고난과 역경을 당하더라도 흔들리지 않는 주님으로 인하여 이루어진 평화를 말합니다. 이 열매들은 하나님으로부터 직접적으로 오는 것입니다.

이렇게 사랑과 희락과 화평이라는 세 가지 성령의 열매가 하나님과의 관계 속에서 이루어지면서 이것이 다음의 열매들로 이어집니다.

다음 세 가지 열매들의 묶음은 오래 참음과 자비와 양선입니다. 이것은 사랑과 희락과 화평의 열매들이 하나님으로부터 오는 것이라고 한다면, 이 세 가지로 무장되어 이웃으로 향해 나가는 열매들입니다.

오래 참음(마크로뒤미아)은 나의 감정을 거슬리는 일을 견디어 내는 속성을 의미합니다. 여러 가지 불편한 감정들을 잘 참고 견딜 수 있도록 해주는 것이 무엇인가 하면 바로 성령의 열매 중에 오래 참음입니다. 사도 바울은 사랑은 오래 참는다고 그랬는데, 이때에도 같은 단어를 사용하고 있습니다. 하나님의 사랑으로 무장된 사람은 그렇게 오래 참을 수 있는 것입니다.

자비(크르스토테스)는 하나님께서 사람들에게 보여 주신 것과 같은 넓은 마음, 그런 행위를 남에게 보여 주는 것을 의미 합니다. 관용하고 용납하고 인자하고 친절한 행동들을 이웃들에게 보여줄 수 있는 것입니다. 이것이 바로 자비라는 성령의 열매입니다.

양선(아가도쉬네)이라는 것은 원래 좋은 일을 한다는 뜻인데, 무슨 뜻인가 하면 마땅히 그런 것을 받지 못할 것 같은 사람에게조차 선goodness을 베푸는 것을 말합니다. 어떤 분이 저한데 질문을 했습니다. 전철을 타고 가는데, 이러 저러 사람들을 도와주어야 합니까 말아야 합니까? 나를 찾아온 사람들을 도와주어야 합니까 말아야 합니까? 물론 따져 보면 엉터리같은 사람들도 있는 건 사실입니다. 그런데 기독교 정신은 그런 것을 따지지 말고 내가 할 일을 하라는 것입니다.

이렇게 사랑과 희락과 화평으로 무장된 그리스도인은 이웃을 향한 성령의 열매를 맺어가는데, 그것이 바로 오래참음과 자비와 양선이라는 세 가지 열매입니다.

마지막 묶음인 충성과 온유와 절제는 모든 그리스도인들이 맺어야 할 일반적인 열매들인데, 하나님을 향한 신앙생활에 가장 기본적으로 갖추어야 할 신앙의 덕목들이라고 할 수 있습니다.

충성(피스티스)은 '믿음직스럽다 흔들리지 않는다' 는 뜻입니다. 요한일서에 보면 '하나님은 의로우시고 미쁘시다' 라고 했는데, 그러한 하나님의 속성을 우리가 닮아서 믿음이 흔들리지 않고 충성스러운 믿음을 끝까지 유지하는 것, 그것이 바로 충성이라는 성령의 열매입니다.

온유(프라위테스)는 회개와 겸손을 통해서 오는 부드러운 마음(gentleness)을 의미합니다. 다른 사람을 향해서 사냥하고 부드러운 마음을 보이는 것, 그것을 온유라고 그러는 것입니다. 예수님께서 '나는 마음이 온유(프라위스)하고 겸손하니 너희는 내게 와서 배우라' 고 말씀하셨을 때의 그 온유를 의미합니다.

절제(엥크라테이아)는 사물이나 스스로의 힘을 지배하는 능력입니다. 말그대로 절제라는 것은 자제하는 능력(self-control)입니다. 많이 가지고 있는 것도, 육체적인 것도, 또는 지식도, 권력도, 자신의 모든 것을 잘 다스릴 수 있는 힘을 의미합니다.

성령의 충만함을 받는 것이 무엇인지를 잘못 이해하고 있는 사람들은 신앙생활에 이런 열매들을 맺기가 어렵습니다. 그런 사람들은 성령의 충만함을 받는 것을 힘의 개념으로 생각하는 사람이 있습니다. 성령의 충만함을 받으면 자기가 맘대로 이렇게 저렇게 할 수 있는 그런 힘을 갖게 되는 것으로 생각하는 사람들이 있습니다. 그런데, 성경말씀에는 성령의 충만함을 받는 것을 그런 의미로 말씀하신 적이 한 번도 없습니다. 성령의 충만함을 받는 것은 철저하게 하나님과의 관계성이며, 하나님의 성품이 나타나는 것이며, 하나님께서 주시는 성령의 은사를 통해서 덕을 세우고 교회를 세우고 사람들을 온전하게 하는 것으로 나타나는 것입니다. 이런 것을 단적으로 설명해 주고 있는 것이 바로 성령의 아홉 가지 열매입니다.

그러므로 성령의 충만함을 받았다고 하면서 성령의 아홉 가지 열매가 내 신앙의 삶에 맺어지지 않는다는 것은 성령의 충만함을 받는 것에 대해서 잘못 이해하고 있다는 증거입니다. 그러니까 여러분, 정말 성령의 충만함을 받으려면 어떻게 해야 하는가를 깊이 생각해야 합니다.

이제 결론적으로 성령의 충만함을 받으려면 어떻게 해야 하는가에 대해서 말씀을 드리고자 합니다.

첫째는 간절히 사모해야 합니다. 여러분, 누가복음 11장을 읽으면 기도에 대한 가르침이 다른 복음서와는 약간 다르게 비유의 내용이 하나 첨가되어 있는 것을 발견하게 됩니다. 먼저주기도문에 대한 가르침이 나오고, 이어서 밤중에 찾아온 친구 이야기가 나옵니다. 그리고 '구하라, 두드리라, 찾으라' 는 말씀이 나오고 나서 결론적인 말씀이 이어집니다.

이 중에 한밤중에 찾아온 친구 이야기를 요약해 보면, 어떤 친구 집에 한밤중에 나그네가 찾아온 겁니다. 그런데 그를 대접할 것이 없었습니다. 그래서 다른 친구 집에 가서 먹을 것을 좀 달라고 했습니다. 그랬더니 그 친구가 자신과 아이들이 이미 잠자리에 들었으니 요청을 들어줄 수 없다고했습니다. 그랬는데 이 친구가 얼마나 조르는지 그 간청함을 못이겨서 떡을 주었다고 했습니다. 주님은 그때 이렇게 말씀하십니다.

"내가 너희에게 말한다. 그 사람의 친구라는 이유로는, 그가 일어나서 청을 들어주지 않을지라도, 그가 졸라대는 것 때문에는, 일어나서 필요한 만큼 줄 것이다." (눅11:8)

그리고 이렇게 결론을 내리십니다.

"너희가 악할지라도 너희 자녀에게 좋은 것들을 줄 줄 알거든, 하물며 하늘에 계신 아버지께서야 구하는 사람에게 성령을 주시지 않겠느냐?"
(눅11:13)

기도에 관한 누가복음 11장의 말씀을 보면 결국 우리가 간절히 기도해야 할 것은 성령이시라는 것입니다. 다른 복음서의 내용을 종합하여 이해를 한다면, 우리가 무엇보다도 먼저 구해야 할 것은 하나님의 나라와 그 뜻이면서 동시에 그것을 충만하게 이루어가게 할 수 있는 능력이 필요한데, 그것이 성령이시라는 것입니다. 하나님 나라를 사모하며 예수 그리스도의 믿음을 가지고 살아가는 사람들에게 꼬옥 필요한 것이 성령의 충만함을 받는 것인데, 이것은 그렇게 간절히 사모하면서 구하는 사람들에게 충만하게 된다는 것입니다. 우리는 성령의 충만함을 받는 것을 사모해야 합니다.

둘째는 자신의 죄를 철저하게 회개해야 합니다. 성령은 거룩하신 영이기 때문에 더러운 곳에 있을 수가 없습니다. 그런 의미에서 사도 바울은 '너희의 몸이 하나님의 영이 거하시는 거룩한 전인지 알지 못하느냐?' 라고 말씀하셨습니다. 그런데 이 앞 뒤 구절이 무엇인가하면 음행에 대한 이야기들입니다. 부정한 삶에 대한 이야기들입니다. 그러한 삶의 살면서 어떻게 성령의 충만함을 받을 수 있겠느냐는 말씀입니다. 내 몸이 더러워서는 거룩한 영이 함께 할 수 없다는 말씀입니다.

숨겨진 죄가 있어서는 성령의 충만함을 받을 수가 없습니다. 그러니까 여러분이 마음에 품고 있는 것이 무엇인지, 여러분의 감정상태가 어떤지, 여러분의 육적이 삶이 어떤지, 인간관계가 어떤지, 신앙생활이 어떤지, 이 모든 것을 항상 살펴서 회개하여 하나님의 사죄의 은총을 통해 매일매순간 정결하게 되어야 합니다. 그렇게 자신을 정결하게 하지 않으면 성령의 충만함을 받을 수 없다는 것입니다.

세 번째는 직접 성령의 충만함을 받기를 구하며 기도할 때 성령의 충만함을 받게 됩니다. 그러니까 내가 성령의 충만함을 받지 못한다고 말하기 전에 내가 정말 사모하며 기도하고 있는가를 생각해 보아야 합니다. 성령의 충만함을 받으라는 말씀은 명령이면서 동시에 약속의 말씀입니다. 그러기에 하나님의 약속을 믿고 간절히 기도할 때에 이루어지는 것입니다.

"우리가 하나님에 대하여 가지는 담대함은 이것이니, 곧 무엇이든지 우리가 하나님의 뜻을 따라 구하면, 하나님은 우리의 청을 들어주신다는 것입니다. 우리가 무엇을 구하든지 하나님이 우리의 청을 들어주신다는 것을 알면, 우리가 하나님께 구한 것들은 우리가 받는다는 것도 압니다."
(요일5:14, 15)

"그것은, 아브라함에게 내리신 복을 그리스도 예수 안에서 이방 사람에게 미치게 하시고, 우리로 하여금 믿음으로 말미암아 약속하신 성령을 받게 하시려는 것입니다." (갈3:14)

마지막으로 나 자신과 나의 삶을 하나님께 맡기고 전적으로 순종하는 삶을 살아가야 합니다. 하나님께서 나를 인도하실 때 성령께서 나를 인도하실 때 말씀이 내 안에 울림이 일어날 때 그럴 때 거기에 그대로 순종하는 삶을 살게 되면 성령의 충만함을 받게 되는 것입니다.

사도 바울은 '그리스도의 영이 없으면 그리스도인이 아니라' (롬8:9)고 했습니다.

"그러나 하나님의 영이 여러분 안에 살아 계시면, 여러분은 육신 안에 있지 않고, 성령 안에 있습니다. 누구든지 그리스도의 영이 없으면, 그리스도의 사람이 아닙니다."

그리스도인은 예수 그리스도의 영과 그 정신을 가지고 살아가는 사람입니다. 육신을 따라 살아가고 육적인 것을 심는 사람들이 아니라 신령한 것을 심는 사람들이고 신령을 따라 살아가는 사람들입니다. 한 번 잘 생각해 보세요. 내가 그런 삶을 살아가게 되면 나만 변화되는 것이 아니라 내 가정도 변화되고, 내 자녀도 변화되고, 내 이웃이 변화되고, 내가 살아가는 세상이 변화됩니다. 그런 세상을 한 번 꿈꿔보세요. 정말 예수 그리스도의 말씀을 통해서 세상이 화평하고 변화되고 능력을 얻고 소망이 넘치고 찬양이 넘치는 그런 세상을 한 번 꿈꿔 보는 성도들이 되기를 바랍니다.

The
Cross

십자가와 영적 각성

영적으로 깨어 있어야 성령의 충만함으로 미래를 보고 비전을 볼 수 있습니다. 그 비전이 성령 안에서 이루어진다는 확신을 갖게 됩니다. 그리고 그 믿음으로 세상의 모든 방해물을 이기며 살아갈 수 있는 것입니다.

"도마가 대답하여 이르되
나의 주님이시요 나의 하나님이시니이다"

11

십자가와 영적 각성

베드로전서 5:8-11

예수 그리스도께서는 십자가를 앞두고 겟세마네 동산에서 온 힘을 다해 기도를 하셨습니다. 그때에 베드로와 야고보와 요한을 함께 데리고 가셨었는데, 기도를 하시다가 와보니 세 제자들은 피곤하여 잠이 들어 있었습니다. 그 모습을 보신 예수 그리스도께서는 베드로와 제자들에게 다음과 같이 말씀하셨습니다.

"시몬아, 자고 있느냐? 한 시간도 깨어 있을 수 없느냐? 너희는 유혹에 빠지지 않도록, 깨어서 기도하여라. 마음은 원하지만, 육신이 약하구나!" (막14:37b-38)

우리가 읽은 베드로전서 5장의 말씀에도 보면 이런 경계의 말씀을 우리에게 주고 계십니다.

"정신을 차리고, 깨어 있으십시오. 여러분의 원수 악마가, 우는 사자 같이런 말씀들을 읽어보면 우리가 신앙생활을 하면서 영적으로 깨어 있는 것이 얼마나 중요한가를 알 수 있습니다. 처음 신앙을 갖게 되었을 때에는 깨어 있던 신앙이 점점 시간이 지나면서 나태해지는 경우가 있습니다. 분명한 소명감을 가지고 있다가도 시간이 지나면서 그것도 점점 잊어버리게 되는 경우가 있습니다. 이것을 저는 영적인 권태spiritual boredom라고 부릅니다.

이스라엘의 역사를 보면 이런 영적인 권태가 얼마나 그들의 삶에 치명적이었는가를 발견할 수 있습니다. 윤리와 도덕적인 타락은 물론이고, 심지어는 나라를 잃게 만들었던 경우가 한 두 번이 아니었습니다.

스가랴가 예언활동을 하던 시기가 그랬습니다. 스가랴는 예언자이면서 제사장이었던 분입니다. 이스라엘 민족이 바벨론 포로로 잡혀 갔다가 이제 바벨론이 망하고 파사페르시아라는 나라가 들어서게 되었는데, 파사 왕 고레스가 칙령을 내려 이스라엘 백성에게 고향으로 돌아가라는 칙령을 내렸습니다. 그에 따라 세 번에 걸쳐서 고향으로 돌아오게 되는데, 고향으로 돌아올 때는 그냥 돌아오는 것이 아니라 목적을 가지고 옵니다. 성전을 다시 재건하고 성벽을 수축하기 위한 목적을 가지고 왔던 것입니다. 학개 2장을 보면 이때에 총독으로 임명된 사람이 스룹바벨이라는 사람이고, 여호수아가 대제사장 역할을 했습니다. 이때 예언자가 누구냐 하면 바로 스가랴라는 분입니다. 동시대의 예언자가 스룹바벨과 함께 포로에서 귀환했던 학개로 알려져 있습니다.

스가랴라는 이름의 뜻은 '하나님께서 기억하신다' 는 뜻을 가지고 있는데, 그의 개인적인 배경에 대해서 스가랴 1장 1절은 다음과 같이 말합니다.

"다리우스 왕 이년 여덟째 달에, 주님께서, 잇도의 손자이며 베레갸의 아들인 스가랴 예언자에게 말씀하셨다."

스가랴는 원래는 바벨론에서 태어나 성장하였는데, 이스라엘 백성들이 포로생활에서 귀환할 때 같이 돌아온 것으로 보입니다. 그리고 다리오 왕 2년, 즉 주전 520년에 성전재건이 시작될 때에 예언활동을 하였습니다.

그런데, 이스라엘 백성이 바벨론 포로에서 돌아와 예루살렘 성벽을 수축하고, 성전을 재건하는 일은 결코 쉬운 일이 아니었습니다. 포로에서 돌아온 지 2년 만에 성전의 기초를 놓았지만(에스라3:8-13, :16), 시간이 지나면서 여러 가지 방해물들을 만나게 되었습니다. 사마리아 지역 사람들이 성전건축에 참여하려고 하다가 이방인의 피가 섞였다는 이유로 유대인들이 받아들이지 않으니까 심술이 나서 방해하는 일도 생겼습니다. 또 파사(페르시아) 왕에게 모함을 해서 성전 건축을 방해하는 일도 생깁니다. 그러다

보니까 성전 재건은 자꾸 늦어지게 되고, 이스라엘 민족은 낙심을 하게 되었습니다. 점점 성전건축에 대해서 점점 게을러지게 되면서 과연 이것이 이루어질 것이냐고 생각하는 위기가 닥치게 된 것입니다. 결국 16년 동안이나 성전재건은 중단이 되는 사태가 벌어졌습니다. 이때에 하나님께서는 먼저 예언자 학개를 일으켜 세워서 성전재건을 촉구하셨습니다(에스라5:1-2, 악1:1). 그리고 이어서 예언자 스가랴를 통해서 격려의 메시지를 계속 전하고 있는 것입니다.

하나님의 부르심에 따라 기도를 하던 스가랴는 여덟 가지 환상을 보게 됩니다. 그 환상들을 요약하면 붉은 말을 타고 화석류 나무 사이 서있는 자의 환상(슥1:7-17), 네 뿔과 네 대장장이 환상(슥1:18-21), 측량줄을 잡은 자의 환상(슥2:1-13), 더러운 옷을 벗고 성결한 옷을 입은 여호수아의 환상(슥3:1-10), 순금등대와 등잔과 두 감람나무 환상(슥4:1-14), 날아가는 두루마리 환상(슥5:1-4), 에바 속에 앉은 여인의 환상(슥5:5-11), 네 병거의 환상(슥6:1-8)입니다. 이런 것들을 통해서 이스라엘 민족에게 하나님의 메시지를 전하고 있습니다. 그것은 이스라엘 백성들의 영적인 부흥을 촉구하여 성전재건을 격려하기 위한 것이었습니다.

제일 처음에 하나님께서 스가랴 예언자를 통해서 전하시는 말씀은 이스라엘 민족의 회개를 촉구하는 것입니다. 그들이 게을러졌기 때문이었습니다. 포로에서 돌아왔을 때, 물론 그들은 제일 먼저 잘 먹고 잘 지내는 편안한 생활을 바랬을 것입니다. 그런데 그것보다 우선적인 것이 성전을 재건하는 것이어야 했습니다. 이것이 모든 제사장들이나 예언자들이 강조하는 것이었습니다. 그런데, 이 유대인들은 시간이 지나면서 여기에 점점 게을러지면서 열심을 잃었습니다. 포로생활 속에서 간절하게 원했던 소망도 잃었습니다. 그래서 하나님께서는 예언자들을 통해서 회개를 촉구하셨던 것입니다.

스가랴 4장 1절에 보면 '내게 말하는 천사가 다시 와서 나를 깨우는데, 나는 마치 잠에서 깨어난 사람 같았다' 고 했습니다. 여기서 깨운다는 말은 그냥 잠에서 깨어난다는 그런 표현이 아닙니다. 영적으로 죽은 상태, 무기력하고 잠자는 상태, 그런 상태에서 하나님께서 천사를 통해서 깨웠다는 의미입니다. 다시 한 번 강조하시만, 영적으로 잠자는 상태였던 스가랴를 하나님께서 천사를 통해서 깨웠다는 것입니다.

이 말씀을 통해서 생각하게 되는 것은 우리도 매 순간 매 순간 영이 깨어 있어야 한다는 것입니다. 영적으로 잠자는 상태가 아닌가 하고 항상 살펴보아야 된다는 의미입니다. 영적인 절음발이 상태가 되어서도 안 되고, 영적으로 손마른 사람이 되어서도 안 되고, 38년 동안 누워 있던 병자처럼 되어서도 안 된다는 것입니다.

우리는 영적으로 깨어 있어야 합니다. 정신이 깨어 있어야 합니다. 세상이 돌아가는 모든 현상들을 보면서 하나님께서 이 세상을 어떻게 이끌어 가고 계시는가를 깨달아야 합니다. 더 나아가서 우리가 살아가는 이 세상 속에서 어떤 행동을 취해야 할 것인가, 무엇을 바라며 살아가야 할 것인가에 대해서 생각하면서 깨어 기도하는 사람들이 되어야 합니다.

하나님께서는 깨어 기도하는 사람들에게 꿈과 비전을 보여 주십니다. 성령의 충만함을 받게 되면 하나님의 신비한 능력으로 현재의 모든 것을 깨닫게 해 주실 뿐만이 아니라 미래의 꿈을 보여 주십니다. 세상의 모든 것이 되어져 가는 것 뒤에 감추어져 있는 하나님의 섭리를 깨닫게 하십니다. 그럴 때 우리는 이 세상에서 겪는 모든 것들을 이겨 나갈 수 있게 되는 것입니다.

하나님께서는 요엘 선지자를 통해서 만민에게 하나님의 영을 부어주실 것이라고 하셨는데, 그 때에 다음에 올 세상에서 이루어질 일들을 분명하게 보게 될 것이라고 하셨습니다. 그때는 많은 재난이 임하고 어려운 일들이 임하게 될 것이라고 하셨습니다. 그 때에 하나님께서는 모든 사람들에게 하나님의 영을 부어주실 것이며, 그러면 '너희의 아들딸은 예언을 하고, 노인들은 꿈을 꾸고, 젊은이들은 환상을 볼 것이다' (욜2:28)라고 하셨습니다. 또한 그러한 마지막 때에도 하나님은 온전히 믿고 그 하나님의 이름으로 부르는 사람들은 다 구원을 얻을 것이라고 말씀하고 있는 것입니다(욜 2:32). 아무리 어려운 고난과 환란 속에서도 하나님의 영으로 세상을 밝히 바라보면서 꿈과 소망을 가진 사람들에게는 하나님의 구원이 이르게 된다는 말씀입니다.

그러나, 소망을 갖지 못한 사람들은 자꾸만 세파에 흔들립니다. 하나님의 나라를 소망하면서 하나님 나라의 가치를 추구하며 살아가기보다는 세상의 가치를 추구하게 됩니다. 어떤 특정한 사람의 사상과 이념, 세상적인 가치를 좇아가게 됩니다. 그 결과는 무엇일까요? 진흙탕 속에 같이 빠져서 서로 싸우는 것입니다. 이편이니 저편이니 편가르기를 하게 되고, 말 그대로 이전투구泥田鬪狗의 모습으로 살아가게 됩니다. 시편 2편의 말씀은 이런 세상을 다음과 같이 묘사하고 있습니다.

"어찌하여 뭇 나라가 술렁거리며, 어찌하여 뭇 민족이 헛된 일을 꾸미는가? 어찌하여 세상의 임금들이 전선을 펼치고, 어찌하여 통치자들이 음모를 함께 꾸며 주님을 거역하고, 주님과 그의 기름 부음 받은 이를 거역하면서 이르기를 이 족쇄를 벗어 던지자. 이 사슬을 끊어 버리자 하는가?"

이 세상을 지으시고 지금도 통치하시고 계시는 하나님은 이런 모습을 어떻게 보고 계실까요? 시편 2편 4절은 이렇게 말합니다.

"하늘 보좌에 앉으신 이가 웃으신다. 내 주님께서 그들을 비웃으신다."

마치 세상을 자신들의 힘으로 이끌어가고 무엇을 만들어가는 것처럼 착각하고 있는 세상 사람들을 하나님께서 높은 하늘에서 내려다보시며 웃으신다는 것입니다.

하나님께 대한 신앙을 가지고 세상을 바라보면 우리가 보통 알고 있는 역사관에 대해서 의문을 갖게 되어 있습니다. 세상 사람들은 이 세상의 역사는 몇몇의 특별한 능력을 가진 사람들에게 의해서 굴러가는 것이라고 생각합니다. 역사학자 토인비가 처음으로 한 말인 것으로 알려져 있습니다. 그는 '역사의 연구' 라는 방대한 책에서 '역사라는 수레바퀴를 진보와 발전의 방향으로 이끌어나가는 것은 창조적 소수' 라고 말했다고 합니다. 물론 토인비의 역사관은 기독교적 사고의 범주 안에 있었습니다. 그러던 것이 파레토V. Pareto라는 이탈리아의 경제학자가 유럽제국의 소득분배에 대해서 연구한 결과로 '파레토의 법칙Pareto's law' 을 주장하면서 이런 개념들이 통합되어 2080이론이라는 것으로 나타났습니다. 세상의 모든 부의 80%는 상위 20%가 차지한다는 이론입니다. 이런 주장이 사회의 여러 분야에 적용되면서 2080이론이 유행처럼 번져나갔습니다.

실제로 인류의 역사를 보면 천재적인 몇 사람들에 의해서 새로운 것이 시작되고 그것이 문명과 문화와 기술을 발전시켜가고 있는 것은 분명한 사실입니다. 경제적인 문제는 더욱 그러한 모습이 분명하게 드러나고 있는 것은 아무도 그것을 부정할 수는 없을 것입니다. 그래서 그들에 의해서 이 세상이 굴러가는 것이라고 단정을 지으려고 합니다.

그러나 그것은 보이는 것만을 가지고 말하는 것입니다. 이 세상은 보이는 힘보다 보이지 않는 힘에 의해서 더 많은 영향을 받고 있습니다. 오래 전부터 철학자들은 그것을 시대정신이라고 부르기도 했습니다. 어떤 특별한 사람이 주창을 하기 전에 마치 그렇게 한 것처럼 자연스럽게 시대를 이끌어가는 보이지 않는 정신이 있다는 것입니다. 이런 생각은 독일의 헤르더Johann Gottfried von Herder, 1744-1803로부터 시작하여 괴테Johann Wolfgang von Goethe, 1749-1832를 거쳐 헤겔Georg Wilhelm Friedrich Hegel, 1770-1831에 의해서 구체적으로 논의되었습니다. 물론 이런 시대정신조차도 타락하게 되면 정체되어 하나의 억압적인 시대사조로 나타날 수도 있어서 니체Friedrich Wilhelm Nietzsche,1844-1900나 키에르케고르Soren Aabye Kierkegaard, 1813-1855에 의해서 비판을 받기도 합니다. 이런 비판을 통해 알게 되는 것이 있습니다. 그것이 바로 하나님의 섭리攝理, providence라는 것입니다.

"주님, 주님은 온 땅을 다스리는 가장 높으신 분이시고, 어느 신들보다 더 높으신 분이십니다." (시97:9)

분명히 말하지만, 이 세상을 실제로 이끌어가고 다스리시는 분은 바로 창조주 하나님이십니다. 사람이 아니라는 것입니다. 성경말씀을 꼼꼼히 읽어보면, 보통 사람들이 생각하는 것처럼 소수의 정예의 사람들이 인류의 역사를 굴려가는 것 같은데, 오히려 하나님은 지푸라기같이 보잘 것 없는 것처럼 보이는 사람들, 힘이 없고 능력이 없는 것처럼 보이는 사람들을 오히려 들어 쓰신다고 말씀하고 계십니다. 뿐만 아니라 하나님은 힘없고 부족한 사람들에게 더 많은 관심을 가지고 계신다고 말씀하고 있습니다.

"가난한 사람과 고아를 변호해 주고, 가련한 사람과 궁핍한 사람에게 공

그런데도 이 세상의 많은 사람들은 세상적인 가치관, 세상적인 역사관에 현혹되어서 마치 자신들이 그 소수의 엘리트인 것처럼, 자신들이 마치 선택된 존재인 것처럼, 자기들이 마치 힘을 가진 것처럼, 자신들이 무슨 권위나 권력을 가진 것처럼 여기려고 합니다. 교회에서조차 이런 태도를 가진 사람들이 있습니다. 이런 사람들은 성경의 말씀을 정확하게 이해하지 못하고 세상적인 가치를 따르는 사람들입니다.

다시 한 번 말씀을 드리지만, 하나님의 관심은 오히려 세상 사람들이 볼 때에 천해 보이는 사람들, 힘이 없어 보이는 사람, 가난한 사람들, 소외된 사람들, 병든 사람들, 고아와 과부와 나그네 같이 가진 것이 없는 사람들에게 더 많은 관심을 보이고 계신다는 것입니다. 그들을 그러한 억압된 상태에서 구원하기를 원하십니다. 또한 그렇게 스스로 자신을 낮추고 하나님 앞에 겸손한 사람들을 하나님은 의롭다 여겨주신다고 했습니다. 오히려 하나님은 마치 어린아이가 부모를 절대적으로 의지하고 있는 것처럼 그렇게 하나님을 의지하는 그런 사람들을 의롭다 여기시는 분이십니다.

그런데 세상은 지금 거꾸로 가고 있습니다. 조금 살기 좋아지니까 한없이 사치스러워지고, 한없이 교만해지고 있습니다. 이런 사회현상 속에서 어려운 사람들은 더 어려워지면서 분노가 일어납니다. 빈부격차가 점점 심해지면서 점점 세상이 양극으로 흐르고 있습니다. 사소한 일에도 분쟁과 다툼이 일어나고, 그것이 커져서 종종 폭동도 일어납니다.

하나님께서 우리에게 꿈과 비전으로 보여 주시는 세상은 이런 세상이 아닙니다. 우리가 바라고 꿈꾸는 세상은 이런 세상이 아닙니다. 우리가 바라는 세상은 하나님께서 공평과 진리로 다스리시는 하나님의 나라입니다. 거기에는 하나님의 사랑이 있고, 화해가 있고, 용서가 있습니다. 진리와 생명이 있습니다. 영원한 평화가 있습니다. 우리는 그러한 세상을 꿈꾸며 열심을 다해 일하고 있는 것입니다. 우리는 그런 가정생활을 원하는 것이고, 우리 자손들에게 물려주기를 원하는 세상은 바로 그런 세상입니다.

예루살렘의 성전이 무너졌을 때 하나님은 그 성전부터 다시 세우기를 원하셨습니다. 그래서 파사 왕 고레스를 움직여 칙령을 내려 이스라엘 백성들을 고국으로 돌아오게 하셨습니다. 그러나 시간이 지나면서 이스라엘 백성들이 게을러지면서 점점 낙심되어 갔습니다. 아예 소망을 잃었습니다. 바로 그 순간에 하나님께서는 스가랴에게 환상을 통하여 하나님께서 스룹바벨과 여호수아를 택해서 그 일을 어떻게 이루게 하시는가를 보여 주고 있는 것입니다. 하나님께서는 이렇게 말씀하십니다.

"그가 내게 이렇게 말해 주었다. 이것은 주님께서 스룹바벨을 두고 하신 말씀이다. '힘으로도 되지 않고, 권력으로도 되지 않으며, 오직 나의 영으로만 될 것이다.' 만군의 주님께서 말씀하신다." (슥4:6)

우리가 이 세상을 살아갈 때에도 우리의 힘과 능력으로 살아가는 것 같지만, 하나님께서 주시는 영의 능력으로 우리는 매순간순간을 살아가는 것입니다. 여러 가지 삶 가운데 겪는 문제들을 이겨갈 수 있습니다. 육체의 한계를 이겨갈 수 있고, 상황의 한계도 이겨갈 수 있고, 순간수간 경험되는 여러 가지 삶의 고난도 이겨갈 수 있는 것입니다.

스가랴 4장 7절에 보면 '큰 산아 네가 무엇이냐?' 이렇게 말합니다. 여기서 큰 산은 스룹바벨을 중심으로 해서 성전을 재건해 가는데 이것을 방해하는 세력들을 의미합니다. 그들이 마치 큰 산처럼 방해하는 세력이 강하게 밀려온다는 것입니다. 그런데, 그 거대한 산을 향하여 '네가 무엇이냐?' 하고 반문하고 있는 것입니다. 그러면서 선언합니다. '네가 스룹바벨 앞에서 평지가 될 것' 이라고 말합니다. 아무것도 아니게 될 것이라고 말씀합니다. 하나님의 영이 함께 하셔서 이루시는 일은 이 세상의 어떤 것도 방해할 수가 없다는 것입니다. 이러서 이렇게 말씀하십니다.

또 스가랴 4장 말씀을 계속 읽어가면 '등잔대' (슥4:11)라는 말이 나옵니다. 그리고 이어서 두 감람나무가 나옵니다. 성서학자들은 '등잔대' 는 신약시대의 교회를 상징한다고 해석을 합니다. 그리고 두 감람나무는 스룹바벨과 여호수아를 의미한다고 봅니다. 그런데, 스룹바벨은 총독의 역할을 하는 사람이고, 여호수아는 영적인 역할을 하는 사람입니다. 그러니까 스룹바벨은 통치자로서의 역할이고, 여호수아는 대제사장의 역할입니다. 이것을 두 감람나무라 표현한 것은 결국 이 두 역할을 온전하게 이루시는 예수 그리스도를 상징하는 것이며, 그를 통하여 온전하게 이루어질 하나님의 나라의 통치를 의미한다고 이해를 합니다.

실제로 교회는 예수 그리스도의 십자가와 그 흘리신 보혈의 공로 세워졌습니다. 다시 말하면서 예수 그리스도의 핏값으로 우리를 사서서 그리스도의 몸된 교회를 이루게 하셨습니다. 그렇게 하나님께서 세우신 교회는 세상의 어떤 방해물도 흔들 수 없습니다. 쓰러뜨릴 수가 없습니다. 종교개혁자 마르틴 루터가 찬양을 한 것처럼, '내 주는 강한 성이요, 방패와 병기 되시니' 라고 한 찬양처럼 이 세상의 어떤 것도 흔들 수가 없습니다. 마르틴 루터가 종교개혁을 이루어갈 때에 목숨의 위협도 많았고, 방해자도 많았습니다. 그때에 그는 그 모든 것들이 사탄의 시험인 것을 알았습니다. 그래서 강력하게 그러한 방해세력들과 싸워 결국 종교개혁을 일으켰습니다. 종교개혁은 가만히 보면 신앙의 본질로 돌아가는 것을 의미합니다. 하나님으로부터 벗어났던 것에서, 하나님의 뜻으로부터 벗어났던 것을 다시 원래로 돌이키는 것이었습니다.

우리에게도 지금 필요한 것은 종교개혁자들과 같은 믿음을 가지고 우리를 방해하는 많은 방해물들과 싸워 이기는 것입니다. 그런데, 그것을 이기려면 우리가 성령의 충만함을 받아야 한다는 것입니다. 영적으로 각성해야 합니다. 그래야 우리의 신앙을 방해하는 것들과 싸워 이길 수가 있습니다.

그러면, 우리를 방해하는 것들이 무엇일까요. 가장 먼저 생각할 것은 사고의 문제입니다. 부정적인 생각, 안 될 것이라고 생각하는 것입니다. 스가랴서를 읽어보면 성전 재건하는 일에 대해서 부정적인 생각을 하는 자들이 있었습니다. 스가랴 4장 10절에 보면 '작은 일의 날이라고 멸시하는 자가' 라는 표현이 있습니다. 이때에도 그게 과연 성전을 재건할 수 있을까 하고 부정적으로 생각하는 사람들이 있었다는 것입니다. 우리 사람들 중에는 언제나 어떤 일을 긍정적으로 이끌어가는 사람들이 있는가 하면, 반대로 매사에 부정적으로 이끌어가는 사람들이 있습니다. 매사에 부정적으로 이끌어가는 사람들은 머릿속에 딱 한 단어로 꽉 차 있습니다. 그것은 바로 '안돼!' 라는 단어입니다. 무슨 이야기만 하면 '안돼!' 무슨 계획을 해도 '안돼!' 입니다. 어떤 이유를 대서라도 다 안 된다고 합니다. 재미있는 건 그렇게 말하는 사람일수록 남이 다 해 놓은 것을 잘 즐긴다는 것입니다. 남이 다 해놓으면 또 그때 와서는 그것을 차지하고, 그러다가 또 다른 어떤 것을 계획하면 '안돼!' 라고 말합니다. 예수 그리스도를 믿는 믿음 안에서는 부정적인 의미에서의 '안돼' 가 없습니다. 주님은 '네 믿음대로 될 지어다' (마8:13)라고 말씀하셨습니다.

하나님은 성전 재건이 과연 이루어질 것인가 회의적인 사람들을 향하여 다음과 같이 말씀합니다.

앞에서 교회와 예수 그리스도와 연관하여 이 구절이 어떤 의미가 있는지를 살펴보았는데, 잘 알다시피 스가랴서는 메시아 예언과 관련이 있습니다. 예수 그리스도께서 예루살렘에 입성하실 때 무엇을 타고 들어가셨습니까? 바로 새끼 나귀입니다 그 내용이 바로 스가랴 9장에 나오는 예언의 성취였습니다. 이렇게 스가랴서를 읽으면 메시아에 대한 예언의 말씀을 많이 발견할 수 있습니다.

등잔대, 두 감람나무, 또 기름부음 받은 두 사람의 환상은 결국은 예수 그리스도 안에서 이루어질 모든 일들을 예언하고 있는 것으로 이해합니다. 결국 예수 그리스도를 통해서 교회가 세워지는 것이고, 예수 그리스도를 통해서 모든 것이 이루어져가는 것입니다. 우리에게 생명도 주어지는 것이고, 축복도 주어지는 것이고, 예수 그리스도를 통해서 우리는 신유의 능력도 얻는 것이고, 예수 그리스도를 통해서 미래의 소망도 갖습니다. 이 소망의 반석이 되시는 예수 그리스도 안에서 우리가 닻을 내리고 굳건히 서 있을 때 모든 것을 이길 수 있는 것입니다.

이것은 현재만이 아니라 미래에 대한 것도 확실하게 약속해 주시는 것입니다. 그래서 로마서를 읽으면, 우리가 하나님의 상속자가 되었는데, 예수 그리스도께서 다시 오실 때에 그 영광중에 함께 참여할 수 있게 되었다고 말씀하십니다.

“자녀이면 상속자이기도 합니다. 우리가 그리스도와 함께 영광을 받으려고 그와 함께 고난을 받으면, 우리는 하나님이 정하신 상속자요, 그리스도와 더불어 공동 상속자입니다.” (롬8:17)

이 말씀을 보면 얼마나 큰 축복입니까? 우리의 모든 것이 완전하게 이루어지고 변화되는 그러한 순간에 참여할 약속을 우리가 얻었다는 것입니다. 이것이 얼마나 기쁜 일입니까?

스가랴서를 읽다 보면 또 하나 깨닫는 것이 있습니다. 스가랴가 환상을 보았는데 그 의미를 잘 알 수가 없었습니다. 그래서 스가랴는 천사에게 묻습니다. 뿐만 아니라 천사가 스가랴에게 묻기도 합니다. 그렇게 스가랴와 천사 사이에 대화가 진행되고 있는 것을 발견하게 됩니다. 이런 모습을 통해서 우리가 왜 기도해야 하는가를 깨닫게 됩니다. 지금 세상에는 많은 일들이 일어나고 있습니다. 그리고 앞으로 살아가는 동안에도 많은 일들이 일어날 것입니다. 그런데 우리는 그러한 상황 속에서 앞일을 잘 알지 못합니다. 그러하기에 하나님께 항상 물어야 합니다. 기도해야 한다는 뜻입니다. 말씀을 통해 깨달아야 합니다. 그래야 바르게 알 수 있고, 확신을 자기고 바르게 행동할 수 있습니다.

하나님께서 어떤 메시지를 주시는데, 그것을 깨닫지 못하게 되면 확신이 없게 됩니다. 확신이 없게 되면 행동으로 나갈 수 없습니다. 행동을 하지 않게 되면, 그 능력이 우리 삶 속에 나타날 수 없습니다. 그래서 우리는 항상 기도를 통하여 하나님께 묻고 그 응답에 따라 행동해야 합니다.

하나님께 여쭙고, 또 답을 구해야 할 때 기도하지 않으면 무슨 일들이 일어날까요? 아담과 가인 시대부터 일어난 일이 무엇인지를 생각해 보면 금세 알 수 있습니다. 사탄이 처음 사람들을 시험을 할 때, 그 시험을 만난 아담과 하와가 가장 먼저 무엇을 해야 했을까요? 무엇보다도 먼저 '하나님, 사탄이 지금 우리에게 와서 이렇게 말하는데, 이게 맞습니까?' 라고 하나님께 여쭈어보았어야 했던 것입니다. 그런데 자신들의 판단에 따라 행동하다가 어떻게 되었습니까? 사탄의 꼬임에 넘어가버렸습니다.

아담과 하와의 첫째 아들 가인은 어땠습니까? 하나님께 제사를 드렸을 때, 하나님께서 자기가 드린 제물을 받지 않으셨다면 하나님께 먼저 그 연유가 무엇인지 여쭤보았어야 했었습니다. '하나님 저도 열심을 다했는데 무엇이 잘못된 것입니까?' 이렇게 겸손하게 하나님께 그 이유를 여쭈어 보았어야 했는데, 화부터 냈습니다. 분노했습니다. 시기부터 했습니다. 동생을 미워했습니다. 결국 그 미움이 동생을 죽이게 된 겁니다.

스가랴는 정말 솔직하게 하나님 앞에 자신을 드러냅니다.

"나는 다시 내게 말하는 천사에게 물었다. 천사님, 이것들이 무엇입니까?" (슥4:4)

우리가 신앙생활을 하면서 믿어지지 않으면서도 믿는 척하고, 알지 못하면서도 아는 척해서는 안 됩니다. 성경공부를 할 때 교인들에게 '모르게 있으면 모른다고 하십시오' 심지어는 '안 믿어지는 것이 있으면 안 믿어진다고 말하십시오' 라고 요청하는 이유가 있습니다. 그렇게 솔직해야 모르는 것을 알게 되고, 믿지 못하던 것을 믿게 되기 때문입니다. 그런데 모르는데도 아는 척하고, 안 믿어지면서도 믿는 척하다가 나중에 세월이 지나가면 생각이 굳어져서 신앙이 성장할 수 없습니다. 그때 위기가 닥치게 되면 쓰러지게 됩니다. 신앙생활을 하다가 넘어지는 사람들이 대부분 그런 사람들입니다. 믿는 척하다가 시험이 오게 되면 더 이상 버티지 못하는 것입니다.

믿음이란 무엇일까요? 구약성경의 믿음의 개념은 인간의 이성이 아니라 하나님의 말씀에 철저하게 신뢰하고 순종하는 것입니다. 그러한 신앙을 우리에게 보여 주신 대표적인 인물이 아브라함입니다. 신약성경은 어떻습니까? 이와 다를까요? 아닙니다. 사도 바울이 믿음을 설명할 때도 똑같이 아브라함을 예로 듭니다. 야고보가 믿음과 행함을 이야기할 때에도 그 모델을 아브라함입니다. 우리는 아브라함의 일생에 대해서 이미 잘 알고 있습니다.

아브라함과 그 아내 사라는 아이를 가질 수 없었습니다. 나이가 많아서 더이상 임신과 출산이 불가능했습니다. 그런데 하나님께서 그런 상태의 아브라함에게 네 자손이 별과 같이 될 것이라고 말씀을 하십니다. 아브라함도 처음에는 그 말씀을 들었을 때에 믿어지지 않았습니다. 하지만 곧바로 하나님을 신뢰했습니다. 그러한 인격적인 신뢰를 가지고 한 해 두 해 살다가 100세가 되었을 때 정말로 약속의 아들 이삭을 얻었습니다. 그런데 이번에는 그 아들 이삭을 하나님께 번제로 드리라고 명령하십니다. 정말로 사람이라면 따를 수 없는 명령이었습니다. 그러나 아브라함은 믿음으로 순종하였습니다. 그 믿음이 의로 여김을 받았다고 성경은 말씀하고 있습니다.

"그는 나이가 백 세가 되어서, 자기 몸이 [이미] 죽은 것이나 다름없고, 또한 사라의 태도 죽은 것이나 다름없는 줄 알면서도, 그는 믿음이 약해지지 않았습니다. 그는 하나님의 약속을 믿고 의심하지 않았습니다. 오히려 그는 믿음이 굳세어져서 하나님께 영광을 돌렸습니다. 그는, 하나님께서 스스로 약속하신 바를 능히 이루실 것이라고 확신하였습니다. 그래서 하나님께서는 이것을 보시고 그를 의롭다고 여겨 주셨습니다."
(롬4:19-22)

그러니까 우리는 이런 아브라함과 같은 믿음을 가져야 하는데, 그렇게 믿지도 않으면서 믿는 척 해서는 의로 여김을 받을 수 없는 것입니다. 하나님은 우리의 중심을 보시기 때문입니다. 우리는 하나님 앞에 솔직하게 자신을 드러낼 때 바른 믿음을 가질 수 있습니다. 그것은 마가복음 9장의 귀신 들린 아이의 아버지가 예수 그리스도께 보여준 태도와 같습니다. 그는 예수 그리스도께 이렇게 간구합니다.

"그 아이 아버지는 큰소리로 외쳐 말했다. 내가 믿습니다. 믿음 없는 나

요한복음에 보면 예수 그리스도의 제자였던 도마의 이야기가 나옵니다. 이 도마의 경우에 대해서는 여러 가지 해석이 있을 수 있습니다. 하지만, 저는 매우 긍정적으로 이해를 합니다. 요한복음 11장에 보면 나사로가 죽었다는 소식을 들은 예수님께서 그를 보기 위해서 적대적인 사람들이 있는 유다 지역으로 가고자 할 때 '주와 함께 죽으러 가자' 하고 자신만만하게 말했던 사람이 바로 도마였지만(요11:16), 막상 예수 그리스도께서 죽은지 사흘 만에 부활하셨다는 소식을 들었을 때 믿지 못하였다고 했습니다. 이런 도마에 대해서 부정적으로 평가할 수도 있겠지만, 어떻게 보면 참 솔직한 사람이라고 볼 수 있다는 것입니다. 그는 십자가에서 못 박히신 주님의 손과 발에 직접 손을 넣어보지 않고서는 믿을 수 없다고 말했습니다. 여기까지는 불신앙의 모습입니다.

그런데 그렇게 자신을 솔직하게 드러냈더니 오히려 주님께서 그를 찾아와 주셨습니다. 그리고 손과 발을 내밀어 만져보라고 하시면서, '그래서 의심을 떨쳐버리고 믿을 가져라' 고 말씀하셨습니다. 그때 정말로 예수님께서 부활하셨다는 것을 확인하자 도마가 어떻게 했습니까? 즉시 예수님 앞에 꿇어 엎드려 고백했습니다.

"나의 하나님, 나의 주님이십니다."

그때 주님은 그에게 이렇게 말씀하십니다.

도마의 솔직한 태도가 오히려 더 큰 믿음으로 나아갈 수 있는 계기가 되었습니다. 그래서 도마가 진정한 믿음의 사도가 되었고, 결국은 순교하기까지 예수 그리스도의 증인으로 살아갔습니다.

하나님 앞에 정직한 사람들이 바른 신앙을 가질 수 있는 것입니다. 오늘 스가랴의 경우를 통해서도 우리에게 그것을 가르쳐주십니다. 성령 충만한 사람, 오직 성령의 이끄심을 받는 사람이 미래를 볼 수 있는 것입니다. 지금 작아 보이는 일조차도 미약해 보이는 일조차도 미리 이루어질 것을 바라보는 신앙이 필요합니다.

스가랴 4장 10절에 보면 이런 말씀이 나옵니다.

"시작이 미약하다고 비웃는 자가 누구냐? 스룹바벨이 돌로 된 측량추를 손에 잡으면, 사람들은 그것을 보고 기뻐할 것이다. 이 일곱 눈은 온 세상을 살피는 나 주의 눈이다."

이 구절은 성령을 상징하는 것으로 이해를 합니다. 성령께서 마치 그 모든 천지를 지으셨을 때 수면에 운행하시는 것처럼, 마치 그 성령께서 운행하시면서 우리를 이끄시고 깨닫게 하시고, 우리에 힘이 되어 주시고, 능력이 되어 주신다는 것입니다.

"정신을 차리고, 깨어 있으십시오. 여러분의 원수 악마가, 우는 사자 같이 삼킬 자를 찾아 두루 다닙니다. 믿음에 굳게 서서, 악마를 맞서 싸우십시오. 여러분도 아는 대로, 세상에 있는 여러분의 형제자매들도 다 같은 고난을 겪고 있습니다. 모든 은혜를 주시는 하나님, 곧 그리스도 안에서 여러분을 자기의 영원한 영광에 불러들이신 분께서, 잠시동안 고난을 받은 여러분을 친히 온전하게 하시고, 굳게 세워 주시고, 강하게 하시고, 기초를 튼튼하게 하여 주실 것입니다. 권세가 영원히 하나님께 있기를 빕니다. 아멘." (벧전5:8-11)

이 말씀처럼 우리는 깨어나야 합니다. 깨어 일어나야 합니다. 육신적으로만이 아니라 정신적으로도, 영적으로도 깨어 일어나야 합니다. 그래야 우리를 유혹하는 마귀의 세력과 싸울 수 있습니다. 세상의 모든 악한 세력과 싸워 이길 수 있습니다. 인생의 모든 고난을 이길 수 있습니다.

영적으로 깨어 있어야 성령의 충만함으로 미래를 보고 비전을 볼 수 있습니다. 그 비전이 성령 안에서 이루어진다는 확신을 갖게 됩니다. 그리고 그 믿음으로 세상의 모든 방해물을 이기며 살아갈 수 있는 것입니다. 그럴 때 하나님께서 우리에게 주시고자 하는 모든 축복을 누리며 살아가게 되는 것입니다. 궁극적으로 하나님의 나라가 이루어질 것을 확산하며 나아가는 것입니다. 이런 믿음으로 함께 힘을 다해 기도하며 나가는 성도들이 되기를 바랍니다.

The
Cross

십자가와 신앙의 열매

예수 그리스도의 십자가에 나타난 자기를 낮춤과 겸손의 자세를 통해 주님을 닮아갈 때 우리에게는 영원한 생명이 풍성할 것이며, 또한 영적인 신앙의 열매가 풍성히 맺어지게 될 것입니다.

"너희가 나 있을 때뿐 아니라 더욱 지금 나 없을 때에도 항상 복종하여
두렵고 떨림으로 너희 구원을 이루라"

12

십자가와 신앙의 열매

빌2:1-18

씨를 열심히 뿌리고 나서 열매를 많이 거두게 되면 즐겁습니다. 살아갈 때에도 우리가 열심히 한 것이 많은 열매를 맺고 결과가 좋으면 참 좋을 것입니다. 여기에는 세상적인 법칙이 있고, 또 영적인 법칙이 있습니다. 오늘은 그러한 법칙을 따라서 어떻게 영적인 열매를 많이 맺을 것인가에 대해서 생각해 보려고 합니다.

우리가 잘 알고 있는 요한복음 12장 24-25에 보면 주님께서 이렇게 말씀하셨습니다.

"내가 진정으로 진정으로 너희에게 말한다. 밀알 하나가 땅에 떨어져서 죽지 않으면 한 알 그대로 있고, 죽으면 열매를 많이 맺는다. 자기의 목숨을 사랑하는 사람은 잃을 것이요, 이 세상에서 자기의 목숨을 미워하는 사람은, 영생에 이르도록 그 목숨을 보존할 것이다."

이 말씀은 너무나 유명해서 교회에 다니지 않는 사람들도 알고 있는 말씀일 것입니다. 예수님께서는 하나님 나라의 진리를 전하실 때에 그 당시 살았던 사람들이 잘 이해할 수 있는 소재들을 활용하여 비유로 말씀하셨습니다. 이 말씀도 그 당시 농사를 짓는 사람들이 생득적으로 깨닫고 있는 소재를 가지고 진정한 생명이 어떻게 얻어지는가에 대해서 말씀하고 있습니다.

여러분도 씨앗을 심어 열매를 얻어 보신 분들이 계시겠지만, 씨앗 한 알을 심으면 한 알만 맺어지는 것이 아닙니다. 한 알을 심지만 거기서 심은 한 알보다 더 많은 열매를 맺게 되고, 더 풍성하게 열리는 것을 경험하셨을 것입니다. 물론 예수님께서 하신 이 말씀에 대해서 이해할 때에는 먼저 예수님께서 자신이 온 인류를 위해서 십자가에 죽으심으로써 영원한 생명을 얻게 하려는 구원사역에 대해서 말씀하신 것이라는 사실을 알고 있어야 할 것입니다. 그러나, 이 말씀에는 우리가 이 세상을 어떤 자세로 살아가야 하는가에 대한 교훈적인 의미로 담겨 있습니다. 진정한 생명의 길, 우리가 이 세상을 살아갈 때 참다운 영적 생명을 얻는 길이 어떤 길인가를 보여 주고 있는 것입니다.

열매를 맺기 위해서는 죽어야 한다는 것이 그 핵심내용입니다. 하지만, 우리만이 아니라 세상 모든 사람들은 다 죽는 것을 피하고 싶어 합니다. 그런데 성경에는 죽는다는 표현이 참 많습니다. 그렇다면 죽는다는 것이 무엇을 의미하는가? 또 무엇을 죽여야 하는가? 하는 질문을 하게 됩니다.

오늘 본문 말씀 중 25절을 다시 한 번 읽어 보면 이렇게 되어 있습니다.

"자기의 목숨을 사랑하는 사람은 잃을 것이요, 이 세상에서 자기의 목숨을 미워하는 사람은, 영생에 이르도록 그 목숨을 보존할 것이다."

여기서 앞의 '목숨'은 헬라어로는 '프쉬케'입니다. 그리고 뒤에 '영생'이라고 할 때에는 헬라어 '조에'를 사용하고 있습니다. '프쉬케'는 보통 영혼이라고도 번역될 수 있으나, 여기서는 육적인 생명을 의미합니다. 그러니까 영생을 얻으려면 철저하게 자기의 생명, 즉 육적인 생명이 죽어야 한다는 것입니다. 우리가 십자가의 길에 대해서 연속적으로 묵상하면서 깨닫는 것이 있습니다. 그것은 바로 예수께서 십자가에 죽으실 때에 우리 역시 십자가에 못 박았다고 했는데, 거기에는 육정으로부터 나오는 모든 것, 즉 죄와 육신의 정욕과 안목의 정욕과 이생의 자랑과 우리의 연약함과 허물을 다 못박아야 한다는 것입니다. 그럴 때 새로운 생명으로 나아갈 수 있다는 것입니다. 그렇게 온전하게 세상적인 것, 육적인 것이 죽을 때 우리는 새 생명, 즉 영생을 얻을 수 있게 된다는 것입니다. 그런 의미에서 주님께서는 자기의 생명을 사랑하는 자는 잃어버릴 것이라고 말씀했는데, 세상적인 것들을 여전히 붙들고 있을 때에는 영적인 열매를 맺을 수 없다는 것입니다. 자신의 육적인 생명을 철저하게 죽여야 한다는 것이다.

버릴 것을 버리지 못하고 욕심대로 붙잡고 있으면 멸망으로 가기 쉽습니다. 원숭이에 관한 재미있는 이야기가 있습니다. 원숭이 무리들 중에는 욕심이 많은 원숭이가 있습니다. 사냥꾼들이 원숭이를 사로잡는 방법이 바로 이 욕심을 이용한다는 것입니다. 들어보셔서 아시겠지만, 입구가 작은 호리병에 맛있는 것을 넣어두면 원숭이가 그것을 먹으려고 호리병에 손을 넣어 움켜쥐는데, 사탕을 너무 많이 쥐면 주먹이 커져서 구멍이 작은 호리병에서 손을 빼낼 수 없게 된다는 것입니다. 그때 움켜쥔 손을 펴지 않으면, 다시 말하면 집은 것을 일정부분 포기하지 않으면 사탕을 먹지 못할 것입니다. 더 나아가 그렇게 호리병에서 손을 빼려고 버둥거리고 있는 동안 사냥꾼에게 사로잡히게 된다는 것입니다.

또 이런 이야기가 있습니다. 어떤 왕이 신하에게 코끼리 한 마리를 선물했다고 합니다. 그래서 좋아했는데, 문제는 이 코끼리가 너무 많이 먹는 동물이었습니다. 그런데도 이 신하는 이 거대한 코끼리가 아까워서 계속 키우려고 코끼리 먹이를 사대느라고 가산을 다 탕진하게 되었다는 이야기입니다.

이런 이야기들이 사실을 바탕으로 한 것인지, 아니면 꾸며낸 이야기인지는 확인해 보지는 않았지만, 하나의 우화(寓話)로서 배우는 교훈이 있습니다. 욕심을 너무 부리면 망한다는 것만이 아니라, 포기할 것을 포기할 줄 아는 지혜, 버릴 줄 아는 지혜가 있어야 한다는 것입니다. 영적인 원리도 그렇습니다. 진정한 생명을 얻으려면 육적인 생명을 포기해야 한다는 것, 죽여야 한다는 것입니다. 그래야 영원한 생명을 얻게 된다는 것입니다.

예수님은 이런 역설적인 진리를 여러 번 말씀하셨습니다. '높아지고자 하는 자는 오히려 낮아지고 낮아지고자 하는 자는 오히려 높아질 것이다' (마 23:12)라고 하셨습니다. '스스로 높은 자리에 앉고자 하는 자는 오히려 천대를 받을 것'이라는 의미입니다. '생명을 사랑하는 자는 잃어버릴 것이요, 생명을 미워하는 자는 영생하도록 보존하리라' 고 했고(요12:25), '주는 사람이 더 많은 것을 받게 될 것'이고, '대접을 받고자 하는 자는 대접받고자 하는 대로 대접하라' (마7:12)고 하셨습니다. 심지어는 '원수까지도 사랑하라' (마 5:44)고 하셨습니다.

예수님은 이런 역설적인 가르침을 많이 주셨는데, 영적인 원리가 그렇습니다. 많은 사람들이 넓고 편한 문으로 들어가기를 원하지만 우리에게는 '좁은 문으로 가라' (마7:13, 14)고 하셨습니다. 넓고 편한 그 문의 끝이 멸망이지만, 좁은 문으로 들어가면 오히려 영생이 있다고 했습니다.

우리가 이 세상에서 영적인 열매를 많이 맺으며 살아가기 위해서는 그에 맞는 영적인 원리를 따라야 합니다. 신앙생활을 하다보면 종종 손해를 봐야 할 때가 있습니다. 세상 사람들은 우리가 쉬는 날에 예배당에 와서 예배를 드리는 것이 어리석다고 볼 수 있습니다. 그렇죠? 지금이 얼마나 소중한 시간입니까? 쉬고 싶은 시간, 좋은 사람과 보내고 싶은 시간, 중요한 일을 할 수 있는 귀한 시간 아닙니까? 그런데 우리는 이 좋은 시간을 함께 모여 하나님께 드리고 있습니다. 세상적인 이치로 보면 이것이 어리석게 보일 수도 있을 것입니다. 그런데 우리는 여기에 귀중한 것이 있다는 것을 알고 있습니다.

그런데, 신앙인들 중에도 믿음이 있다고 하면서도 여전히 마음이 세상적인 것에 가 있는 경우가 있습니다. 여기서 우리가 스스로 분명하게 확인해야 할 것이 있습니다. 영적인 법칙은 세상적인 법칙과 분명한 차이가 있다는 것입니다.

예수 그리스도 믿어 구원을 얻은 하나님의 백성, 하나님의 자녀로 살아가는 우리는 세상의 법칙과 가치관을 가지고 살아가는 것이 아니라 하나님의 나라의 가치관 하나님의 나라의 소망 그리고 하나님 나라의 태도와 방법을 가지고 살아가는 것입니다. 이것이 손해를 보는 것 같지만, 그러나 더 큰 하나님 나라, 영원한 하나님 나라를 상속을 받는 자로 살아가는 것입니다. 한 알의 밀알이 땅에 떨어져 죽지만, 그러나 그 열매가 더 풍성해지는 것과 같이 이것이 영적인 원리입니다.

믿음이 없는 세상 사람들은 한 알조차 드리기를 어려워합니다. 그러나 그 한 알이 한 알로 끝나지 않는다는 것을 알면 그러한 헌신과 희생을 마다하지 않게 됩니다. 한 소년이 물고기 두 마리와 보리떡 다섯 덩이를 주님께 드렸지만, 그것이 5천 명이나 먹이고도 남았습니다. 주님은 겨자씨 한 알과 같은 믿음이 있으면 이 산을 들어 바다에 던질 수 있다고 하셨습니다. 겨자씨를 보신 적이 있습니까? 그것을 보면 얼마나 작습니까?

이스라엘에 다녀오신 분들이 종종 선물로 가져오시는데, 너무 작아 잃어버릴까봐 스카치테이프에 붙여오지 않습니까? 그만큼 작습니다. 그런데 겨자씨 한 알과 같은 믿음이란 어떤 의미입니까? 처음에는 그렇게 작아 보이는 믿음이라도 그것은 큰 역사를 이룰 수 있다는 것입니다. 그러므로 우리는 이 영적인 법칙, 하나님의 원리를 가지고 많은 영적인 열매를 맺으며 살아가려고 해야 합니다.

오늘 본문은 사도 바울이 빌립보 교회에 보낸 편지의 일부입니다. 빌립보 교회는 모범적인 교회였지만, 점점 커가면서 문제가 생겨나기 시작했습니다. 사도 바울이 곁에 있지 않게 되면서 서서히 갈등과 다툼과 분쟁의 조짐이 생겨나게 된 것입니다. 이때에 사도 바울은 이 소식을 전해 듣고 갈등을 해결하고 가르침을 주기 위해서 편지를 썼습니다.

사도 바울은 빌립보서 2장 3절과 4절에서 교회의 일을 할 때에 어떤 자세로 해야 하는가에 대해서 다음과 같이 가르쳐 주고 있습니다.

그런데, 이 구절에서 우리는 다른 한 편으로 어떨 때 교회에 분열과 갈등이 일어나게 되는지에 대해서도 깨닫게 됩니다. 그것을 세 가지로 요약할 수 있습니다.

첫째는 개인적인 자기 야망 때문이라는 것입니다. 교회 안에 누군가가 자기의 야망을 가지고 교회를 접근하게 될 때, 신앙을 접근할 때, 교회의 일을 접근하게 될 때 거기에는 분쟁이 싹트게 된다는 것입니다.

둘째는 개인적인 영광과 명성을 얻으려 하기 때문이라는 것입니다. 자기의 인기를 얻으려고 할 때, 자기의 이름을 내려고 할 때도 분쟁이 싹트기 시작한다는 것입니다.

셋째는 자기중심성 때문이라는 것입니다. 이웃을 생각하지 않고 자신만의 생각이나 방법이 옳다고 주장하거나 혹은 교회의 일을 자기만을 위해 처리해가고자 할 때에 문제가 발생한다는 것입니다.

주님의 말씀을 통해서 보면, 이런 모습들은 자기의 생명만을 사랑하는 모습입니다. 한 알의 밀이 그대로 있는 것입니다. 자기가 죽지 않는 것, 썩지 않은 모습입니다. 십자가에 육신의 정욕과 안목의 정욕과 이생의 자랑을 못 박아 죽이지 않고, 오히려 그것을 자랑하려고 하고, 그것을 사랑하며 살아갈 때, 그것을 가지고 교회의 일을 하려고 할 때, 교회에는 갈등과 분쟁이 일어나게 된다는 것입니다. 교인들이 일치된 마음, 초대교회 교인들처럼 한 마음 한 뜻이 되지 않는다는 것입니다. 이 모든 것은 결국 십자가에서의 철저한 자기 죽음을 경험하지 않았기 때문이라는 것입니다.

그러므로 교회 안에서나 가정에서나 직장에서나 혹은 우리가 속한 집단 속에서 갈등과 분쟁이 계속될 때, 이 말씀을 가지고 한 번 자신을 성찰해 보아야 합니다. '내가 혹시 내 야망이나 세상적인 가치를 가지고 접근하는 것은 아닌가? 철저히 자기가 죽지 않을 때, 자기희생이 없을 때, 거기에는 일치가 일어날 수 없기 때문입니다.

그렇다면 우리는 이것을 어떻게 치유하고 회복할 수 있는가? 오늘 본문을 통해서 발견하는 원리는 다음과 같습니다.

먼저 본문 빌립보서 2장 1-4절까지를 통해서 사도 바울은 이런 불일치와 분쟁을 치료하기 위한 기본적인 원리를 설명하고 있습니다. 오늘 말씀을 다시 한 번 읽어 보겠습니다.

"그러므로 그리스도 안에서 여러분에게 어떠한 격려나, 사랑의 어떠한 위로나, 성령의 어떠한 교제나, 어떠한 동정심과 자비가 있거든, 여러분은 같은 생각을 품고 같은 사랑을 가지고, 뜻을 합하여 한 마음이 되어서 나의 기쁨이 넘치게 해주십시오. 어떤 일을 하든지, 다툼이나 허영으로 하지 말고, 겸손한 마음으로 하고, 서로 자기보다 남을 낮게 여기십시오. 또한 여러분은 자기 일만 돌보지 말고 서로 다른 사람들의 일도 돌보아 주십시오."

제일 중요한 원리는 '그리스도 안에서' 입니다. 우리가 다 예수 그리스도 안에 있을 때 일치를 이룰 수 있습니다. 우리는 다 예수 그리스도 안에 있다는 확신을 가지고 있어야 합니다. 사도 바울이 참 많이 사용하고 있는 말이 "그리스도 안에서엔 크리스토스"라는 표현입니다. 그의 말대로 우리가 그리스도 안에 있다는 믿음과 확신을 가질 때 교회는 일치가 될 수 있습니다. 그 가정도 일치가 될 수 있습니다. 그가 속한 모든 신앙공동체도 일치가 될 수 있습니다.

예수 그리스도의 사랑을 본받는 사랑 안에 있을 때에 일치를 이룰 수 있습니다. 사도 바울은 '어떠한 격려나, 사랑의 어떠한 위로나, 성령의 어떠한 교제나, 어떠한 동정심과 자비가 있거든, 여러분은 같은 생각을 품고 같은 사랑을 가지고' 라고 말합니다. 여기서 말하는 사랑은 인간적인 사랑이나 혹은 세상적인 사랑을 의미하는 것이 아닙니다.

인간적인 사랑도 때론 아름답고 숭고할 때가 있습니다. 그러나 언제나 제한적이고 한계가 있습니다. 우리가 배워야 할 사랑은 예수님께서 우리에게 보여 주신 사랑입니다. 요한복음을 읽을 때 발견하게 되듯이, 주님께서 성령을 보내시면 그 성령이 예수님께서 가르치신 모든 것을 생각나게 해 주신다고 했습니다(요14:26). 그리고 뭐라고까지 말씀하시는가 하면 예수 그리스도의 이름으로 기도를 하면 다 이루어주실 것이라고 말씀하셨습니다(요15:7).

그런데 이 기도에 대한 말씀의 앞과 뒤의 문맥을 보면 그 기도의 응답의 핵심이 바로 사랑이라는 것을 발견하게 됩니다. 예수 그리스도께서 새 계명을 주셨는데, 새 계명이 바로 '내가 너희를 사랑한 것 같이 너희도 서로 사랑하라' (요13:34)는 명령입니다. 이 사랑 안에서 있을 때 우리가 일치를 이루게 된다는 것입니다.

그러면 이 사랑이 어떤 사랑인가요? 본 회퍼 목사Dietrich Bonhoeffer, 1906-1945는 우리 신앙의 상징을 크게 두 가지로 말하고 있는데, 그 하나는 십자가요 다른 하나는 수건이라고 했습니다. 십자가는 철저한 순종과 희생을 상징합니다. 수건은 섬김과 겸손과 봉사를 상징합니다. 주님께서 우리에게 가르쳐 주신 사랑에는 이 두 가지가 모두 담겨 있다는 것입니다. 주님의 말씀에 대한 철저한 순종과 자기희생과 겸손한 자세로 섬기고 봉사하는 것이 담겨 있는 사랑이 있을 때, 그 사랑이 우리 모두를 하나로 묶어 준다는 것입니다.

성령 안에서 교제함이 있을 때 일치를 이룰 수 있습니다. 오늘 말씀에 '성령의 교제나' 라는 표현이 있습니다. 거듭 강조합니다만, 참다운 성령의 충만함을 받았다면 한 마음과 한뜻으로 나가게 하는 것입니다.

성령의 충만함을 받았다고 하면서 마음이 갈라지고, 누구를 미워하고 누구를 헐뜯고, 누구를 정죄하고 하는 모습은 결코 성령이 충만함을 받은 모습이 아닙니다. 분명하게 말씀을 드립니다. 성령 하나님은 긍정적으로 역사하시는 분이시지 결코 부정적으로 역사하시는 분이 아닙니다. 성경을 자세하게 읽어보십시오. 어디를 읽어보아도 성령께서 우리를 부정적으로 감동시킨다는 구절이 없습니다. 오히려 미워하는 자를 사랑하게 하시고, 심지어는 원수까지도 마음에 품고 그를 위해 기도할 수 있는 힘을 공급하시는 분이 성령이십니다. 성령 안에서의 교제가 있을 때 일치가 일어나는 것입니다.

인간적인 생각이나 인간적인 관계형성이나 혹은 어떤 유익을 위해 갖는 교제가 아니라, 성령 안에서 만들어가는 교제가 있을 때 교회는 일치가 있게 되는 것입니다.

또 '어떠한 동정심과 자비가 있거든' 이라고 말합니다. 이 말씀처럼 서로에게 동정심과 자비심을 가지고 있을 때 일치를 이룰 수 있습니다. 사실 우리가 살아가는 모습을 보십시오. 우리가 살아가는 이 세상이 쉽지가 않습니다. 어렵습니다.

여기 연세가 어느 정도 드신 분들은 한 두 가지 질병이 하나씩 다 있습니다. 어쩔 수 없는 인생의 문제입니다. 멀쩡해 보이지만 멀쩡하지가 않습니다. 이 세상을 살아갈 때에 수고하지 않고서는, 고생이라는 것을 거치지 않고서는 먹고 살기가 어려운 세상입니다. 세상에 아무런 고생 없이 편안하게 살아가는 사람이 있을까요? 겉으로만 그렇게 보일 뿐이지요. 어린아이들에게도 물어보면 힘들다고 그러지 않습니까? 그러기 때문에 우리는 동정심을 가지고 서로를 바라보아야 합니다. 서로에게 자비를 베풀어야 합니다. 그런 공감하는 마음으로 서로를 볼 때 거기에 진정한 일치가 있게 된다는 것입니다.

‘어떤 일을 하든지, 다툼이나 허영으로 하지 말고, 겸손한 마음으로 하고, 서로 자기보다 남을 낮게 여기십시오’ 라고 말합니다. 겸손함으로 서로 돌보는 일이 있을 때 일치를 이룰 수 있습니다. 히브리서의 말씀이 우리에게 무엇을 말씀하고 있습니까?

“그리고 서로 마음을 써서 사랑과 선한 일을 하도록 격려합시다. 어떤 사람들의 습관처럼, 우리는 모이기를 그만하지 말고, 서로 격려하여 그 날이 가까워 오는 것을 볼수록, 더욱 힘써 모입시다.” (히10:24, 25)

서로 마음을 써서 좋은 일과 옳은 일을 함께 해 나가도록 격려하는 태도가 있어야 합니다. 신앙생활에는 격려가 필요합니다. 서로 마음을 써주고 격려하지 않으면 지속적인 열심을 내각 어려울 때가 있습니다. 혹시 운동을 해 보셨습니까? 요즘 강변로나 운동장에서 건강을 위해 운동하는 분들이 참 많이 볼 수 있습니다. 그런데, 혼자 하면 어떻습니까? 용두사미가 되는 경우가 많지요? 그럴 때 많은 분들이 권면하는 것이 운동을 함께 할 친구를 만들라는 것입니다. 친구 따라 강남 간다는 속담처럼 함께 운동할 친구가 있으면 혹시 게을러질 때 서로 격려하면서 지속할 수 있게 됩니다.

서해안의 어느 섬에 들어가 전도활동을 하고 있을 때의 일입니다. 그 섬에는 중학교가 있었는데, 교장 선생님이 식구들을 다 서울에 있고 자신만 근무를 위해 하숙을 하고 있었습니다. 그분이 취미가 배드민턴을 치는 것이었습니다. 여러분도 잘 알고 계시다시피 배드민턴은 혼자서 할 수 없지요. 그런데 매일 새벽기도를 하는 나를 보고 아침바다 같이 하자고 부탁을 하는 것이었습니다. 그 교장 선생님 덕분에 배드민턴을 원 없이 쳐본 적이 있습니다. 나중에 겨울바람이 심해져서 중단이 되었긴 하지만, 덕분에 그때는 몸도 가볍고 건강이 참 좋았습니다.

신앙생활도 마찬가지입니다. 신앙의 동역자, 동지가 있으면 함께 서로 격려하면서 신앙을 성장시켜 나갈 수 있게 되는 것입니다. 이것을 성경은 '서로 마음을 서로 돌아보아 사랑과 선행을 서로 격려하는 것으로 표현하고 있는 것입니다. 그러할 때에 교회는 더욱 하나가 되고, 일치를 이룰 수 있게 되는 것입니다.

사도 바울은 이런 모든 자세를 한 마디로 요약하여 "그리스도 예수의 마음"이라고 표현하고 있습니다. 이 그리스도 예수의 마음이 집약적으로 나타난 것이 바로 십자가인 것입니다. 이런 가르침은 오늘 본문 빌립보서 2장 5-8절에 더욱 분명하게 드러나 있습니다. 이 말씀을 다시 읽어보면 다음과 같습니다.

"여러분 안에 이 마음을 품으십시오. 그것은 곧 그리스도 예수의 마음이기도 합니다. 그는 하나님의 모습을 지니셨으나, 하나님과 동등함을 당연하게 생각하지 않으시고, 오히려 자기를 비워서 종의 모습을 취하시고, 사람과 같이 되셨습니다. 그는 사람의 모양으로 나타나셔서, 자기를 낮추시고, 죽기까지 순종하셨으니, 곧 십자가에 죽기까지 하셨습니다."

이 말씀을 한 말씀 한 말씀 자세히 읽어보면 철저한 자기 부정과 자기 권리의 포기가 담겨 있습니다. 먼저 '그는 하나님의 모습을 지니셨으나, 하나님과 동등함을 당연하게 생각하지 않으시고' 라고 했습니다. 사실 하나님과 동등한 분이 예수님이신데, 그런데 그렇게 생각하게 하지 않으셨다는 것입니다. 철저한 자기부정과 자기 권리에 대한 부정이 담겨 있습니다.

철저한 자기를 비움이 담겨 있습니다. '오히려 자기를 비워서 종의 모습을 취하시고' 라고 했습니다. '자기를 비워서' 는 헬라어로 '헤아우톤 에케

노센' 인데, 에케노센의 원형은 '케노오' 입니다. 이 단어의 뜻은 '바닥까지 완전히 비웠다', '아무것도 없는 상태로 돌아갔다' 는 뜻이며, 또한 수동태로 되어 있다는 것은 그 주어가 하나님이란 의미로 자신의 의지나 뜻이 아니라 마치 종처럼 철저하게 하나님의 뜻에 순종하였다는 의미입니다.

여러분은 주님 앞에 나올 때 어떤 마음으로 나와 계십니까? 자기 생각과 세상에서 하던 많은 일들을 다 가지고 나오십니까? 그러면 여러분의 마음에 주님의 말씀을 담기가 어렵습니다. 설교자들이 설교할 때에도 중요한 것은 자기 생각이 아닙니다. 성령께서 인도해주시는 하나님의 말씀과 그 깨달음이여야 합니다. 철저한 자기 비움으로 나아갈 때 오히려 하나님의 말씀을 순전하게 전할 수 있게 되는 것입니다.

오늘 말씀에는 또한 진정한 예수 그리스도의 겸손이 담겨 있습니다. '사람과 같이 되셨습니다' 라고 했습니다. 하나님께서 세상을 창조하실 때 함께 하셨던 그 분이 피조된 자의 모습을 취하셨다는 것입니다. 이것은 정말 충격적인 선언이며, 누구도 흉내를 낼 수 없는 사실입니다. 사람은 더욱 어렵습니다. 사람은 조금만 지위가 높아지면 그 지위를 버리고 낮은 자리로 가기가 쉽지 않습니다. 그리고 설사 그렇게 하려고 하더라도 그와 관련된 사람들이 그렇게 하도록 뇌두지도 않습니다. 그런데, 우리 주님은 그렇게 겸손한 자세를 취하였습니다. 여기에는 철저한 자기비하가 담겨 있습니다. 완전히 자기를 밑바닥까지 낮추셨습니다. 이런 철저한 자기 비하는 순종으로 나타났습니다. '죽기까지 순종하셨으니' 라고 했습니다. 그 복종이 자신을 죽은 데까지 이르렀다는 것입니다. 철저한 순종은 완전한 자기희생으로 나타났습니다. '곧 십자가에 죽기까지 하셨습니다' 라고 했습니다. 우리를 살리시기 위해서 철저한 자기희생의 죽으심을 십자가 위에서 보여 주셨다는 것입니다.

그런데 놀라운 것은 이 모든 것의 결과입니다. 예수 그리스도께서 이렇게 철저하게 자신을 낮추시고 하나님 아버지께 죽기까지 순종하셨을 때, 하나님 아버지께서는 오히려 그를 높이셨다는 것입니다. 빌립보서 2장 9-11절은 이렇게 전합니다.

"그러므로 하나님께서는 그를 지극히 높이시고, 모든 이름 위에 뛰어난 이름을 그에게 주셨습니다. 그리하여 하늘과 땅 위와 땅 아래 있는 모든 것들이 예수의 이름 앞에 무릎을 꿇고, 모두가 예수 그리스도는 주님이시라고 고백하여, 하나님 아버지께 영광을 돌리게 하셨습니다."

이 말씀은 모두가 예수 그리스도는 주님이시라고 고백하게 하셔서 하나님 아버지께 영광을 돌리게 하셨다는 것입니다. 이 말씀 속에서 우리는 주님께서 하신 말씀, '자기의 생명을 사랑하는 자는 잃어버릴 것이요, 이 세상에서 자기의 생명을 미워하는 자는 영원히 보전하리라' 는 말씀의 성취를 보게 됩니다. 우리가 진정으로 십자가의 도를 따라 살아갈 때에, 철저하게 자신을 십자가에 못 박고, 오직 주님의 겸손함을 따를 때에 우리에게는 진정한 생명, 영적인 열매가 맺어지는 삶을 살아가게 되는 것입니다.

이제 사도 바울은 이런 영적인 신앙의 열매를 맺기 위한 방법과 자세를 우리에게 구체적으로 가르쳐 주고 있습니다. 그것은 12-13절에 나타나 있습니다.

"그러므로, 사랑하는 여러분, 여러분이 언제나 순종한 것처럼, 내가 함께 있을 때뿐만 아니라, 지금과 같이 내가 없을 때에도 더욱 더 순종하여서, 두렵고 떨리는 마음으로 자기의 구원을 이루어 나가십시오. 하나님은 여러분 안에서 활동하셔서, 여러분으로 하여금 하나님을 기쁘게 해 드릴 것을 염원하게 하시고 실천하게 하시는 분입니다."

첫째는 다시 한 번 강조되는 것으로, 자발적인 순종의 자세가 있어야 한다는 것입니다. 누가 있든지 없든지, 누가 보든지 보지 않든지 오직 주님께 순종하는 삶을 살아가야 한다는 것입니다. 이것은 바로 두렵고 떨리는 마음으로 예수 그리스도를 믿음으로 구원을 받은 자로서 그 구원 받은 자의 모습으로 살아가는 과정과 같습니다. 마치 아브라함이 백세가 되어서 얻은 이삭을 하나님께서 번제로 바치라고 명령하신 것에 순종하기 위해서 모리아 산으로 가는 사흘 간의 길과 같습니다. 그 길은 아브라함이 오직 하나님만을 신뢰한다는 것과 믿음을 증명해야 하는 과정이었습니다. 정말로 두렵고 떨리는 길이었습니다. 하나님께서는 그 아브라함의 순종의 모습을 보시고 그를 의롭다 여겨주셨던 것입니다. 우리의 믿음은 이렇게 하나님께 대한 철저한 순종의 모습으로 나타나야 합니다.

둘째는 하나님께서 우리 안에서 하나님의 기쁘신 뜻을 따라 실천하게 하시는 분이심을 믿고 나아가야 한다는 것입니다. 성령께서는 우리 안에 계셔서 지금도 우리는 돕고 계십니다. 그러므로 우리는 어떤 경우에도 흔들리지 말고 힘을 다하여 하나님께 순종해 나가야 합니다.

셋째는 모든 일에 원망과 시비가 없게 해야 한다고 가르쳐 주고 있습니다. 오직 믿음과 감사로 해야 한다는 것입니다. 왜 그럴까요? 이미 우리는 이 세상의 어떤 것으로도 보상할 수 없는 은혜를 입었기 때문입니다. 예수 그리스도의 십자가의 은혜와 사랑으로 모든 죄를 다 씻고, 구원을 받았기 때문입니다.

넷째는 세상에서 흠이 없는 하나님의 자녀로 빛을 발해야 합니다. 우리를 십자가의 능력으로 새로운 존재로 만들어주셨기 때문에 우리는 새로운 삶의 모습으로 살아가야 합니다. 하나님의 자녀의 모습으로 살아가야 합니다. 주님께서도 직접 우리를 향하여 세상의 소금이다, 빛이라 하셨습니다. 그 빛을 비춰야 한다고 하셨습니다. 착한 행실을 통하여 하나님께 영광을 돌려야 한다고 하셨습니다.

다섯째는 생명의 말씀을 굳게 붙잡고 나아가야 한다고 말합니다. 이 말씀만이 우리를 다시 죄의 종노릇하지 않도록 붙잡아 주는 능력이기 때문입니다. 사탄의 모든 시험을 이길 수 있는 방법이기 때문입니다. 모든 영적 전투에서 승리로 나아가는 성령의 검, 곧 하나님의 말씀이기 때문입니다.

　여섯째는 기쁨으로 나아가야 한다고 말합니다. 그리스도인에게 기뻐하는 것은 명령이기도 합니다. 어떤 상황 속에서도 기뻐하며 감사하며 기도하는 것이 진정으로 십자가의 길을 따라 살아가는 그리스도인의 모습입니다. 인생 자체를, 예배와 신앙생활을, 성도들과 교제하며 교회를 이루는 것을, 기도하는 모든 과정을, 교회를 섬기고 봉사하는 것을, 그리고 세상에서 예수 그리스도의 증인으로 살아가는 모든 것을 기쁨으로 해야 합니다.

　우리가 이 세상에서 예수 그리스도를 믿는 신앙인으로, 하나님의 자녀로, 하나님 나라의 시민으로 살아가면서 풍성한 영적인 생명을 얻는 길은 오직 하나 밖에 없습니다. 그것은 바로 십자가의 길을 온전히 따르는 것입니다. 우리 주님께서 요10장 10절에서 비유로 ‘도둑은 다만 훔치고 죽이고 파괴하려고 오는 것뿐이다. 나는, 양들이 생명을 얻고 또 더 넘치게 얻게 하려고 왔다’ 고 말씀하셨는데, 그 생명을 얻을 뿐만이 아니라 풍성하게 하는 길은 오직 십자가의 길 밖에 없다는 것입니다. 예수 그리스도의 십자가에 나타난 자기를 낮춤과 겸손의 자세를 통해 주님을 닮아갈 때 우리에게는 영원한 생명이 풍성할 것이며, 또한 영적인 신앙의 열매가 풍성히 맺어지게 될 것입니다.

The Cross

십자가와 새로운 존재로 살아가는 법

우리는 예수 그리스도를 믿어 새로운 존재가 되어 새로운 가치관을 가지고 살아가는 그리스도인이 되었습니다. 이 변화의 중심에는 예수 그리스도께서 지신 십자가가 서 있습니다.

"나의 양식은 나를 보내신 이의 뜻을 행하며
그의 일을 온전히 이루는 이것이니라"

십자가와 새로운 존재로 살아가는 법

고후 5:20-6:10

"예수 그리스도를 믿으면서 살아간다는 것은 어떠한 삶일까?"

이 질문에 대한 답을 한 마디로 요약한다면, 그것은 철저한 회심回心, conversion을 경험한 삶이라고 할 수 있을 것입니다. 회심 혹은 회개를 의미하는 헬라어 단어들 중 하나는 메타노이아입니다. 이 단어는 '사이에, 뒤에, 넘어서' 라는 의미를 가진 '메타' 와 '마음, 이성' 이라는 의미를 가진 '누스' 의 합성어로, '마음과 생각의 변화' 를 의미합니다. 그러므로 우리가 '회심했다' 이렇게 말하는 것은 180도로 삶의 방향을 바꾸었다는 의미를 가지고 있습니다. 우리의 삶의 방향성을 180도 바꾸어 하나님을 향하여 살아간다는 의미를 가지고 있습니다. 새로운 사람, 혹은 새로운 존재란 바로 성령의 능력을 힘입어 이렇게 철저한 회심을 경험을 한 사람입니다.

그런데, 예수 그리스도를 믿어서 새로운 존재가 되었다고 하면, 그 때부터 자동적으로 떠오르는 것은 '어떻게 살아가야 할까?' '무엇을 위해, 무엇을 하며 살아가야 할까? 라는 질문입니다. 즉, 어떤 인생의 목적과 가치를 가지고, 그리고 어떤 방법을 가지고 남은 인생을 살아가야 하는가 하는 질문입니다. 십자가의 길을 따라 살아간다는 것이 구체적으로 우리에게 어떤 의미이며, 또한 구체적으로 어떻게 살아가는 것인가 하는 문제입니다. 오늘은 이 주제에 대해서 몇 가지 깨달음을 얻고자 합니다.

먼저 본문으로 읽은 고린도후서의 전반적인 흐름을 살펴 볼 필요가 있습니다. 고린도후서 3장에서 사도 바울은 자신과 그 일행을 '그리스도께서 쓰신 편지' 라고 말하고 있습니다. 먹물이나 돌판에 쓴 편지가 아니라, 하나님의 영으로 가슴판에 쓴 편지라고 말하고 있습니다. 그리고 주님께서 자신들을 새 언약을 위한 일꾼으로 부르셨다고 말하고 있습니다. 그 새 언약이라는 것은 무엇인가? 바로 '예수 그리스도를 믿으면 구원을 얻는다' 라는 구원에 대한 약속의 말씀입니다. 이런 말씀들을 통해서 사도 바울과 그 일행은 자신들이 더 이상 구약의 낡은 율법 조문에 얽매인 사람이 아니라, 예수 그리스도의 새로운 구원에 대한 약속의 말씀을 전하는 사도의 직분을 가졌음을 분명하게 드러내고 있습니다.

고린도후서 4장에서 사도 바울은 자신과 그 일행이 귀한 보석으로 만든 그릇이 아니라, 마치 질그릇 같은 존재이지만, 그 속에 귀한 보배를 가진 자들이라고 말하고 있습니다. 4장 7절-10절에서 다음과 같이 말합니다.

"우리는 이 보물을 질그릇에 간직하고 있습니다. 이 엄청난 능력은 하나님에게서 나는 것이지, 우리에게서 나는 것이 아닙니다. 우리는 사방으로 죄어들어도 움츠러들지 않으며, 답답한 일을 당해도 낙심하지 않으며, 박해를 당해도 버림받지 않으며, 거꾸러뜨림을 당해도 망하지 않습니다. 우리는 언제나 예수의 죽임 당하심을 우리 몸에 짊어지고 다닙니다. 그것은 예수의 생명도 또한 우리 몸에 나타나게 하기 위함입니다."

비록 자신들은 어떻게 보면 질그릇과 같은 흔하고 싸구려 그릇이지만, 그러나 그 질그릇에 아주 귀한 것을 담고 있다는 것입니다. 그 귀한 것은 바로 예수 그리스도의 복음입니다. 예수 그리스도를 통한 구원이고, 영생입니다. 사도 바울과 일행은 바로 그 귀한 복음을 전하는 직분을 가지고 있다고 말하고 있는 것입니다. 그러면서 이렇게 고백을 합니다.

"그러므로 우리는 낙심하지 않습니다. 우리의 겉사람은 낡아가나, 우리의 속사람은 날로 새로워집니다. 지금 우리가 겪는 일시적인 가벼운 고난은, 비교할 수 없을 정도로 영원하고 크나큰 영광을 우리에게 이루어 줍니다. 우리는 보이는 것을 바라보는 것이 아니라, 보이지 않는 것을 바라봅니다. 보이는 것은 잠깐이지만, 보이지 않는 것은 영원하기 때문입니다." (고후4:16-18)

이 구절을 쉽게 설명한다면 이렇습니다. 속사람은 날로 새로워지는데, 지금 환란을 당하는 것은 장차 나타날 것과 비교하면 가벼운 것이라는 것입니다. 그래서 우리가 주목하고 있는 중요한 것은 보이는 것이 아니라 영원한 것, 보이지 않는 것을 향해 가고 있다고 말하고 있습니다.

사도 바울은 예수 그리스도를 믿기 전에는 자신의 힘과 능력과 지식과 권력으로써 하나님의 일을 하려고 하였습니다. 그러나 예수 그리스도를 만나고 난 후부터는 자신이 얼마나 연약하고, 허물이 많고, 그리고 죄 많은 부족한 존재인가를 깨달았습니다. 그런데도 하나님께서는 그가 예수 그리스도를 믿음을 때에 구원하여 주셨을 뿐만이 아니라, 또한 그를 부르셔서 하나님의 일꾼으로, 예수 그리스도를 전하는 그리스도의 향기요, 편지요, 화목 대사로 부르셨다는 것입니다.

사도 바울은 이것이 절대적인 하나님의 은혜임을 깨달았습니다. 그는 질그릇과 같이 흔하고 보잘 것 없는 존재였으나, 하나님께서는 그 안에 귀한 보배, 복음을 담아 전하게 하셨던 것입니다. 그뿐만이 아니라, 그는 내주하시는 성령의 능력으로 매일 매일 그의 영성이 새롭게 성장하는 기쁨을 맛보았던 것입니다. 그리고 세상살이의 고난을 넘어서 있는 영광, 육신의 눈으로는 보이지 않으나, 영의 눈으로는 분명하게 보이는 영원한 소망을 바라보며 나아갔던 것입니다.

이 사도 바울의 고백이 얼마나 위대합니까? 다시 말하면, 사도 바울은 예수 그리스도를 믿음으로써 완전히 새로운 존재로써 새롭게 변화된 인생을 살아가게 된 것입니다. 그는 그것을 '누구든지 그리스도 안에 있으면, 그는 새로운 피조물입니다. 옛 것은 지나갔습니다. 보십시오, 새 것이 되었습니다'(고후5:17)라고 고백하였습니다.

새로운 존재로서 사도 바울은 새로운 사명과 직분을 가지고 살아가게 되었습니다. 어떻게 그렇게 될 수 있었을까? 또 그것은 무엇일까요? 고린도후서 5장 18절 이하에서 이렇게 말합니다.

"이 모든 것은 하나님에게서 났습니다. 하나님께서는 그리스도를 내세우셔서, 우리를 자기와 화해하게 하시고, 또 우리에게 화해의 직분을 맡겨 주셨습니다."

이때부터 사도 바울은 분명하게 자신이 해야 할 일을 알게 되었습니다. 그것은 정신이 온전하여도, 심지어 미쳤어도 주를 위한 것이고, 예수 그리스도를 전함으로써 모든 사람이 죄를 사함 받고 새로운 존재가 되어 하나님과 화목한 존재로 살아가야 한다는 것이었습니다.

사도 바울이 이렇게 살아가기 위해서는 반드시 변화되어야 하는 것이 있었습니다. 사도 바울은 그것을 위해서 온 힘을 다해 전하며 가르쳤다고 고백합니다. 그러한 자신의 사역의 목표를 골로새서 1장 28-29절에서 이렇게 피력하였습니다.

"우리는 이 그리스도를 전합니다. 우리는 모든 사람을 그리스도 안에서 온전한 사람으로 세우기 위하여 모든 사람에게 권하며, 지혜를 다하여 모든 사람을 가르칩니다. 이 일을 위하여 나도 내 속에서 능력으로 작용하는 그분의 활력을 따라 수고하며 애쓰고 있습니다."

여기서 우리는 완전히 십자가의 죽음을 경험하고 그리스도와 함께 다시 산 자들은 분명히 변화된 인생을 살아가게 된다는 것을 깨닫게 됩니다. 새로운 존재로, 새롭게 변화되어 살아간다는 것은 무엇을 의미하는가? 그것은 바로 새로운 신분으로써 새로운 가치관과 목적을 가지고 살아간다는 것을 의미합니다. 하나님의 자녀로서 하나님의 영광을 위한 삶을 살아가게 되었다는 것입니다. 세상적이었던 우리의 가치관은 이제 새로운 하나님 나라의 가치관으로 바뀌어졌다는 것입니다. 그렇다면 무엇이 새로워진 가치관일까요?

가장 먼저 생각할 것은 사도 바울이 화목하게 하는 직분을 위해 살아간다고 고백하고 있습니다. 그는 원래 율법을 따라 죄를 드러내고, 비판하고, 판단하고, 정죄하는 일을 하던 사람이었습니다. 그렇게 해서 죄인으로 판정된 사람들을 잡아가두고 죽게 하던 사람이었습니다. 그런데 이제는 다음과 같이 고백하고 있습니다.

"이 모든 것은 하나님에게서 났습니다. 하나님께서는 그리스도를 내세우셔서, 우리를 자기와 화해하게 하시고, 또 우리에게 화해의 직분을 맡겨 주셨습니다. 곧 하나님께서 사람들의 죄과를 따지지 않으시고, 화해의 말씀을 우리에게 맡겨 주심으로써, 세상을 그리스도 안에서 자기와 화해하게 하신 것입니다." (고후5:18,19)

그러면서 고린도교인들을 향하여 이렇게 권면하고 있습니다.
"그러므로 우리는 그리스도의 사절입니다. 하나님께서는 우리를 시켜서 여러분에게 권고하십니다. 우리는 그리스도를 대리하여 간청합니다. 여러분은 하나님과 화해하십시오." (고후5:20절)

예수 그리스도께서는 '너희는 먼저 하나님의 나라와 하나님의 의를 구하여라' (마6:33)고 말씀하셨습니다. 주기도문을 가르치시면서 '아버지의 뜻이 하늘에서 이루어진 것 같이 땅에서 이루어질 것' 을 구하라고 가르치셨습니다(마6:10). 그렇다면 '하나님의 의' 는 무엇일까? 하나님의 나라는 어떤 나라일까?

먼저 하나님의 의는 하나님의 성품과 속성에 합당한 상태를 의미합니다. 구역성경에서는 하나님의 의는 율법과 규례와 명령을 통해서 전해졌습니다. 그래서 하나님의 백성들은 율법과 하나님의 명령을 반드시 지켜서 그 의를 실현해야만 했습니다.

그런데 신약성경에서는 이 '의' 개념이 더욱 넓혀집니다. 그것은 구역성경에서 가르치고 있는 행위와 외면적인 것에서 이제는 더욱 내면적인 것으로 확장되어진 개념입니다. 하나님께서 관심을 갖는 의는 외면적인 것이 아니라 내면적인 것으로 더욱 본질적인 의를 의미하는 것입니다. 그래서 예수님은 복음서에서 인간의 마음에서 나오는 것이 악한 것임을 드러내시면서 그러한 것들이 하나님을 믿는 믿음으로 정결해져야 한다고 가르치셨습니다. 우리 속에 들어가는 것들이 더러운 것이 아니라 우리의 속에서 나오는 것들이 더럽다고 말씀하셨습니다. 그러면 우리 속에서 나오는 것들이 무엇입니까? 다음 성경구절을 읽어보십시오.

"예수께서 그들에게 말씀하셨다. 너희도 아직 깨닫지 못하느냐? 밖에서 사람의 몸 속으로 들어가는 것이 사람을 더럽히지 못한다는 것을 알지 못하느냐? 밖에서 사람 안으로 들어가는 것은 무엇이든지, 사람의 마음속으로 들어가지 않고, 뱃속으로 들어가서 뒤로 나가기 때문이다. 예수께서는 이런 말씀을 하여 모든 음식은 깨끗하다고 하셨다. 또 그들에게 말씀하셨다. 사람에게서 나오는 것, 그것이 사람을 더럽힌다. 나쁜 생각은 사람의 마음에서 나오는데, 곧 음행과 도둑질과 살인과 간음과 탐욕과 악의와 사기와 방탕과 악한 시선과 모독과 교만과 어리석음이다. 이런 악한 것이 모두 속에서 나와서 사람을 더럽힌다." (막7:18-23)

결국은 우리의 내면의 동기가 하나님 앞에 옳아야 한다는 것입니다. 신약성경은 이것이 오직 믿음을 통해서만 이루어진다고 말하고 있습니다. 사도 바울은 이런 예수 그리스도의 가르침을 바탕으로 해서 의의 개념을 외면적인 것으로부터 내면적인 것으로까지 확장하면서, 오직 믿음으로써만 의롭다 여김을 받을 수 있다고 강조하였던 것입니다. 이것이 구약성경에서 말하는 '의' 개념과 신약성경에서 말하는 '의' 개념의 결정적인 차이입니다. 오직 예수 그리스도를 의지하는 믿음을 통해서만 의로워질 수 있다는 것입니다.

우리가 '하나님의 의를 위해서 살아갑니다' '하나님의 의를 구합니다' 라고 말할 때에는 '나는 예수 그리스도를 믿습니다' '나는 오직 예수 그리스도를 통해서만 하나님께로 나갑니다' 라는 것을 고백하는 것입니다. 이것을 위해서 우리는 힘을 다해 기도하는 것입니다.

그러면, 아버지의 뜻이 하늘에서 이루어진 것 같이 땅에서 이루어지기를 기도하는데, 여기서 하나님 아버지의 뜻은 무엇일까? 이런 질문을 하게 됩니다. 여러분, 잃은 양 한 마리의 비유에서 주님은 이렇게 결론을 내렸습니다.

"내가 너희에게 말한다. 그가 그 양을 찾으면, 길을 잃지 않은 아흔아홉 마리 양보다, 오히려 그 한 마리 양을 두고 더 기뻐할 것이다. 이와 같이, 이 작은 사람들 가운데서 하나라도 망하는 것은, 하늘에 계신 너희 아버지의 뜻이 아니다." (마18:13, 14)

이 말씀이 무슨 뜻입니까? 잃은 양 하나라도 찾는 것이 하나님 아버지의 뜻이라는 것입니다. 요한복음 4장 34절에서는 이렇게 말씀하셨습니다.

"나의 양식은 나를 보내신 이의 뜻을 행하며 그의 일을 온전히 이루는 이것이니라."

이것을 더욱 분명하게 요한복음 6장 39절에서 이렇게 밝히십니다.

"나를 보내신 이의 뜻은 내게 주신 자 중에 내가 하나도 잃어버리지 아니

이런 구절에 하나님 아버지의 뜻이 분명히 밝혀져 있습니다. 결국 하나님 아버지의 뜻은 사람을 구원하셔서 영원한 생명을 얻게 하시는 것입니다. 따라서 교회가 하는 일은 분명한 것입니다. 이 구원의 사역을 위해서 힘을 다해야 하는 것이 교회가 하는 일이라는 것입니다. 열심히 선교와 전도의 일을 하고, 한 사람이라도 낙오되지 않고 믿음을 유지하고 신앙생활을 할 수 있도록 하기 위해서 힘을 다해야 한다는 것입니다. 그렇게 하려면 어떻게 해야 하는가? 화목대사가 되어야 한다는 것입니다. 화평을 심어야 한다는 것입니다.

다음으로 하나님의 나라에 대해서 생각해 보고자 합니다. 하나님의 나라는 하나님의 뜻이 이루어지는 나라를 말합니다. 곧 하나님께서 통치하시는 나라, 우리 주님이 사랑과 공의와 진리로 다스리시는 나라를 의미합니다. 거기에는 사랑이 있고, 용서와 있고, 화해와 평화와 공의가 있습니다. 영원한 생명이 있고, 기쁨이 있고, 소망이 있습니다. 그러한 복된 나라가 바로 하나님께서 다스리시는 나라인 것입니다.

그런데 예수님께서 비유를 통해서 하나님 나라를 가르치실 때, 이 하나님의 나라는 현재성과 미래성이 함께 있다고 가르치셨습니다. ‘하나님의 나라는 너희 가운데 있다’ (눅17:21)고도 말씀하셨습니다. 우리가 예수 그리스도의 말씀을 듣고 믿고 그대로 행하여 살아가면 거기에 이미 하나님의 나라가 이루어지고 있다는 것입니다. 그것은 무슨 뜻일까요? 우리가 예수 그리스도의 말씀을 따르면, 예수 그리스도께서 다스리는 그 통치하심이 우리 삶 가운데 있게 되고 그것이 곧 하나님의 나라라는 것입니다.

예수 그리스도의 통치를 받는 순간이 바로 하나님의 나라가 이루어지는 순간입니다. 주님께서 여러분의 마음에 좌정하시고 주인이 되셔서 여러분의 생각과 마음과 육체와 감정을 주장하시고, 여러분의 가정과 직장과 사업을 주장하실 때 거기에 하나님의 나라가 이미 이루어져 가고 있다는 것입니다. 우리가 하나님의 나라가 이루어지기를 기도한다는 것은 바로 '주님이 우리를 다스려 주십시오' 하고 구하는 것 아니겠습니까? '그 사랑으로 우리를 다스려 주십시오', '그 의로 우리를 다스려 주십시오' 하고 기도하는 것을 의미하는 것입니다. 그 응답으로서 하나님의 나라는 이미 우리 안에 임하여 있는 것입니다.

사도 바울은 철저하게 자기의 뜻과 자기의 생각과 자기의 경험을 버렸습니다, 오직 예수 그리스도만이 자기를 다스려주시기를 위해서 애를 썼습니다. 사도 바울은 '나를 쳐서 주께 복종시킵니다' (고전9:27)라고 고백했습니다. 또 '나는 날마다 죽노라' (고전15:31)고 말했습니다. 자기를 부정하고 예수님만을 따르기 위해서 그랬습니다. 사도 바울은 이렇게 예수 그리스도를 믿어 구원을 받는 순간 변화된 가치관을 가지고 새로운 인생의 목표를 향하여 힘을 다해 달려가는 새로운 존재로 살아갔던 것입니다.

오늘의 본문말씀을 통해서 발견하는 두 번째 변화는 사도 바울이 고백하

기를 이제는 하나님의 일꾼으로 살아간다고 하면서 보여준 전혀 새로운 일
의 방법과 태도입니다. 과거에 자신이 살아가는 삶의 동기는 물론이고 그
방법과 태도에 변화가 일어났다는 것입니다.

　하나님의 일꾼으로 살아가는 것은 어쩌면 고난일 수 있습니다. 그는 모
든 일에 하나님의 일꾼으로 자천하여 하나님의 일꾼답게 살아가려고 애
를 썼습니다. 그러다보니 많이 참아야 했고, 환난과 궁핍과 곤경과 매 맞음
과 옥에 갇힘과 난동과 수고와 잠을 자지 못함과 굶주림을 겪었습니다. 하
나님의 영광을 위해 일하다 보니까 자신은 오히려 수많은 고난을 겪어야만
했다는 것입니다. 예수 그리스도를 믿는다는 것은 분명히 부활의 영광을
바라보고 있지만, 반드시 넘어서야 할 과정이 있다는 것입니다. 사도 바울
은 로마서 8장에서 그것을 분명히 말합니다. 장차 다가올 영광을 바라보는
우리는 그리스도의 고난에도 함께 참예해야 할 것이라고 말합니다.

"자녀이면 상속자이기도 합니다. 우리가 그리스도와 함께 영광을 받으려
고 그와 함께 고난을 받으면, 우리는 하나님이 정하신 상속자요, 그리스
도와 더불어 공동 상속자입니다. 현재 우리가 겪는 고난은, 장차 우리에
게 나타날 영광에 견주면, 아무것도 아니라고 나는 생각합니다."
(롬8:1, 18)

그리고 이렇게 말합니다.

사도 바울은 예수 그리스도를 믿어 구원을 받은 후에는 새로운 동기와 태도를 가지고 하나님의 일꾼으로서 부끄러움이 없이 일하려고 했습니다. 그는 수많은 고난을 겪으면서도 오직 한 가지 태도를 견지했다고 오늘 고린도후서 6장 6-10절까지에서 다음과 같이 고백하고 있습니다.

"또 우리는 순결과 지식과 인내와 친절과 성령의 감화와 거짓 없는 사랑과 진리의 말씀과 하나님의 능력으로 일을 합니다. 우리는 오른손과 왼손에 의의 무기를 들고 영광을 받거나, 수치를 당하거나, 비난을 받거나, 칭찬을 받거나, 그렇게 합니다." (고후6:6-8a)

대부분의 사람들은 좋을 일을 하다가도 조금만 비난을 듣거나 비판을 듣거나 수치를 당하거나 할 때면 더 이상 하지 않으려고 하거나 도망을 갑니다. 그런데, 사도 바울은 영광을 받거나 수치를 받거나 칭찬을 받거나 변함없이 주님의 일을 한다고 말합니다. 그리고 이어서 이렇게 말합니다.

"우리는 속이는 사람 같으나 진실하고 이름 없는 사람 같으나 유명하고 죽는 사람 같으나 보십시오. 살아 있습니다." (고후6:8b-9)

세상 사람들의 가치를 볼 때는 우스워 보이지요. 수치스러워 보이지요.

그러나 우리는 그렇지 않다는 것입니다. 또 뭐라고 말하고 있습니까?

"징벌을 받는 사람 같으나 죽임을 당하는 데까지는 이르지 않고, 근심하는 사람 같으나 항상 기뻐하고, 가난한 사람 같으나 많은 사람을 부요하게 하고, 아무것도 가지지 않은 사람 같으나 모든 것을 가진 사람입니다." (고후6:9b10)

여기에 사도 바울이 하나님의 일꾼으로서 어떤 방법과 태도를 가지고 하는지가 분명하게 드러나고 있습니다. 사도 바울의 이런 고백을 읽고 있으면 전혀 세상 사람들의 삶의 태도와 같지 않다는 것을 발견합니다. 세상 사람들은 자기 영광을 구하려고 칭찬을 구하려고 좋은 평판을 구하려고 합니다. 인기를 구합니다. 명예를 구합니다. 유익을 취하려고 합니다. 조금만 무슨 일을 하면 대가를 요구하거나 취하려고 합니다. 이런 모습이 대부분의 세상 사람들의 모습입니다.

그러나 사도 바울은 이 세상 사람처럼 하지 않았다는 것입니다. 사도 바울은 이런 자신의 변화된 삶의 태도와 가치관을 성경말씀 곳곳에서 가르치고 있습니다. 예를 들어 고린도전서 13장에서 믿음과 사랑과 소망이 무엇인지를 설명하면서, 참다운 사랑이 무엇인가를 전하고 있는데, 이 사랑에 대한 설명은 12장과 14장의 은사에 대한 내용 사이에 놓여 있어서 그것이 이 은사를 어떻게 활용하는가에 대한 태도를 말하고 있다고 이해하는 분들이 많이 있습니다.

"사랑은 오래 참고, 친절합니다. 사랑은 시기하지 않으며, 뽐내지 않으며, 교만하지 않습니다. 사랑은 무례하지 않으며, 자기의 이익을 구하지 않으며, 성을 내지 않으며, 원한을 품지 않습니다. 사랑은 불의를 기뻐하지 않으며, 진리와 함께 기뻐합니다. 사랑은 모든 것을 덮어 주며, 모든 것을 믿으며, 모든 것을 바라며, 모든 것을 견딥니다. 사랑은 없어지지 않습니다. 그러나 예언도 사라지고, 방언도 그치고, 지식도 사라집니다."

(고전13:4-8)

진정으로 예수 그리스도를 믿고 구원을 받은 사람들, 하나님의 은혜와 사랑을 진정으로 경험한 사람들은 자기의 유익을 구하지 않고, 오래 참고, 인내하고, 항상 좋은 것을 기다리고, 그러면서 하나님께서 주신 은사를 가지고 사랑을 베풀며 살아간다는 것입니다.

그런데 요즘 그리스도인들의 모습을 보면 조금 은사를 받았다는 사람들이 얼마나 쉽게 자기의 유익을 구하는지 모릅니다. 그것이 바로 고린도교회의 모습이었습니다. 그래서 사도 바울은 고린도교인들에게 진정으로 성령의 은사를 받은 사람들이 어떻게 살아가야 하는가를 가르쳐주고 있는 것입니다. 하나님으로부터 값없이 받은 은혜의 선물을 어떻게 대가를 받고 다른 사람에게 줄 수 있겠습니까?

갈라디아서 5장에서는 진정한 성령의 열매가 무엇인지, 성령의 충만함을 받은 사람의 인격을 통해서 맺어지는 것이 무엇인지를 말하고 있습니다. 그것이 바로 성령의 열매 아홉 가지(사랑, 희락, 화평, 오래참음, 자비, 양선,

충성, 온유, 절제)입니다. 에베소서 5장 9절에서는 빛의 열매모든 선, 의, 진실를 말합니다. 그뿐인가요 빌립보서 2장에서 우리가 품어야 할 그리스도의 겸손과 그 마음이 무엇인지를 전해주고 있습니다.

골로새서 2장과 3장에서는 진정으로 그리스도와 함께 하는 새 사람이 살아가는 모습은 위의 것, 하늘의 것을 찾으며 살아가는 것임을 가르쳐줌으로써, 진정한 그리스도인이 어떤 가치관과 태도를 가지고 살아가야 하는가를 전하고 있는 것입니다. 그러니까 진정한 그리스도인이라면, 예수 그리스도의 십자가를 통해서 완전히 변화된 그리스도인이라면 가치관이 변화되고 새로운 태도를 가지고 살아가는 사람이 되어야 한다는 것입니다.

'십자가의 도' 라는 제목의 사경회를 통해서 1900년대 초 영국에 웨일즈 일대에 신앙부흥을 일으켰던 여인이 있습니다. 제시 펜 루이스Jessi-Penn Lewis라는 분인데 그분은 이렇게 말했습니다.

> "자기를 중심으로 한 모든 행동은 혹 표면적으로는 그렇지 않게 나타나 보일지 몰라도 그 중심에 자기를 두고 있다. 내 안에서 나온 것은 나의 영광을 찾고 하나님 안에서 나온 것은 항상 하나님의 영광만을 찾는다." (십자가의 도, p.48).

예수 그리스도를 믿어 구원을 얻은 사람은 모든 것이 하나님으로부터 온 것이기 때문에 이제는 살아가는 것이 달라지는 것입니다. 하나님의 영광을 위해서 살아가는 삶이 되어야 한다는 것입니다. 새로운 가치관 새로운 삶의 목표를 가지고 새로운 삶의 태도와 방법을 가지고 살아가게 되는 것입니다.

예수 그리스도께서는 요한복음 8장 28-30절에 이렇게 말씀하셨습니다.

"그러므로 예수께서 [그들에게] 말씀하셨다. 너희는, 인자가 높이 들려 올려질 때에야, '내가 곧 나'라는 것과, 또 내가 아무것도 내 마음대로 하지 아니하고 아버지께서 나에게 가르쳐 주신 대로 말한다는 것을 알게 될 것이다. 나를 보내신 분이 나와 함께 하신다. 그분은 나를 혼자 버려 두지 않으셨다. 그것은, 내가 언제나 아버지께서 기뻐하시는 일을 하기 때문이다. 이 말씀을 듣고, 많은 사람이 예수를 믿게 되었다."

그렇게 유대인들 중에 예수 그리스도를 믿는 사람들이 많아질 때에 그 믿는 유대인들을 향해서 주님은 말씀하셨습니다.

"예수께서 자기를 믿은 유대 사람들에게 말씀하셨다. 너희가 나의 말에 머물러 있으면, 너희는 참으로 나의 제자들이다. 그리고 너희는 진리를 알게 될 것이며, 진리가 너희를 자유롭게 할 것이다." (요8:31-32)

그런데, 이 구절의 앞에 무엇이라고 말씀하셨는가 하면 '나의 말에 머물러 있으면, 너희는 참으로 나의 제자들이다'라고 말씀하셨습니다. 예수님의 온전한 제자는 어떤 사람들일까요? 그 사람은 예수님께서 가르쳐 주신 말씀, 삶의 가치와 목적과 태도를 가지고 살아가는 사람들입니다. 그래서 우리의 이름이 그리스도인, 크리스천입니다. 이 말은 우리가 그리스도의 가르침대로 살아가는 사람들, 그리스도를 닮은 사람들이라는 뜻입니다.

이 이름처럼 스스로 '나는 예수 그리스도를 닮아가고 있습니다' 라고 고백할 수 있는가? '내가 그렇게 온전한 사람을 이루어서 그리스도도의 장성한 분량이 충만한 데까지 이르고 있습니다' 라고 고백할 수 있는가? 예수 그리스도의 고난과 십자가를 묵상하면서 우리의 삶의 모습이 어떤가를 깊이 생각할 수 있어야 합니다. 부족하지만, 그럼에도 불구하고 매일매일 예수 그리스도를 닮아가는 사람이 되어야 합니다.

우리는 예수 그리스도를 믿어 새로운 존재가 되어 새로운 가치관을 가지고 살아가는 그리스도인이 되었습니다. 이 변화의 중심에는 예수 그리스도께서 지신 십자가가 서 있습니다. 예수 그리스도의 십자가는 구원의 능력이요, 변화의 능력일 뿐만 아니라, 새로운 가치관의 중심이면서 그 가치관을 우리에게 가르쳐주는 진리와 믿음의 상징입니다. 오늘 말씀은 새로운 존재가 무엇을 위해 살아가야 하는지를 다음과 같이 전하고 있습니다.

"누구든지 그리스도 안에 있으면, 그는 새로운 피조물입니다. 옛 것은 지나갔습니다. 보십시오, 새 것이 되었습니다." (고후5:17)

"그러므로 우리는 그리스도의 사절입니다. 하나님께서는 우리를 시켜서 여러분에게 권고하십니다. 우리는 그리스도를 대리하여 간청합니다. 여러분은 하나님과 화해하십시오. 하나님께서는 죄를 모르시는 분에게 우리 대신으로 죄를 씌우셨습니다. 그것은 우리가 그리스도 안에서 하나님의 의가 되게 하시려는 것입니다." (고후5:20, 21)

The Cross

십자가와 희망의 메시지

예수 그리스도께서 사망의 권세를 이기시고 부활의 첫 열매가 되어 주셨습니다. 이것은 이 세상의 모든 사람들에게 구원의 소식이요, 승리의 소식이며, 희망의 소식인 것입니다.

“너희가 만일 내가 전한 그 말을 굳게 지키고
헛되이 믿지 아니하였으면 그로 말미암아 구원을 받으리라”

십자가와 희망의 메시지

고린도전서 15:1-11

교회는 전통적으로 부활절 새벽에 만나는 사람마다 서로 '주님께서 부활하셨습니다!' 라고 인사를 하는 것이 하나의 관습처럼 되어 있습니다. 그리고 또 부활절 달걀을 서로 나누면서 주님께서 부활하신 것을 즐거워하고 기뻐하는 것이 교회의 오랜 전통입니다. 기독교회가 부활절을 중요한 교회 절기로 지켜오는 데에는 분명한 이유가 있습니다. 예수 그리스도께서 죽음의 세력을 이기시고 다시 살아나셨다는 것은 우리에게 구원과 희망의 메시지이기 때문입니다.

다른 한편으로 우리가 깊이 새겨야 할 것은 예수 그리스도의 부활의 기쁨은 언제나 예수 그리스도의 십자가의 고난과 함께 전해졌다는 것입니다. 십자가의 고난이 없이는 부활의 영광도 없다는 성경말씀의 가르침입니다. 우리가 신앙을 끝까지 지켜가려고 할 때, 예수 그리스도의 제자로서 십자가의 길을 철저하게 따르려고 할 때에 겪는 뼈저린 고난을 넘어서지 않으면 부활의 기쁨도 없다는 것입니다. 부활의 영광과 희망의 열매는 이렇게 십자가의 고난을 극복하고 넘어설 때에 풍성하게 맺어진다는 것입니다.

그러나 교회 안에는 점점 십자가의 고난에 대한 신앙을 잃어가고 있는 모습입니다. 왜 그럴까요? 그것은 현대인들이 성경말씀을 더 깊이 듣고 깨닫고 있기 보다는 세상의 정보들에 더 많은 관심을 기울이고 있고, 또한 그 영향을 더 많이 받고 있기 때문이라고 생각합니다. 습관적으로나 형식적으로는 교회 안에 있고 또 교회 생활을 하고 있는데, 실제로는 세상의 정보들에 의해 더 많이 마음과 생각을 잠식당하고 있기 때문입니다. 성경이 전해주고 있는 예수 그리스도의 오심에 대한 이야기와 그 분의 일생과 그분의 고난과 죽음, 그리고 부활과 승천과 다시 오심에 관한 이야기에 점점 흥미를 잃어가고 있기 때문입니다.

예수 그리스도의 십자가 사건에 대한 해석과 의미에 대해서는 많이 듣고 생각을 하고 있는데, 그것을 자신의 신앙과 삶과 연결시키는 데 실패하고 있다는 것입니다. 뿐만 아니라 다시 오실 예수 그리스도에 의해서 완성될 하나님의 나라에 대한 꿈과 비전에 대한 간절한 소망을 잃어버렸기 때문입니다. 이런 이유로 예수 그리스도의 십자가가 바로 나와 관계가 있다는 뼈저린 각성이 일어나지 않습니다. 이것이 결과적으로 우리의 신앙을 점점 약화시키고 있고, 작은 어려움이 있어도 신앙이 흔들리고 심지어는 신앙을 저버리고 교회를 떠나는 모습들을 보는 것입니다.

요한복음에 의하면 예수님께서 묻히셨던 무덤의 문이 열린 것을 제일 먼저 발견한 사람은 막달라 마리아입니다(요20:1). 예수님께서 십자가에 못

박히시고 장사되는 과정이 굉장히 급하게 진행되었기 때문에 장례절차를 제대로 밟지를 못했습니다. 그래서 마리아는 안식일에는 아무것도 할 수 없기 때문에 안식일이 지난 첫날, 다시 말하면 지금의 주일 새벽이 되자마자 향품을 가지고 예수님의 시신에 바르기 위해서 무덤으로 갔습니다(막 16:1). 그런데, 한 가지 걱정이 있었습니다. 유대의 풍습은 무덤 문을 큰 바위로 만든 문으로 막아 놓았기 때문입니다.

그것은 들짐승이나 혹은 다른 사람들이 들어가 시신을 훼손할 염려가 있어서 그랬던 것 같습니다. 그 문은 당연히 무거웠습니다. 그래서 어떻게 그 돌문을 열고 들어갈 것인가를 걱정하면서 갔던 것인데, 막상 도착해 보니 그 문이 열려 있었습니다. 마리아는 당연히 생각하기를 그 문을 사람들이 열었을 것이고, 그것이 열렸다는 것은 누군가 예수님의 시신을 훔쳐갔을 것이라는 생각에 놀랐습니다. 그래서 무덤 안으로 들어가지 못하고 즉시로 뛰어가서 제자들에게 그 사실을 알렸습니다.

그 소식을 듣고 베드로와 요한이 제일 먼저 무덤으로 뛰어 갔는데, 요한이 조금 더 달음박질을 잘 했는지 먼저 도착하고 베드로가 나중에 도착했습니다. 그러나 무덤에 먼저 들어간 사람은 역시 베드로였습니다. 그런데 여러분, 여기서 재미있는 것은 베드로가 먼저 들어가 보았지만, 나중에 들어가서 본 것을 자세하게 기록한 사람은 사도 요한입니다. 성경말씀은 이 장면을 이렇게 기록하고 있습니다.

"시몬 베드로도 그를 뒤따라 왔다. 그가 무덤 안으로 들어가 보니, 삼베가

이 구절이 무엇을 의미하고 있는 것일까요? 헬라어 문법에는 중간태라는 시제가 있습니다. 이 장면을 묘사한 구절을 분석해 보면, 예수님을 쌌던 세마포가 놓여 있다는 표현은 중간수동태로 되어 있고, 머리를 감았던 수건들이 따로 놓여 있었다는 표현은 동분사 완료 수동태로 되어 있습니다. 이것은 예수님을 쌌던 세마포는 사람의 손이 닿지 않은 상태로 그대로 있다는 의미이고, 머리를 쌌던 수건은 사람이 다른 곳으로 옮겨 놓았다는 의미를 가지고 있습니다. 따라서 예수님의 몸을 세마포로 쌌었는데, 예수님의 몸이 그대로 그 세마포에서 쏙 빠져나갔다는 의미가 되고, 머리에 쌌던 수건은 예수님께서 스스로 풀어서 머리맡에 두었다는 의미가 됩니다. 그러니까 사도 요한은 신중한 사람이기 때문에 그것을 보면서 거기서 일어난 상황을 깨닫고, 예수님께서 평소에 하시던 말씀을 기억했던 것입니다.

"아, 예수님께서 평소에 하시던 말씀처럼 부활하셨구나!"

'보고 믿었다'는 것은 바로 이런 의미입니다. 그러니까 이 말씀은 우리에게 예수 그리스도의 부활이 역사적인 사실이며, 이 부활신앙이 우리 신앙의 핵심이라는 것을 전해주고 있습니다. 오늘 우리가 설교의 본문말씀으로 읽은 구절에도 사도 바울은 이것을 받은바 그대로, 아무 의심 없이 믿을 때 구원이 있을 것이라고 말씀하고 있습니다.

"내가 여러분에게 복음으로 전해드린 말씀을 헛되이 믿지 않고, 그것을
굳게 잡고 있으면, 그 복음을 통하여 여러분도 구원을 얻을 것입니다."
(고전15:2)

부활하신 예수 그리스도께서는 여인들에게만 나타나지 않았습니다. 성
경에 보면 부활하신 주님께서 나타나신 기록이 참 많습니다. 심지어는 제
자들에게 나타날 때도 한 번만 나타나신 것이 아닙니다. 도마가 없을 때에
도 나타나셨습니다. 다른 열 제자들만 있을 때 부활하신 예수님께서 찾아
오셨었는데, 그 때 도마는 없었습니다. 나중에 도마가 그 소식을 들었을 때
요즘 사람들처럼 믿지 못하겠다고 했습니다.

그 후 예수님께서 다시 도마를 포함한 열 한 제자 모두가 있을 때 나타나
셨습니다. 그리고 자신의 몸을 도마에게 그대로 보여 주시고, 못 자국과 창
자국을 보여 주시면서 만져보라고 하셨습니다. 그때 도마는 그것을 만져보
고서 '나의 주님, 나의 하나님!' 이라고 신앙을 고백했습니다. 예수님은 그러
한 도마에게 '너는 나를 보았기 때문에 믿느냐? 나를 보지 않고도 믿는 사람
은 복이 있다' 고 말씀하셨습니다.

이 외에도 성경은 부활하신 주님께서 500명이나 되는 사람들에게 일시에
나타나셨다고 증거하고 있습니다(고전15:4,5). 갈릴리 호수에서 다시 제자
들에게 나타나셔서 같이 아침 식사도 하시면서 여러 가지 말씀을 나누셨습

니다(요21장).

이렇게 예수 그리스도의 부활을 증거해 주고 있는 성경의 말씀들을 종합해 보면 다음과 같습니다.

빈 무덤(눅24:3,12; 요20:2)이 가장 먼저 예수님의 부활의 사실을 입증해 줍니다.

천사들의 증언(마28:5-7; 막16:6; 눅24:6)과 파수꾼과 장로들, 대제사장들과 군병들의 증언(마28:11-15)이 있었습니다.

바울과 베드로, 요한의 증언(행4:1-2; 17:18,31-33; 23:6,8; 24:14-15; 26:6-8; 고전15:19-23)이 있었습니다.

부활하신 주님께서 직접 제자들에게 나타나셨습니다(눅24:39; 요20:20,27; 21:12-14; 행10:41).

막달라 마리아(막16:9; 요20:18)에게 나타나셨습니다.

무덤을 찾은 여자들에게(마28:9; 눅24:10) 나타나셨습니다.

베드로(눅24:34; 고전15:5)에게 나타나셨습니다.

엠마오로 가는 두 제자(눅24:13-15)에게 나타나셨습니다.

도마와 열 제자들에게(눅24:33-43; 요20:20-24), 그리고 다시 열한 제자들에게(마28:16-17; 눅24:50-51; 요20:26) 나타나셨습니다.

일곱 제자들에게(요21:1-2) 나타나셨습니다.

오백여 형제들에게 일시에(고전15:4,6) 나타나셨습니다.

그 후에도 야고보(고전15:7)와 바울(행9:3-6; 22:17-19; 23:11; 고전15:8)과

순교자 스데반(행7:55)과 사도 요한(계1:9-10)에게 나타나셨습니다.

부활하신 주님은 40일 동안을 제자들과 함께 계시다가 하늘로 올라가셨는데, 그 소식이 지금 우리에게 그대로 전해지고 있는 것입니다. 이렇게 내외적인 증거가 분명한데도 불구하고, 과거에나 지금이나 과학적 사고에 물들어 있는 사람들은 성경에 기록되어 전해지고 있는 예수 그리스도의 부활을 역사적 사실로 믿으려고 하지 않고 있습니다. 그러면서 아주 오래된 역사가들의 역사적 기록은 잘 믿습니다. 아주 오래된 역사책에는 단 몇 줄로 된 사건에 대한 기록들이 참 많습니다. 사본조차도 몇 권이 되질 않습니다.

그와 반대로 성경에는 예수 그리스도의 부활에 대한 기록이 많이 나올 뿐만이 아니라, 사본도 굉장히 많습니다. 그러니까 그 몇 권 안 되는 몇 줄의 사실은 역사가가 썼다고 그대로 믿으면서 수많은 증언들과 사본들을 통하여 어떤 역사적 사실보다 더 많이 기록되어 있는 성경의 이야기는 믿지 않으려고 합니다. 이것은 형평성에 어긋난 편견에 빠진 모습입니다. 왜 그럴까요? 예수 그리스도께서 죽음을 이기시고 부활하셨다는 역사적 사실을 믿고 싶지 않기 때문입니다. 현대 사회는 지금도 끊임없이 예수 그리스도의 역사적 사실을 훼손시키려는 시도를 계속하고 있는 모습입니다.

더 큰 문제는 교회 밖에 있는 사람들은 그렇다고 치고, 교회 안에 있는 사람들조차도 세상 사람들의 이야기에 더 귀를 기울이려고 하는 부류가 점점 많아지고 있다는 사실입니다. 그래서 신앙을 자꾸 교양적인 이야기로 전락시켜가고 있습니다. 신앙은 절대적인 믿음이 되지 않으면 삶에 능력이 나타나지 않습니다. 생명력을 잃은 신앙이 됩니다. 우리의 신앙이 우리의 삶 가운데서 살아있기 위해서는 예수 그리스도의 오심과 죽으심과 부활과 다시 오심에 대한 확고한 믿음 가운데 서 있어야 합니다.

그러면, 현재를 살아가고 있는 우리에게 예수 그리스도의 부활사건은 무엇일까요?

첫째로 생각할 것은 예수 그리스도의 부활은 죄의 대한 승리를 우리에게 선포해 주는 것입니다. 우리를 괴롭히는 것이 무엇일까요? 우리는 쉽게 가난이나 질병이나 혹은 세상의 여러 가지 인간관계의 일들이 우리를 괴롭히고 있다고 생각을 합니다. 그러나 그 모든 것의 가장 깊은 곳에는 죄책감이라는 것이 숨어 있습니다. 우리의 마음을 괴롭히는 것의 정체는 죄와 그로 인한 죄책감이라는 것입니다. '내가 뭔가 잘못한 것 같다' 는 느낌처럼 우리를 괴롭히는 것이 없습니다. 만약에 그런 것이 자신을 괴롭히지 않으면 누구나 마음에 평안을 누리며 살아갈 것입니다. 실패감도 우리를 괴롭히는 것 중에 하나인데, 이 실패감조차도 가만히 그 속감정을 살펴보면 내가 뭔가 잘못해서 실패했다는 죄책감과 자괴감이라는 것이 숨어 있습니다. 이것이 실제로 우리를 괴롭히는 것입니다.

그런데 이런 모든 것보다 더 우리를 괴롭히는 것은 영적인 의미에서의 죄의 개념입니다. 하나님과 단절되어 있고, 하나님과 멀어져 있다는 느낌이 우리를 괴롭히고 있는 것입니다. 이것은 우리 인간실존의 가장 근본적인 세 가지 불편한 감정, 즉 버림받을 것에 대한 두려움과 수치심과 죄책감의 원인입니다.

시편에 보면 시인은 자신이 고통 가운데 있을 때에 하나님께서 마치 자신을 버리신 것처럼 느껴서 다음과 같이 그 고통을 호소했습니다.

"아, 나는 고난에 휩싸이고, 내 목숨은 스올의 문턱에 다다랐습니다. 나는 무덤으로 내려가는 사람과 다름이 없으며, 기력을 다 잃은 사람과 같이 되었습니다. 이 몸은 또한 죽은 자들 가운데 버림을 받아서, 무덤에 누워 있는 살해된 자와 같습니다. 나는 주님의 기억에서 사라진 자와 같으며, 주님의 손에서 끊어진 자와도 같습니다. 주님께서는 나를 구덩이의 밑바닥, 칠흑 같이 어두운 곳에 던져 버리셨습니다. 주님은 주님의 진노로 나를 짓눌렀으며, 주님의 파도로 나를 압도하셨습니다. (셀라) 주님께서는 나의 가까운 친구들마저 내게서 멀리 떠나가게 하시고, 나를 그들 보기에 역겨운 것이 되게 하시니, 나는 갇혀서, 빠져 나갈 수 없는 몸이 되었습니다." (시 88:3-8)

성경의 메시지는 예수 그리스도께서 부활하심으로써 이렇게 우리를 괴롭히는 모든 불편한 감정들로부터 우리를 해방시켜주셨다는 것입니다. 뿐만 아니라 그러한 불편한 감정 속에 우리를 가두어버리는 실제적인 죄의 권세로부터 우리를 해방시켜 주셨다는 것입니다. 예수 그리스도의 대속의 십자가를 믿으면 우리가 그 죄를 씻음 받을 뿐만 아니라 그 죄의 결과로 인한 모든 것들로부터 해방되는 구원을 얻게 된다는 말씀입니다.

여기서 우리는 예수 그리스도의 부활의 두 번째 의미를 생각하게 됩니다. 그것은 예수 그리스도의 부활은 죽음의 세력을 이기신 사건이라는 것입니다. 성경말씀은 죄의 삯은 사망이라고 했습니다. 그런데 하나님의 은사는 우리 주 예수 그리스도 안에 있는 영생이라고 했습니다(롬6:23).

죽음은 우리를 두려움에 떨게 합니다. 이유는 무엇일까요? 그 두려움 중에 가장 큰 것은 자기소멸에 대한 것입니다. 내가 소멸된다는 것처럼 우리를 괴롭히는 것이 없습니다. 그런데 이 소멸은 소외와 관계되어 있습니다. 아무도 나를 기억해 주지 못한다는 것, 내가 잊혀진 사람이 된다는 것처럼 우리를 두렵게 하고 괴롭히는 것은 없습니다. 사람들이 가장 절망스러울 때가 바로 이 외로움과 고독감에 사로잡힐 때입니다. '나는 혼자다' 라는 느낌입니다. 하나님조차도 나를 버리신 것 같다는 느낌이 들 때처럼 우리를 괴롭히는 것은 없을 것입니다. 죽음이 바로 그것을 말합니다.

또 하나 죽음은 이별이기 때문에 두렵습니다. 사랑하는 사람과 나와 함께 지내던 사람과 헤어진다는 것처럼 우리를 괴롭히는 것도 없을 것입니다. 그래서 누구나 죽음은 싫어하는 것이고, 생각하기조차 싫어하는 것이고, 두려운 것입니다.

그런데 성경말씀은 예수 그리스도께서 부활하심으로써 이 사망을 이기셨다고 선언하고 있습니다. 그래서 우리는 죽음을 두려워하지 않습니다. 삶이 이것에서 끝나는 것이 아니라 영원한 승리의 삶이 있다는 것을 믿는 것입니다. 이것이 우리에게 소망이 되는 것입니다.

세 번째로 예수 그리스도의 부활은 사탄의 세력과 악에 대한 승리라는 것입니다. 요한일서 3장 8절에 보면 '하나님의 아들이 나타나신 목적은 악마(사탄)의 일을 멸하시려는 것입니다' 고 했습니다. 세상의 모든 악은 바로 이 사탄으로부터 왔습니다. 우리가 살아가는 이 세상에는 지금도 악한 세력이 우리를 괴롭힙니다. 불의가 우리를 괴롭힙니다. 우리를 시험하고 쓰러뜨리려고 합니다. 성경말씀은 이런 악마의 모습을 우는 사자처럼 두루 다니며 삼킬 자를 찾는다고 했습니다(벧전5:8). 많은 모략(謀略)과 궤계(詭計)를 가지고 우리를 괴롭힌다고 했습니다.

"정신을 차리고, 깨어 있으십시오. 여러분의 원수 악마가, 우는 사자 같이 삼킬 자를 찾아 두루 다닙니다." (벧전 5:8)

그러나 예수 그리스도께서 부활하심으로서 이 사탄의 세력을 멸하셨기 때문에 우리도 이 세상을 살아가면서 사탄의 세력과 악을 이길 수 있게 된 것입니다. 어떤 경우나 상황, 어떤 시험이 와도, 어떤 유혹이 와도 흔들림이 없이 예수 그리스도를 믿는 믿음 가운데 굳게 서서 살아갈 수 있게 되었습니다.

뿐만 아니라 의롭게 살아갈 수 있게 되었습니다. 그리스도인들이 의롭게 살아가는 이유는 참다운 소망이 있기 때문에 그렇습니다. 환란은 인내를 인내는 연단은 소망을 이루는 줄 내가 앎이라고 사도 바울은 고난 중에도 외쳤습니다(롬5:3-4). 사도 바울은 하나님의 십자가를 통해서 얼마나 우리를 사랑하시는지를 보여 주셨기에 그 사랑으로 세상을 넉넉히 이긴다고 했습니다(롬8:37). 이 세상의 어떤 피조물도 그것이 가난, 죽음, 질병, 어떤 영적인 권세일지라도 우리 주 예수 그리스도 안에 있는 하나님의 사랑에서 우리를 끊을 수 없다고 했습니다(롬8:38, 39). 그 믿음으로 모든 것을 이겨 가는 그리스도인으로 살아갈 수 있게 되었습니다.

네 번째로 생각할 것은 예수 그리스도의 부활은 우리에게 참다운 영생이 있음을 보여 주는 첫 번째 열매라는 사실입니다. 그래서 예수 그리스도의 부활을 '첫 열매'라고 했습니다(고전15:23). 부활하신 주님께서 분명히 보여 주셨기 때문에 우리도 그렇게 될 줄로 믿는 것입니다. 주님께서는 마르다에게 다음과 같이 말씀하셨습니다.

"나는 부활이요 생명이니, 나를 믿는 사람은 죽어도 살고, 살아서 나를 믿는 사람은 영원히 죽지 아니할 것이다. 네가 이것을 믿느냐?" (요11:15, 26)

주님은 우리에게도 마르다에게 물으셨던 것처럼 묻고 계십니다. 예수 그리스도의 부활을 확실히 믿습니까? 우리가 예수 그리스도의 부활을 굳게 믿고 그 신앙 안에 있으면 세상의 여러 가지 어려움을 이겨갈 수 있습니다. 예수 그리스도 안에 영생이 있기 때문에 우리는 흔들림이 없이 죽음도 두려워하지 않고 살아갈 수 있는 것입니다. 이것이 우리를 평안으로 이끄는 것입니다. 주님께서 이 모든 것을 가르치시면서 평안을 너희에게 주노니 이것은 세상이 주는 것과 같지 않다고 하셨습니다(요14:27).

이 세상의 많은 사람들은 안정감과 평안을 얻기 위해서 물질을 많이 모으기도 합니다. 어떤 사람은 열심히 지식을 추구하기도 합니다. 어떤 사람은 많은 사람들과의 관계를 통해서 안정감을 얻으려고 합니다. 어떤 사람은 권력과 지위를 얻어서 그렇게 하려고 합니다. 어떤 사람은 여러 가지 신비적인 경험들을 통해서 그렇게 하려고 합니다.

하지만, 이런 방법들을 통해서는 진정한 평안과 안정을 누릴 수는 없다는 것이 지금까지의 인류역사를 통해서 많은 현자들이 가르쳐 주는 깨달음입니다. 이 모든 것은 다 일시적이기 때문입니다. 영원한 평안은 하나님으로부터 옵니다. 우리 주 예수 그리스도로부터 옵니다. 그래서 주님은 이 영원한 생명에 대해서 요한복음에서 다음과 같이 가르쳐주고 계십니다.

"아버지께서는 아들에게 모든 사람을 다스리는 권세를 주셨습니다. 그것은 아들로 하여금 아버지께서 그에게 주신 모든 사람에게 영생을 주게 하려는 것입니다. 영생은 오직 한 분이신 참 하나님을 알고, 또 아버지께서 보내신 예수 그리스도를 아는 것입니다." (요17:2, 3)

마지막 다섯 번째로 생각할 것은 예수 그리스도의 부활은 우리에게 진정한 자유를 준다는 사실입니다. 세상의 모든 것으로부터 자유롭게 해 줍니다. 심지어는 자기 자신으로부터도 자유롭게 합니다. 세상의 모든 어려움으로부터도 우리는 자유롭게 합니다.

그런데, 이 자유는 우리가 보통 알고 있는 소극적인 의미에서의 자유가 아닙니다. 무엇으로부터 도망치는 자유가 아니라 무엇을 향한 적극적이며 능동적인 자유입니다. 진리를 향하고,참다운 생명을 향하고, 평화를 향하고, 정의를 향하고, 영원성과 그 거룩하신 하나님을 향한 자유입니다. 이것을 누구도 막을 수가 없는 것입니다. 우리가 그렇게 살아가는 것을 아무도 막을 수 없습니다. 길이요 진리요 생명 되시는 예수 그리스도 안에서 살아갈 수 있는 그 자유를 이 세상의 어떤 것도 방해할 수 없는 것입니다.

지금도 신앙을 억압하는 국가들이 있습니다. 그러나 주님에 대한 신앙을 억압한다고 해서 신앙이 사라질까요? 아닙니다. 철의장막이라는 공산치하에서도 살아 있습니다. 지금 다른 여타 종교를 억압하는 나라나 장소에서도 예수 그리스도의 십자가와 부활신앙은 살아 있습니다. 이 지구상에 마지막으로 남아 있는 철권통치하의 저 북한에도 살아 있습니다. 지금도 방방곡곡에서 순교를 당하면서도 예수 그리스도를 믿는 믿음 가운데 예배를 드리는 신도들이 있습니다. 이 세상의 어떤 것도 속박할 수 없는 예수 그리스도의 십자가와 부활의 신앙이 있기 때문입니다.

예수 그리스도의 부활에 대한 확실한 신앙을 가지고 있는 우리는 몇 가지 특성을 나타내야 합니다. 그것은 살아있어야 한다는 것입니다. 죽어 있으면 안됩니다. 예수님께서 우리에게 거듭 하신 말씀 중에 '깨어라! 는 말씀이 참 많습니다. 깨어 기도하라! 우리가 항상 자고 있지 않음에도 불구하고 예수님께서는 왜 그렇게 말씀하셨을까요? 사도들의 말씀인 서신서를 읽어 보아도 '깨어라!' 는 말씀이 많습니다. 그 이유는 잠자고 있으면 시험에 들기 때문입니다. 그러기에 살아 움직여야 합니다. 생각이 살아 있어야 하고, 감정이 살아 있어야 하고, 몸이 살아 움직여야 합니다. 살아 있는 신앙은 자발성과 능동성으로 나타납니다.

우리는 누구나 교회가 부여한 역할과 직무를 다 가지고 있습니다. 이런 것들을 수행해 가는 것도 수동적이거나 피동적인 되어서는 안됩니다. 참다운 신앙이 있는 사람은 누가 무엇이라고 요구하기 전에 주님께 대한 헌신과 봉사와 섬김을 다해야 합니다. 예배와 그리스도의 증인으로 살아가야 합니다. 세상을 섬기고 봉사하며 빛과 소금의 역할을 다함으로써 하나님께 영광을 돌리는 삶을 살아가야 합니다. 살아 있는 신앙의 모습이 되어야 합니다. 살아 있는 사람은 계속 움직이게 되어 있습니다.

살아 있다는 것의 두 번째 특징은 성장한다는 것입니다. 우리의 신체는 가만히 있는 것처럼 보이지만, 끊임없이 자기를 재생산해 내고 있습니다. 줄기세포는 잉태했을 때나 태아가 자랄 때만 존재하는 것으로 아는데, 그것은 사실이 아닙니다. 우리 몸에는 재생되는 세포가 많습니다. 살아 있으려면 세포가 재생되어야 합니다. 피부와 눈과 뇌가 그렇습니다. 우리 몸의 세포는 다 살아 있습니다. 골수에서는 혈액을 계속 재생산합니다. 그래서 수혈할 수 있는 것 아닙니까? 영양소도 우리는 그냥 다 섭취하는 줄 아는데,

아닙니다. 그 섭취된 몇 가지를 통해서 밖에서 들어오지 않는 것을 몸 안에서 생산해 냅니다. 이 모든 것은 하나님이 계획하신 생명의 원리입니다. 이런 생명현상을 통하여 우리의 몸은 생명을 유지하고, 또한 성장해 가는 것입니다.

이런 원리는 영적으로도 마찬가지입니다. 성장해야 합니다. 사도 바울이 우리에게 가르쳐 준 말씀이 그것입니다. '두렵고 떨림으로 너의 구원을 이루라' (빌2:12), '저 푯대를 향하여 달려갈 길을 달려가라' (빌3:12-16)는 말씀이나 히브리서의 '우리 앞에 놓인 달음질을 참으면서 달려갑시다. 믿음의 창시자요 완성자이신 예수를 바라봅시다' (히12:1,2) 하는 말씀들이 그런 가르침을 줍니다. 우리는 그리스도의 장성한 분량이 충만한 데까지 자라가야 하는 것입니다(엡4:13).

예수 그리스도의 십자가와 부활의 신앙이 이 모든 것을 가르쳐 줍니다. 이 신앙으로 살아갈 때에 풍성한 열매를 맺게 됩니다. 하나님께서 사람을 지으시고 제일 먼저 주신 명령이 바로 '생육하고, 번성하고, 땅에 충만하라, 정복하고, 다스리라' 는 것이었습니다(창1:26-28). 다시 말하면 번성하라는 것입니다. 이것은 하나님께서 우리에게 주신 축복이면서 동시에 명령입니다. 우리 사람이 이 명령에 순종하여 살아가야 한다는 것입니다. 여기에는 신앙의 열매, 영적인 열매, 성령의 열매만이 아니라 우리의 삶 자체가 열매를 맺어야 한다는 것입니다. 그러기 위해서는 예수 그리스도의 십자가와 부활의 신앙을 가지고 살아 움직여야 합니다. 생동감이 있어야 합니다.

감정도 살아 있고, 생각도 살아 있고, 몸도 살아 있어야 합니다. 지금 나이가 들어 늙었다 해서 아무것도 할 수 없다고 말하지 마십시오. 성경은 분명히 말씀하고 있습니다. '그러므로 우리는 낙심하지 않습니다. 우리의 겉사람은 낡아가나, 우리의 속사람은 날로 새로워집니다' (고후4:16)라고 했습니다.

예수 그리스도께서 사망의 권세를 이기시고 부활의 첫 열매가 되어 주셨습니다. 이것은 이 세상의 모든 사람들에게 구원의 소식이요, 승리의 소식이며, 희망의 소식인 것입니다.

J†